우분투 리눅스 기반의
IDS/IPS 설치와 운영

우분투 리눅스 기반의 IDS/IPS 설치와 운영

스노트와 IPTables로 배우는 IDS/IPS

오동진 · 추다영 지음

i!i
에이콘

> 당신을 곤경에 빠뜨리는 것은 당신이 모르고 있는 것이 아니라 당신이 확신하고
> 있는 것이다.
>
> – 미국의 소설가 마크 트웨인(Mark Twain)

리눅스는 보안 위협에 안전하다고 믿는가? 그렇다면 당신은 틀렸다.

최근 리눅스를 겨냥한 에레버스 변종 랜섬웨어에 153대의 서버가 감염돼 곤욕을 치른 바 있는 인터넷나야나 사태를 지켜보면서 피해 당사자들에 비할 바는 아니지만 나 또한 매우 안타까운 심정이었다. 이 사건은 리눅스도 보안에 신경을 써야 할 때임을 엄중히 경고하고 있으며 우리가 타산지석他山之石으로 삼을 일이다. 리눅스는 운영 비용의 저렴함과 기술 적용의 용이성, 그리고 보안 위협에 대한 상대적 신뢰성 등으로 각 분야에서 도입하고 있으며 요즘 트렌드인 클라우드 컴퓨팅 · 사물 인터넷IoT · 인공 지능AI 분야 등의 운영 체제로도 널리 활용되고 있다. 그러나 이런 추세에 편승해 보안 위협 또한 가파르게 증가하고 있는 점 역시도 간과할 수 없는 현실이다.

이 책의 저자들은 이러한 점을 정확히 인식하고 사이버 보안을 위해 반드시 알아야 할 스노트Snort와 IPTables를 다루는 책을 계획 · 집필한 것임에 틀림없다. 나 또한 스노트 학습을 위해 국내 서적을 찾아본 적이 있지만 저자 서문에서 언급됐듯이 시중에서 관련 국내 서적을 찾기란 쉽지 않았으며 초보자 눈높이에 맞게 쓰여진 서적은 전무했다. 즉 이 책의 출판 소식은 내게도 상당히 반가운 일이 아닐 수 없었다.

이 책은 TCP/IP 계층의 대표적인 통신 프로토콜에 대한 기본 이론 · 각종 공격 유형 · 원리, 그리고 IDS/IPS 보안 장비의 개념부터 충실히 설명하고 있다. 또한 가장 인기 있는 리눅스 배포판인 우분투 환경에서 스노트와 IPTables를 통해 악의적인 공격을 탐지하고 방어할 수 있도록 도구의 환경 설정부터 사용법에 대한 세심한 설명과 함께 예시와 실습 화면 또한 적절히 제공하고 있어 초보자 입장에서 쉽게 접근할

수 있는 책이다.

부디 이 책을 통해 학생들을 비롯한 서버 관리자 및 보안 실무자 등 많은 관련 분야 종사자들이 리눅스는 안전하다는 구시대적인 사고에서 벗어나 현재 진행형인 리눅스 보안 위협에 선제적 · 능동적으로 대응할 수 있는 인재로 거듭나길 바란다.

아울러 개인적으로 이 책의 저자인 오동진 씨를 볼 때 중국 역사 인물 중 유일한 흙수저 출신이면서 천하를 평정한 한나라 황제 유방劉邦과 비슷한 점이 있다고 생각해 왔다. 정보 보안 분야에서 뛰어난 역량과 충분한 잠재력, 그리고 열성까지 겸비한 추다영 씨를 공동 저자로 한 인재 기용술과 책 집필 과정에서 보여준 엄청난 자제력은 그야말로 유방다운 면모였다고 생각한다. 바로 이런 점이 내가 오동진 씨의 다음 책을 기대하게 만드는 이유 중 하나이다.

허근영 / 모의 침투 연구회 부회장
Mr. Rootable Security Lab 최고 운영 책임자
Outside Hackers 한국 버그바운티 헌터 모임 운영자

정보 보안 기사 실기 시험을 응시하며 여러 번 낙방했던 쓰라린 기억이 있다. 당시 서버 운영 장교로 복무하던 저에게 서버 보안 분야는 나름 자신이 있었지만 네트워크 관련 부분이 발목을 잡았다. 기초부터 실력을 쌓아야겠다고 마음먹었지만 적합한 개념서를 찾기가 정말 어려웠다. 어떤 책은 번역이 난해했고 일부는 특정 제품에 치중돼 있어서 입문자가 보기에 쉽지 않았다. 만약 여러분의 손에 들려있는 바로 이 책이 조금만 더 일찍 세상에 나와줬다면 그만큼 나도 '더 빨리 합격할 수 있지 않았을까?'하는 시샘이 날 지경이다.

이 책은 오동진 · 추다영 선생님의 인고의 결실이다. 네트워크 보안 분야에 입문하시

는 분들에게 필히 추천하고자 한다.

1장부터 5장까지는 TCP/IP 프로토콜에 대한 친절한 설명과 각 계층별 공격 유형을 보여준다. 그리고 침입 탐지 시스템과 방지 시스템을 6·7장에서 설명한 후 가장 대표적인 리눅스 오픈 소스 소프트웨어인 스노트와 IPTables를 각각 다룬다. 이러한 프로그램들을 직접 설치하고 룰을 설정해 보는 일련의 과정들을 찬찬히 따라가다 보면 직접 IDS와 IPS를 운영할 수 있는 충분한 역량을 얻게 될 것이다. 책의 후반부에는 반야드2와 FWSnort를 다루는 부분이 나오는데 이 도구들은 저도 처음 접하는 것이어서 굉장히 큰 도움이 되었다.

마지막까지 포기하지 마시고 한 장 한 장 꼭 본인의 것으로 만들기 바란다.

박재유 / 모의 침투 연구회 부회장

우분투는 레드햇^{Redhat} 다음으로 리눅스 기반 중 많이 알려지고 소개된 리눅스 계열의 운영 체제이다. 이 책은 IDS/IPS를 소개하는 서적이다.

기존의 IDS/IPS에 관한 책들은 모두 외국 서적이기 때문에 보안 직군 사람들은 어색한 번역서를 보거나 온라인 커뮤니티에 소개된 파편적인 내용만을 주로 볼 수 있었다.

이러한 와중에 내국인이 서술한 IDS/IPS 서적 출판은 매우 반가운 소식일 수밖에 없다. 이 책에는 IDS(침입 탐지 장비)와 IPS(침입 방지 장비)인 스노트와 IPTables뿐만 아니라 TCP/IP 기반의 공격 유형까지 설명하기 때문에 내용이 무척 자연스럽다. 따라서 이 책은 보안 업무 담당자들에게 좋은 지침서라고 생각한다.

다양한 보안 위협이 점증하는 현실에서 이 책을 통해 다양한 보안 위협 요인을 사전에 예방할 수 있는 기초를 쌓을 수 있으면 좋겠다.

박수곤 / 모의 침투 연구회 부회장
부산 지방 경찰청 사이버 명예 경찰관

| 지은이 소개 |

오동진(ohdongjin1968@gmail.com)

서울에서 출생해 인천 대학교(구 인천 전문 대학) 일어과와 경희 사이버 대학교 정보 통신학과를 졸업하고 한국 외국어 대학교 교육 대학원에서 전산 교육학 석사를 취득했다.

약 9년 동안 한국 통신^{KT}과 하이텔^{HiTEL} 등에서 근무하며 다양한 정보 기술 환경을 경험했다. 정보 처리 산업 기사와 CCNA/CCNP 등과 같은 자격증을 취득했다.

국가 공무원 인재 개발원과 한국 지역 정보 개발원 등에서 정보 보안 기사와 모의 침투 분야 등을 강의 중이다. 2016년 경찰 교육원에서 우수 외래 강사로 감사장을 받기도 했다. 사이버 보안 중에서도 다양한 모의 침투 운영 체제와 사회 공학에 특히 관심이 많다. 또한 페이스북에 모의 침투 연구회(www.facebook.com/groups/metasploits)와 사이버 안보 연구회(www.facebook.com/groups/koreancyberwar)를 개설해 활동 중이다.

강의가 없을 때에는 문학과 사학과 철학 등에 대한 책을 읽거나 국가 정보학 등과 같은 책을 읽는다.

저서로는 『칼리 리눅스 입문자를 위한 메타스플로잇 중심의 모의 침투 2/e』(에이콘, 2017)·『해킹 입문자를 위한 TCP/IP 이론과 보안』(에이콘, 2016)·『소켓 개발 입문자를 위한 백박스 기반의 파이썬 2.7』(에이콘, 2016)·『백박스 리눅스를 활용한 모의 침투』(에이콘, 2017)·『해커의 언어 파이썬 3 입문』(에이콘, 2018) 등이 있고, 공저로는 『데비안 리눅스 활용과 보안』(에이콘, 2017)이 있다.

| 지은이 소개 |

추다영(dhcn0505@naver.com)

서울에서 출생해 신흥 대학교 소프트웨어 개발 전공 학과를 졸
업하고 국가 전략 산업 직종 훈련에서 정보 보안 전문가 9개월
과정을 수료했다.

보안 프로젝트 제8·9기 연구원으로 활동하며 모의 해킹 실무
를 공부했다. 사이버 보안 중에서도 클라우드 보안과 사회 공
학에 관심이 많다.

모의 침투 연구회 회원과 시큐리티플러스(www.securityplus.or.kr) 운영진으로 활동
하면서 중·고등 학생 정보 보안 윤리 교육 강의를 진행한 바 있다.

공저로는 『Nmap NSE 스크립트를 활용한 Mongodb 시나리오 공격』(비팬북스,
2017)·『워드프레스 기반 웹 사이트 REST API 취약성으로 인한 침투 사례 분석』(비
팬북스, 2017)·『쇼단(Shodan) 활용 가이드』(비팬북스, 2017)가 있다.

필자는 2년만에 다시 국가 공무원 인재 개발원(구 중앙 공무원 교육원)으로 출강하기 시작했다. 국가 공무원 인재 개발원으로부터 다양한 과목을 의뢰 받았는데 그중 한 과목이 바로 IDS(침입 탐지 장비)와 IPS(침입 방지 장비) 기능을 소개하는 과정이었다. 해당 과목을 준비하면서 필자는 IDS와 IPS에 접근하기 위해서는 반드시 스노트와 IPTables 내용을 알아야 한다는 점을 깨달았다.

왜냐하면 형태와 부가 기능을 달리할 뿐 전 세계 IDS와 IPS 대부분은 스노트와 IPTables에 기반하기 때문이다. 다시 말해 IDS와 IPS의 원리와 구성을 이해하기 위해서는 스노트와 IPTables의 원리와 구성 등을 자세히 숙지할 필요가 있음을 깨달았다. 그래서 관련 책자부터 검색했지만 국내 출판 서적 중 스노트와 IPTables 등을 설명한 책이 사실상 없었다. 강의를 앞둔 시점에서 자료가 전무하다는 사실에 당혹감이 몰려들었다. 사이버 보안에서 IDS와 IPS 역할은 사활적임에도 국내 출판 시장에서는 관련 책이 없었다. 그러다 우연히 『스노트 2.0 마술 상자』(에이콘, 2003)라는 책을 알았다. 그러나 기쁨도 아주 잠시였다. 그 책은 절판 상태였기 때문이다. 필자는 혹시라도 보관용 재고가 있을까 싶어 에이콘출판사 측에 전화해 해당 책을 문의했다. 보관용 재고조차 없다는 담당자의 이야기를 들었을 때 한가닥 희망마저 무너진 기분이었다.

물론 필자는 『데비안 리눅스 활용과 보안』(에이콘, 2017)이라는 공저를 통해 스노트와 IPTables를 다루긴 했지만 이것은 데비안 운영 체제의 확장 기능 차원에서 스노트와 IPTables를 소개하는 수준이었기 때문에 체계적인 설명이 빈약하다. 다시 말해 초보자들이 책을 읽으면서 스노트와 IPTables 등을 설치하고 설정하는데 무리가 있다.

불행 중 다행으로 강의 직전 필자는 에이콘출판사에서 출간한 『리눅스 방화벽』(에이콘, 2008)이란 책을 통해 그나마 강의에 부합한 내용을 준비할 수 있었다. 위기에 처한 필자를 구해준 『리눅스 방화벽』은 탁월한 책이다. 그러나 이 책은 초보자보다는 중급자에게 초점을 두고 서술해 스노트와 IPTables를 처음 접근하는 사람들에게는 부담스러운 내용이 많다. 또한 레드햇 운영 체제 기반으로 설치와 설정은 모두 수동 방식이기 때문에 이것 역시도 초보자들에게는 상당한 부담을 준다.

이러한 일련의 경험과 사실을 통해 필자는 IDS와 IPS에 대한 책을 집필해야겠다는 각오가 생겼다. 그래서 2017년 8월초부터 『우분투 리눅스 기반의 IDS/IPS 설치와 운영』 집필에 몰두했다.

필자는 이 책을 구상할 때 최근 사이버 보안 실습 환경에 부합하도록 우분투 리눅스를 선택했다. 우분투 리눅스는 데스크톱 환경에 부합하도록 설계한 운영 체제로서 이미 전 세계 많은 사람들이 사용하고 있을 뿐 아니라 백박스 등과 같은 모의 침투 운영 체제의 근간을 이루는 운영 체제이기도 하다. 따라서 『스노트 2.0 마술 상자』(에이콘, 2003)와 『리눅스 방화벽』(에이콘, 2008) 등이 레드햇 운영 체제에 기반한 IDS와 IPS 책이라고 한다면 필자의 『우분투 리눅스 기반의 IDS/IPS 설치와 운영』은 제목 그대로 우분투 운영 체제에 기반한 IDS와 IPS 책이라고 할 수 있다. 그러나 단순히 운영 체제 환경만 바꾼 것이 아니라 접근하는 방식도 중급자가 아닌 초급자의 관점을 채택했다. 그런 만큼 집필 과정에서 스노트와 IPTables에 처음 접근하는 입문자의 지식 수준을 최대한 반영하고자 노력했다.

필자는 이미 『데비안 리눅스 활용과 보안』(에이콘, 2017)이란 책을 집필하면서 공저를 경험했다(필자는 이 책의 9장까지 집필하고 이후 장은 이태희 씨가 집필했다). 분량을 구분한 공저는 빠른 완성이라는 장점이 있지만 필자의 문체가 달라지는 단점이 있다. 이것은 독자들에게 조금은 당혹감을 줄 수 있다. 그래서 이번 공저는 사수와 부사수의 개념을 도입했다. 다시 말해 이 책의 모든 내용은 내가 주도적으로 집필했고 집필 과정에 필요한 실습 내용은 추다영 씨가 담당했다. 처음부터 끝까지 집필하는 방식 때문에 자칫 오랜 시간이 걸리지 않을까 우려했지만 추다영 씨가 워낙 영민하고 감각이 좋아 필요한 내용이 생길 때마다 바로바로 결과물을 보내주었기 때문에 한 달이라는 기간 동안 원고 전체를 마무리할 수 있었다. 결론적으로 공저의 방식을 선택하고 추다영 씨를 공동 저자로 선정한 일은 매우 성공적이었다고 생각한다.

이 책은 단순히 나만의 지식 경험을 전달하는 내용이 아니다. 그동안 국가 공무원 인재 개발원에서 실무자를 대상으로 강의하면서 실무자들이 필요한 요구 사항을 반영한 내용이기도 하다. 그런 만큼 IDS와 IPS 또는 스노트와 IPTables에 처음 접근하는 사람들에게 좋은 안내서 역할을 제공할 수 있다고 확신한다.

또한 본문 중간중간에 세계의 주요 국가 정보 기관을 소개했다. 전 세계적으로 빈번하게 이뤄지는 사이버 전쟁을 정보 기관에서 수행하기 때문이다. 그런 만큼 사이버 보안인이라면 사이버 전쟁을 주도하는 정보 기관에 대한 기본 지식이 필요하다고 판단해 수록했다. 참고로 해당 글들은 내가 평소 모의 침투 연구회(cafe.naver.com/kalilinux)에 연재했던 게시물을 조금 수정한 내용이다.

끝으로 글쓰기의 어려움을 말하고자 한다. 글쓰기에는 크게 두 가지가 있다. 이백식 글쓰기가 있고 두보식 글쓰기가 있다. 이백은 술 한 잔 마시고 내뱉는 말이 곧 시詩였다. 그야말로 거침없는 글쓰기다. 반면 두보는 밤새도록 한 글자 한 글자마다 수정을 반복했다. 필자는 두보의 글쓰기를 닮았다. 특히 세종世宗의 『훈민정음서訓民正音序』를 우리 민족 최대의 명문으로 간주하는 필자로서는 한 단어 한 문장 한 단락마다 절차탁마切磋琢磨했다. 불판에 놓인 오징어가 온몸을 비틀며 지글지글 오그라들 듯한 여름 날씨에 이런 작업은 진을 빼는 작업이었다. 그렇지만 한 순간도 글 다듬는 작업을 소홀히 하지 않았다. 잘못된 입력에서 잘못된 출력이 나온다는 전산의 기본 법칙처럼 사소한 오류가 독자 여러분에게 잘못된 지식으로 전해질까 싶은 두려움 때문이었다. 그래서 타들어가는 정신을 가다듬으며 열심히 읽고 또 읽었다. 그럼에도 필자가 미처 못 보고 넘긴 오류가 분명 있을 것이다. 필자의 이러한 노력만이라도 가상히 여겨 너무 심하지 않게 질책해 주기 바랄 뿐이다.

伏望聖上陛下 諒狂簡之裁 赦妄作之罪 雖不足藏之名山 庶無使覆之醬瓿

(엎드려 바라오니 성상 폐하께서 소루한 편찬을 양해해 주시고 망작의 죄마저 용서 해 주시니 비록 명산에 비장할 바는 아니오나 간장 항아리 덮개로만은 쓰지 말아 주시옵소서)

— 김부식(金富軾)의 『삼국사기(三國史記)』 서문에서

| 감사의 글 |

仰不愧於天 俯不怍於人

(하늘을 올려다 보아도 부끄럽지 아니하고 사람을 내려다 보아도 부끄럽지 아니
하다)

– 孟子(맹자)의 『진심편(盡心篇)』 서문에서

부모님에 대한 감사를 어떻게 알량한 필설로 전할 수 있겠는가? 김만중金萬重 선생이
어머니를 위해 『구운몽九雲夢』을 집필한 심정으로 나의 아버지와 어머니께 이 책을 바
친다.

내가 늘 빠뜨리는 삶의 부속품을 챙겨주는 내 여동생과 매제에게도 감사의 말을 전
하고자 한다.

이 책을 다시 한 번 멋있게 완성해 주신 에이콘출판사의 모든 직원분들께도 진심으
로 감사 드린다. 이 분들이야말로 필자의 책을 가장 많이 다듬어 주신 분들이다.

국가 공무원 인재 개발원의 손영주 선생님께 진심으로 감사한 마음을 전한다. 손 선
생님은 필자가 국가 공무원 인재 개발원에서 다양한 분야를 강의할 수 있도록 매번
배려와 관심을 보내주시는 분이다.

경찰 교육원의 최권훈 교수님께 감사의 마음을 전한다. 최 교수님께서는 필자가 강
사 생활하면서 난생 처음 감사장이라는 것을 받을 수 있게 해 주신 분이다. 언제나
감사하게 생각한다.

한국 지역 정보 개발원의 박찬규 선생님께 머리 숙여 감사의 마음을 전한다. 특히 한
국 지역 정보 개발원은 필자가 더욱 노력하는 강사로 태어날 수 있게 언제나 자극을
주는 곳이다.

서울 종로 경찰서에 계시는 이상현 생활 안전과장님은 2008년경 중앙 공무원 교육원에서 강사와 수강생으로 처음 만나 지금까지도 자주 술잔을 나누는 분이다. 필자처럼 성룡成龍의 최고 작품을 〈폴리스 스토리〉라고 생각하시는 분이기도 하다. 대한민국이 아직까지도 희망적인 이유는 바로 이런 분들이 공직에 계시기 때문이라고 확신한다. 언제나 변함 없는 감사와 존경의 마음을 전하고자 한다.

이 밖에도 이 책이 나오도록 많은 관심과 격려를 보내주신 모든 분들께 머리 숙여 진심으로 감사 드린다.

마지막으로 이 책을 읽고 계신 독자 여러분들께 진심으로 감사 드린다. 독자 여러분들 앞에 아직도 많이 부족한 내 이름을 올릴 수 있어 무한한 영광으로 생각한다.

오동진

나를 여기 있게 해주시고 쉬운 길을 택하지 않고 어려운 길을 고집하는 딸을 지지해 주시는 어머니께 감사 드린다. 그리고 하늘에서 딸을 자랑스럽게 보고 계실 아버지께도 감사 드린다. 졸업 후 취직할 기회가 있었지만 그러지 않고 정보 보안 분야로 도전하는 데 있어 아낌없이 지원해준 당신이 이 작은 결과물을 보고 기뻐할 수 있다면 이보다 기분 좋은 일은 없을 것이다. 사랑합니다.

함께 작업한 오동진 선생님께 감사 드린다. 사실 오 선생님이 아니었다면 필자는 책을 집필할 수 없었을 것이다. 오 선생님과 공동 집필할 수 있었음을 영광으로 생각한다.

바쁘신 와중에도 추천의 글을 정성스럽게 작성해 주신 모의 침투 연구회 부회장 허근영 · 박재유 · 박수곤 선생님께 깊이 감사 드린다.

정보 보안 분야에 입문한 것을 후회하지 않게 해 주신 분이 있다. 이런 자리에 올라올 수 있게 안내해 주신 분이다. 제 첫 멘토이신 보안 프로젝트(boanproject.com)의 조정원 강사님께 감사 드린다. 그분의 수업에 참여하면서 출판했던 전자 책들은 너무나 소중한 결과물이 아닐 수 없다.

원고를 받아 수정하고 차질없이 출판까지 갈 수 있게 힘 써준 에이콘출판사와 항상 보안인으로서 이 분야를 널리 알리기 위해 힘쓰는 모의 침투 연구회 운영진 및 회원님들께도 감사 드린다.

책을 집필하는 동안 힘들고 지칠 때 많은 격려와 응원을 해준 제 남자 친구 신상원 씨께도 감사 드린다. 앞으로도 잘 부탁하고 서로 노력해서 좋은 미래를 만들어 갔으면 좋겠다.

이 책을 읽고 계신 독자님들께 감사 드린다. 작업하면서 어떻게 하면 '양은 많지만 질은 조금 떨어진다고 생각되는 외국 서적을 우리 나라 사람도 이해하기 쉽게 구성할 수 있을까? 독자들에게 전하고 싶은 핵심은 무엇인가?'에 대해 끊임없이 고민했다. 고뇌의 끝에 얻은 깨달음이 독자님들의 머릿속에 한 줄로 전해져 도움이 된다면 너무 기쁠 것이다.

끝으로 정보 보안이라는 분야에서 일하는 여성들을 찾기가 쉽지 않다. 외교라는 분야에서 유리 천장을 깼다고 알려진 현 강경화 외교부 장관님과 같이 필자도 정보 보안이라는 분야에서 유리 천장을 깨고 올라가 많은 여성분이 도전할 만한 분야로 인식하는 데 일조할 수 있으면 좋겠다.

추다영

| 차례 |

먼저 이 책에서 사용한 필자의 하드웨어/소프트웨어 실습 사양은 다음과 같다.

종류	사양	비고
CPU	인텔 코어 i5	
RAM	4G	
OS	32 비트 기반의 윈도우 7 울티메이트 SP1	
VM	Workstation 10.0 버전	32 비트 기반의 마지막 버전

이러한 사양에서 32 비트 기반의 Workstation 10.0 버전으로 구축한 가상 환경은 다음과 같다.

구분	운영 체제 종류	IP 주소	비고
공격 대상자	주분투 16.04	192.168.10.215	게스트 OS
공격자	백박스 5.0	192.168.10.219	게스트 OS

주분투는 우분투 계열에 속하는 운영 체제이다. 작업 환경이 우분투와 다를 뿐 모든 기능은 우분투와 동일하다. 필자 개인적으로 가상 환경에서는 우분투보다는 주분투를 더 선호하기 때문에 주분투를 설치했다. 우분투든 주분투든 각자 선호하는 운영 체제를 설치하기 바란다.

우분투(주분투) 설치 방법은 구글에서 **우분투 설치**라는 검색어를 입력하면 무수히 많은 게시물을 볼 수 있다. 자신이 읽기 쉬운 게시물을 이용해 설치하기 바란다. 이 책에서는 해당 운영 체제의 설치 과정을 별도로 설명하지는 않겠다. 참고로 필자의 전작『백박스 리눅스를 활용한 모의 침투』(에이콘, 2017) 등을 참고하면 준비 과정에서부터 한국어 설정까지 정리한 내용을 볼 수 있다.

또한 본문에서는 공격 대상자와 공격자 모두 루트 계정을 이용하기 때문에 루트 계정을 활성 상태로 전환할 필요가 있다. 백박스를 포함한 우분투 계열에서는 루트 계정에 대한 활성 상태를 다음과 같이 수행한다.

```
odj@backbox:~$ sudo passwd root

[sudo] password for odj:
새 UNIX 암호 입력:
새 UNIX 암호 재입력:
passwd: 암호를 성공적으로 업데이트했습니다

odj@backbox:~$ su -
암호:
root@backbox:~#
```

공격자인 백박스뿐 아니라 공격 대상자의 주분투에서도 위와 같이 루트 계정을 설정할 수 있다.

또한 주분투 16.04 버전 운영 체제에는 다양한 응용 서비스를 구축했다. 주분투 운영 체제에서 동작 중인 서비스 상태는 다음과 같다.

```
root@xubuntu:~# nmap 127.0.0.1

Starting Nmap 7.01 ( https://nmap.org ) at 2017-08-23 10:31 KST
Nmap scan report for localhost (127.0.0.1)
Host is up (0.000012s latency).
Not shown: 991 closed ports
PORT      STATE SERVICE
21/tcp    open  ftp
22/tcp    open  ssh
23/tcp    open  telnet
53/tcp    open  domain
80/tcp    open  http
139/tcp   open  netbios-ssn
```

```
445/tcp  open  microsoft-ds
631/tcp  open  ipp
3306/tcp open  mysql

Nmap done: 1 IP address (1 host up) scanned in 1.73 seconds
```

각각의 응용 서비스 구축 방법은 필자의 공저 『데비안 리눅스 활용과 보안』(에이콘, 2017) 등을 참고하기 바란다. 이 책에서는 21번부터 23번 포트 번호까지를 주요한 실습 대상으로 사용하지만 광범위한 스노트 실습을 위해서는 필자의 주분투 환경처럼 많은 응용 서비스를 구축하는 편이 유리하다.

한편 다음과 같은 가상 환경에서도 이 책의 본문 내용을 실습하는 데 아무런 문제가 없다.

구분	운영 체제 종류	IP 주소	비고
공격 대상자	데비안 8.9	192.168.10.215	게스트 OS
공격자	칼리 201701	192.168.10.219	게스트 OS

어차피 우분투도 데비안에서 파생했기 때문에 독자가 선호하는 데비안/우분투 계열의 운영 체제를 이용해도 본문 실습 내용을 무난히 진행할 수 있다.

아울러 Workstation을 설치한 운영 체제를 호스트 OS라고 부르며 Workstation에 설치한 가상의 운영 체제를 게스트 OS라고 부른다. 실습 시 참고하기 바란다.

위와 같은 가상 환경에 기반해 이 책의 각 장을 다음과 같이 집필했다.

제1장, TCP/IP 방식의 계층적 구조 TCP/IP 프로토콜의 구조와 각 계층의 역할을 설명했다.

제2장, 네트워크 계층의 헤더 기능 네트워크 계층의 IP · ICMP 프로토콜 헤더 구조와 각 항목의 개념을 설명했다.

제3장, 네트워크 계층 기반의 주요 공격 유형 네트워크 계층에서 나타나는 각 공격 유형에 대해 설명했다.

제4장, 전송 계층의 헤더 기능 전송 계층의 TCP · ICMP 프로토콜 헤더 구조와 각 항목의 개념을 설명했다.

제5장, 전송 계층 기반의 주요 공격 유형 전송 계층에서 나타나는 공격 유형에 대해 설명했다.

제6장, IDS와 IPS 이해 앞서 설명한 계층들에 기반한 장비들을 소개하고 어떤 방식으로 동작하는가 설명했다.

제7장, 랜 카드 인터페이스 명칭 변경 주분투와 백박스 랜 카드 인터페이스 명칭을 eth0로 변경하는 방법에 대해 설명했다.

제8장, 스노트 설치와 설정 데비안 환경에서 스노트를 설치한 다음에 각종 설정 과정을 설명했다.

제9장, 스노트 기본 문법 스노트 동작과 운영에 필요한 기본 문법에 대해 설명했다.

제10장, 네트워크 계층 기반의 스노트 탐지 설정 일례 네트워크 계층에서 나타나는 공격 유형을 탐지하기 위한 설정에 대해 설명했다.

제11장, 전송 계층 기반의 스노트 탐지 설정 일례 전송 계층에서 나타나는 공격 유형을 탐지하기 위한 설정에 대해 설명했다.

제12장, 응용 계층 기반의 스노트 탐지 설정 일례 응용 계층에서 나타나는 공격 유형을 탐지하기 위한 설정에 대해 설명했다.

제13장, 스노트 구성 내역과 기타 탐지 규칙 문법 스노트 규칙 구성에 대한 의미와 탐지 규칙 문법에 대해 설명했다.

제14장, IPTables 방화벽 기초 IPTables의 동작 방식과 명령어 문법에 대해 설명했다.

제15장, IPTables 방화벽 사용 일례 앞서 설명한 IPTables의 기초적인 내용을 기반으

로 동작 순서와 원리를 설명했다.

제16장, 반야드2 설치와 활용　스노트와 MySQL 연동에 필요한 반야드2에 대한 설치와 설정 방법에 대해 설명했다.

제17장, FWSnort 설치와 활용　스노트와 IPTables을 연동하는 FWSnort에 대해 설명했다.

세계 주요 국가의 정보 기관

오늘날 미국은 초강대국으로서 막강한 경제력을 기반으로 전 세계적인 군사망과 첩보망을 보유한 국가다.

미국은 전통적으로 국가 정보 기관을 운영할 때 국외 정보 분야와 국내 정보 분야를 분리했을 뿐 아니라 정보권과 수사권도 분리해 유지했다. 그러나 2001년 9 · 11 사태^{September 11 Attacks}를 계기로 이전까지 유지하던 분산적 운영 방식을 통합적 운영 방식으로 전환했다. 이에 따라 **국가 정보국**^{Office of the Director of National Intelligence}을 신설했다.

국가 정보국은 실제 첩보와 방첩 등을 수행하는 조직이 아니라 정보 기관을 총괄하는 조직이다. 다시 말해, 미국 내 16개 정보 기관에 대해 예산권과 통제권 등을 집행하는 일종의 관리 · 감독 기관이라 할 수 있다.

국가 정보국이 총괄 기구인 반면, 국가 정보국 산하의 각 조직이야말로 실질적인 정보 기관의 핵심을 이룬다. 이중에서 국외 정보를 담당하는 **중앙 정보국**^{Central Intelligence Agency}이야말로 미국을 대표하는 정보 기관이다.

중앙 정보국은 제2차 세계 대전 직후인 1947년 당시 트루먼 대통령이 창설한 대통령 직속 기관이다. 중앙 정보국은 총무부 · 첩보부 · 공작부 · 과학 기술부 등 4개 부서로 이뤄졌다. 이중 첩보부의 규모가 가장 크다. 첩보부에서는 공작부에서 수집한 정보를 분석하는 임무를 수행하며, 공작부에서는 정보 수집을 담당한다. 또한 공작부에서는 특수 부대와 함께 다양한 공작 활동과 방첩 활동을 담당하기도 한다. 영화와 드라마에서 볼 수 있는 요원의 이미지가 바로 공작부 직원들이라고 할 수 있다. 구체적인 규모와 예산 금액 등은 비공개이기 때문에 정확히 알 수가 없다.

중앙 정보국이 대통령 직속의 독립 기관이라고 한다면, 나머지 15개 기관은 각 부처의 소속으로 이뤄졌다. 국무부^{Dapartment of State}의 **정보 조사국**^{The Bureau of Intelligence and Research}·자원부^{Department of Energy}의 **정보실**^{Office of Intelligence}·재무부^{Department of Treasury}의 **정보 분석실**^{Office of Ingelligence and Analsis}·국토 안보부^{Department of Homeland Security}의 **정보 분석실**^{Office of Intelligence and Analysis} 등이 이에 해당한다.

특히, 우리에게 너무나도 잘 알려진 **연방 수사국**^{Federal Bureau of Investigation}은 법무부 소속으로서 국내 정보 수집을 담당할 뿐 아니라 수사권도 행사할 수 있는 정보 수사 기관이다. 연방 수사국에서는 이른바 공안 사건과 강력 사건 등을 담당한다.

법무부에는 연방 수사국뿐 아니라 **마약 단속국**^{Drug Enforcement Administration/Office of National Security Intelligence}이라는 정보 수사 기관도 있다. 마약 단속국에서는 마약 수사 전반을 담당하는데 자체적으로 중무장 병력을 보유한 준군사 조직이기도 하다.

사이버 보안인이라면 자주 듣는 **국가 안보국**^{National Security Agency}은 국방부 소속이다. 따라서 다른 정보 기관의 수장과 달리 국가 안보국장은 현역 장군이 담당한다. 중앙 정보국이 인간 정보^{HUMINT} 중심의 정보 기관이라고 한다면, 국가 안보국은 기술 정보^{TECHINT} 중심의 정보 기관이라고 할 수 있다. 전 세계 모든 통신을 감청해 분석하는 역할을 담당하며 미국의 정보 기관 중 가장 방대한 규모라고 전해진다. 또한 정보 수집 대상국의 암호를 해독하기 위해 세계 최대의 수학자 채용 기관이며, 수퍼 컴퓨터를 보유한 조직으로도 알려졌다. 미국에서 사이버 전쟁을 수행하는 조직 역시도 국가 안보국이라고 할 수 있다.

국방부에는 또한 **국가 정찰국**^{National Reconnaissance Office}이라는 첩보 기관이 있다. 인공 위성을 이용한 정보 수집이 주요한 임무다.

1

TCP/IP 방식의 계층적 구조

1973년 **빈튼 서프**^{Vinton Gray Cerf}와 **로버트 칸**^{Robert E. Kahn} 등이 비음성 통신을 구현하기 위한 설계도를 작성했다. **통신**이란 **전송과 제어**로 이뤄졌다는 기본 원리에 따라 이들은 먼저 그림 1-1과 같은 계층적 구조를 제시했다.

TCP 방식에 기반해 오류를 제어하기 위한 계층
IP 방식에 기반해 데이터를 전송하기 위한 계층

그림 1-1

1973년 당시에는 LAN 영역과 WAN 영역 그리고 스위치와 라우터 개념 등이 이제막 태동하던 시절이었다. 단지 전송과 제어라는 통신의 기본 내용을 인터넷 공간에서 구현하기 위한 구조로 등장한 개념이 바로 TCP/IP 프로토콜^{TCP/IP Protocol}이다. **프로토콜**이란 호스트와 호스트 사이에서 사용하는 일종의 언어와 같은 개념이다. 서로 다른 언어를 사용하면 서로 소통이 불가능한 것처럼 프로토콜 역시도 송신자와 수신자사이에 동일하게 설정해야만 통신이 가능하다.

한편 TCP/IP 프로토콜 개발에 착수하던 당시는 인터넷 공간에 표준 프로토콜이 없었기 때문에 호스트 제작 업체마다 자신들만의 프로토콜을 이용해 통신을 수행했다. 이런 상황에서 TCP/IP 프로토콜도 인터넷 공간에서 사용하던 무수한 프로토콜 중 하나에 불과했다. 기원전 221년 진시황이 여러 왕조를 진 왕조로 통일한 뒤 진 왕조의 기준을 중원의 표준으로 정립한 것과 마찬가지로 이후 TCP/IP 프로토콜은 이러저러한 프로토콜을 압도해 나가기 시작했다.

동시에 인터넷 공간에서 난립하던 무수한 프로토콜을 표준으로 통합하기 위해 ISO라는 기구에서는 OSI 프로토콜^{Open Systems Interconnection Protocol}을 준비 중이었다. 그렇지만 막상 OSI 프로토콜을 완성했을 때에는 TCP/IP 프로토콜이 인터넷 공간에서 사실상 표준으로 자리잡으면서 OSI 프로토콜은 막대한 비용과 시간을 투자했음에도 결국 인터넷 공간에서 사라져 버렸다.

인터넷 공간에서 표준으로 자리잡은 TCP/IP 프로토콜 역시도 인터넷 공간의 확장과 대역폭의 확대 그리고 운영 체제의 발전 등이 이어지면서 이러저러한 기능을 추가하기 시작했다. TCP/IP 프로토콜은 오늘날 4계층으로 이루어진 구조로 성장했지만 TCP/IP 프로토콜의 구조와 기능 등을 설명할 때에는 일반적으로 그림 1-2처럼 4계층 구조가 아닌 5계층 구조로 설명한다.

계층 구분	해당 계층에 속하는 프로토콜 종류
응용	FTP · SSH · TELNET · SMTP · DNS · DHCP · HTTP · SNMP · SSL 등
전송	TCP · UDP 등
네트워크	IP · ICMP · IGMP · ARP 등
데이터 링크	이더넷 · PPP 등
물리	

그림 1-2

OSI 프로토콜은 설계 당시부터 계층별 명칭을 부여했지만 TCP/IP 프로토콜에는 계층별 명칭이 없었다. 그래서 TCP/IP 프로토콜에서 사용하는 계층별 명칭은 학자나 기술자마다 다르다. 일례로 어떤 책에서는 응용 계층이라는 명칭 대신 **프로세스 계층**이라고 부르기도 하며 네트워크 계층을 **인터넷 계층**이라고 부르기도 한다. 또한 TCP/IP 프로토콜을 4계층으로 구분할 때에는 데이터 링크 계층과 물리 계층을 통합해 네트워크 인터페이스 계층 또는 네트워크 접근 계층이라고도 부른다. 이 책에서는 OSI 프로토콜에서 사용하는 계층별 명칭을 TCP/IP 프로토콜에 적용해 사용하겠다.

TCP/IP 프로토콜을 이해하기 위해서는 무엇보다 먼저 계층의 의미를 알아야 한다.

계층^{Layer}이란 비음성 통신에서 데이터를 전송하기 위한 일련의 과정이나 단계 또는 절차란 의미다. 따라서 송신자가 5계층 기반의 TCP/IP 프로토콜에 따라 데이터를 전송할 경우 모두 5단계 과정을 거친다는 의미다. 5단계 과정을 그림 1-2에 따라 해석하면 송신자 운영 체제는 응용 계층에서 시작해 전송 계층과 네트워크 계층과 데이터 링크 계층과 물리 계층을 순차적으로 통과하면서 데이터를 전송한다. 수신자 운영 체제는 역으로 물리 계층에서 시작해 데이터 링크 계층과 네트워크 계층과 전송 계층과 응용 계층을 순차적으로 통과하면서 데이터를 수신한다. 참고로 OSI 프로토콜은 7계층 구조를 이룬다.

또한 TCP/IP 프로토콜은 응용 계층에서 물리 계층까지 하위 계층으로 내려갈수록 물리적이고 구체적인 속성이 강해지고 물리 계층에서 응용 계층까지 상위 계층으로 올라갈수록 논리적이고 추상적인 속성이 강해지는 특징이 있다. 다시 말해 응용 계층보다는 전송 계층이 보다 물리적이고 구체적이다. 동시에 하위 계층으로 내려갈수록 일련의 헤더를 추가하는 과정이기도 하다.

결론적으로 TCP/IP 프로토콜에 따른 일련의 송신이란 상위 계층에서 하위 계층으로 전환하는 과정이고 논리적 속성이 물리적 속성으로 전환하는 과정이고 일련의 부가 정보를 추가하는 과정이다. 그림 1-2에서 보여주는 계층적 구조가 우리에게 전하는 의미다. 이해했는가?

데이터 전송 단위에 대한 내용도 그림 1-2를 통해 이해할 수 있다.

송신의 시작 단계인 **응용 계층에서 전송하고자 할 UDP 기반의 페이로드를 생성한 뒤 사용자의 실제 정보를 저장**한다. 이처럼 응용 계층에서 생성한 전송 단위를 메시지^{Message}라고 부른다. 응용 계층에서 완성한 메시지는 전송 계층으로 넘어가 첫 번째 헤더와 결합한다. 첫 번째 헤더에서 주요한 정보는 포트 번호이고 이러한 형태의 전송 단위를 데이터그램^{Datagram}이라고 부른다. 전송 계층에서 완성한 데이터그램은 네트워크 계층으로 넘어가 두 번째 헤더와 결합한다. 두 번째 헤더에서 주요한 정보는 IP 주소이고 이러한 형태의 전송 단위를 패킷^{Packet}이라고 부른다. 네트워크 계층에서 완성한 패킷은 데이터 링크 계층으로 넘어가 세 번째 헤더와 결합한다. 세 번째 헤더에서 주요한 정보는 맥 주소이고 이러한 형태의 전송 단위를 프레임^{Frame}이라고 부른다. 참고로 프레임의 크기가 늘 일정한 경우에는 셀^{Cell}이라고 부르는데 **ATM 전송** 기법에서 사용하는 전송 단위다. 데이터 링크 계층에서 완성한 프레임은 물리 계층으로 넘어가 비트^{Bit} 전송 단위로 전환한다.

지금까지 설명한 내용을 기반으로 재정리하면 표 1-1과 같다.

표 1-1

계층	데이터 전송 단위	주요한 프로토콜	비고
응용	메시지	약 65,000개 정도	송신 시작 계층
전송	데이터그램/세그먼트	UDP와 TCP 등	
네트워크	패킷	IP와 ICMP 등	
데이터 링크	프레임	이더넷과 PPP 등	
물리	비트		수신 시작 계층

표 1-1에 기반해 다음 장부터 네트워크와 전송 계층의 헤더 내용 등을 설명하겠다.

네트워크 계층의 헤더 기능

보안 장비 운영과 관련해 IP 헤더 구조는 TCP 헤더 구조와 더불어 중요하게 간주하는 헤더인 만큼 각각의 항목에 대해 집중하도록 하자.

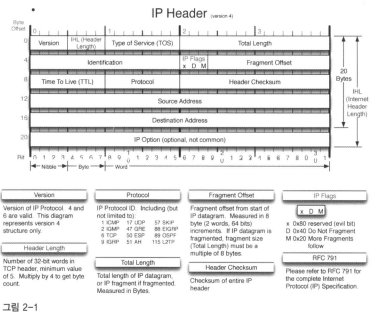

그림 2-1

IP 헤더 크기는 일반적으로 20 바이트 크기를 사용하지만 경우에 따라 **IP 추가**^{IP Options} 항목을 이용해 21 바이트 이상으로 사용할 수도 있다.

그림 2-1과 같이 IP 헤더에서 제일 먼저 **버전**^{Version} 항목을 볼 수 있다. IPv4 주소라면 4가 들어가고 IPv6 주소라면 6이 들어간다.

버전 항목 다음에 나오는 **헤더 길이**^{Header Length} 항목에는 IP 헤더의 크기가 들어간다. 일반적으로 20 바이트 크기를 사용하기 때문에 20이 들어간다.

헤더 길이 항목 다음에 나오는 Type of Service^{ToS} 항목에는 해당 패킷의 전송 우선 순위를 저장한다.

예제 2-1

```
C:\>ping/?

옵션:

-v TOS 서비스 종류(Type Of Service)
(IPv4에만 해당. 이 설정은 더 이상 사용되지 않으며 IP 헤더의 서비스 필드에 영향을 주지 않음)

C:\>
```

다시 말해 예제 2-1처럼 ToS 기능을 지정하면 회선이 혼잡할 경우에도 해당 패킷을 우선적으로 전송해 준다. 혼잡한 도로를 달리는 구급차를 연상하기 바란다.

ToS 항목 다음에 나오는 **전체 길이**^{Total Length} 항목에는 IP 헤더를 포함한 패킷 전체의 길이 정보가 담긴다. 만약 전체 길이 항목에 100이라고 나온다면 헤더 길이 항목에 담긴 20이란 정보를 통해 남은 크기를 추론해 볼 수 있다.

전체 길이 항목 다음에 나오는 ID^{Identification} 항목과 **플래그**^{Flags} 항목과 **플래그먼트 오프셋** ^{Fragment Offset} 항목은 MTU에 따른 패킷 분할 정보를 담는 항목이다.

MTU^{Maximum Transmission Unit}란 **최대 전송 단위**라는 의미다. 다시 말해 각각의 프로토콜

에서 정한 데이터 크기의 최대 범위를 의미한다. 일례로 이더넷 방식에서 MTU는 1,500 바이트다. 이더넷 구간을 통과할 수 있는 데이터 최대 크기가 1,500 바이트까지라는 의미다. 만약 5,900 바이트 크기의 데이터가 발생하면 어떻게 이더넷 구간을 통과할 수 있을까? 이런 경우 ID 항목과 플래그 항목 그리고 플래그먼트 오프셋 항목이 필요하다. 주의할 점은 IP 헤더의 플래그 항목은 다음 장에서 설명할 TCP 헤더의 플래그 항목과 다르다는 점이다. TCP 헤더의 플래그 항목은 제어 신호를 설정하는 데 사용하지만 IP 헤더의 플래그 항목은 두 개의 비트(원래는 세 개의 비트이지만 실제로는 두 개의 비트만을 사용)를 이용해 패킷의 분할 유무를 표시한다.

이더넷 구간을 대상으로 1,400 바이트 크기의 패킷과 5,900 바이트 크기의 패킷이 있다고 가정하자.

먼저 1,400 바이트 크기의 패킷은 MTU 1,500 바이트인 이더넷 구간을 통과할 수 있다. 다시 말해 패킷 분할이 불필요하다. 이 경우 패킷 분할 항목의 설정 내용은 표 2-1과 같다.

표 2-1

ID 항목	플래그 항목(D 비트)	플래그 항목(M 비트)	플래그먼트 오프셋
0	1	0	0

표 2-1에서 **D 비트**와 **M 비트**는 플래그 항목에서 사용하는 두 개의 비트를 의미한다. D 비트는 Do not fragment 비트라는 의미이고 M 비트는 More fragments 비트라는 의미다. 표 2-1에서와 같이 D 비트가 1이다. **패킷 분할이 없다**는 의미다. 이처럼 D 비드가 1인 경우 ID 항목이나 플래그먼트 오프셋 항목은 의미가 없다.

그렇지만 5,900 바이트 크기의 패킷은 이더넷 구간을 통과할 수 없다. 다시 말해 패킷 분할이 필요하다. 패킷 분할을 위해 운영 체제는 이더넷 MTU에 적합하도록 5,900 바이트 크기의 패킷에 100 바이트 크기의 쓰레기 값을 채운다. 이러한 과정을 패딩Padding이라고 한다. 패딩 과정을 통해 5,900 바이트 크기의 패킷은 6,000 바이트 크기의 패킷으로 늘었다. 그 다음 운영 체제는 쓰레기 값을 포함한 6,000 바이트 크기의 패킷을 각각 1,500 바이트 크기로 분할한다. 이제 각각의 패킷 크기가 1,500 바이트 크기이기 때문에 이더넷 구간을 통과할 수 있다.

이와 같이 패킷 분할이 일어날 경우 패킷 분할 항목의 설정 내용은 표 2-2와 같다.

표 2-2

ID 항목	플래그 항목(D 비트)	플래그 항목(M 비트)	플래그먼트 오프셋
1234	0	1	0
1234	0	1	1,500
1234	0	1	3,000
1234	0	0	4,500

수신 측 입장에서 표 2-2 각 행의 내용을 확인해 보겠다.

먼저 수신 측 운영 체제는 첫 번째 패킷 헤더에서 ID 항목(1234)과 D 비트(0)를 통해 해당 패킷이 분할 패킷임을 알 수 있다. D 비트가 1이 아닌 0이라는 것은 해당 패킷을 분할했다는 의미이기 때문이다. 또한 M 비트가 1인 경우 해당 패킷 말고 또 다른 분할 패킷이 있다는 의미다. 플래그먼트 오프셋을 보면 시작 위치가 0 바이트다.

이제 두 번째 패킷을 수신하면 첫 번째 패킷과 마찬가지로 ID 항목의 값이 동일하다는 것을 알 수 있다. 또한 D 비트와 M 비트가 각각 0과 1이다. 분할 패킷이며 또 다른 분할 패킷이 있다는 의미다. 플래그먼트 오프셋이 1,500이기 때문에 첫 번째 패킷은 0 바이트에서 시작해 1,499 바이트로 끝나는 1,500 바이트짜리 패킷임을 알 수 있다.

곧이어 세 번째 패킷을 수신하면 첫 번째와 두 번째 패킷처럼 ID 항목의 값이 동일하다. D 비트와 M 비트 역시도 각각 0과 1이기 때문에 세 번째 패킷은 이전 패킷처럼 분할 패킷이며 또 다른 분할 패킷이 있다는 의미다. 플래그먼트 오프셋이 3,000이기 때문에 두 번째 패킷은 1,500 바이트에서 시작해 2,999 바이트로 끝나는 1,500 바이트

짜리 패킷임을 알 수 있다.

마지막 패킷의 경우 이전 패킷과 달리 M 비트가 0이다. **더 이상 분할 패킷이 없다는 의미다.** 다시 말해 네 번째 패킷이 **마지막 분할 패킷이란 의미다.** 플래그먼트 오프셋이 4,500이기 때문에 세 번째 패킷은 3,000 바이트에서 시작해 4,499 바이트로 끝나는 1,500 바이트짜리 패킷임을 알 수 있다. 이러한 일련의 규칙성을 통해 마지막 패킷의 길이 역시도 1,500 바이트임을 알 수 있다.

수신 측 운영 체제에서는 송신 측 운영 체제가 부여한 표 2-2의 내용을 기반으로 네 개의 분할 패킷을 순서에 따라 재조립한다. **빈번한 패킷 분할은 과부하를 유발**할 수 있는 요인이기도 하다.

생존 시간^{Time To Live} 항목은 **라우팅 루프**가 일어난 구간에서 패킷을 폐기하기 위한 용도로 사용한다. 다시 말해 해당 패킷이 통과할 수 있는 라우터의 개수 정보를 담는 항목이다. 일례로 TTL 값이 10이면 해당 패킷은 10대의 라우터를 통과할 수 있고 그 이상은 통과할 수 없다는 의미다(ICMP 개념을 설명할 때 구체적인 일례를 제시하겠다).

생존 시간 항목 다음에 있는 **프로토콜**^{Protocol} 항목은 상위 계층에 속한 프로토콜 번호를 저장한다. 만약 **송신 측에서 UDP 페이로드를 생성했다면 17로 설정하고 TCP 페이로드를 생성했다면 6으로 설정**한다. 그럼 수신 측에서는 프로토콜 항목을 읽어 해당 패킷의 속성을 파악한다. 다시 말해 프로토콜 번호가 17이면 해당 패킷을 데이터그램으로 간주하고, 프로토콜 번호가 6이면 세그먼트로 간주해 상위 계층으로 해당 패킷을 넘긴다. 프로토콜 항목에서 사용하는 프로토콜 번호의 종류는 다음 사이트에서 확인하기 바란다.

en.wikipedia.org/wiki/List_of_IP_protocol_numbers

헤더 오류 검사^{Header Checksum} 항목은 비활성 상태다. 다시 말해 헤더 오류 검사 항목은 일반적으로 사용하지 않는다.

마지막으로 출발지 주소 항목과 목적지 주소 항목의 크기는 32 비트로서 출발지 IP 주소와 IP 주소를 저장한다.

IP 주소는 IANA에서 관리한다. IP 주소의 범위는 0부터 255까지다. 다시 말해 IP 주소는 0.0.0.0부터 255.255.255.255까지 총 32 비트로 이뤄진 체계다.

IP 주소를 처음 설계할 당시에는 IP 주소를 A 등급부터 E 등급까지 분류했지만 일반적으로 A 등급부터 C 등급까지 사용한다. IP 주소의 등급은 주어진 첫 번째 자리를 가지고 구분한다. 표 2-3과 같이 정리할 수 있다.

표 2-3

등급	범위	기본 서브넷 마스크	비고
A	1 ~ 126	255.0.0.0	127.0.0.1 루프백 주소
B	128 ~ 191	255.255.0.0	
C	192 ~ 223	255.255.255.0	

표 2-3 기본 서브넷 마스크 표기에서 보는 바와 같이 IP 주소는 등급에 따라 네트워크 ID와 호스트 ID가 다르다. 네트워크 ID란 **LAN 영역에 대한 고유한 식별자**를 의미하고 호스트 ID란 **해당 LAN 영역에 속한 호스트에 대한 고유한 식별자**를 의미한다. 특히 호스트 ID에서 모든 비트가 0인 경우를 네트워크 IP 주소(C 등급에서 192.168.10.0인 경우)라고 하며 모든 비트가 1인 경우를 브로드캐스트 IP 주소(C 등급에서 192.168.10.255인 경우)라고 한다.

네트워크 IP 주소와 브로드캐스트 IP 주소는 운영 체제 내부에서 사용하기 때문에 C 등급의 경우 실제 사용 가능한 IP 주소의 범위는 192.168.10.1번부터 192.168.10.254번까지 총 254개다. A 등급과 B 등급 역시도 총 개수에서 네트워크 IP 주소와 브로드캐스트 IP 주소를 제외한 개수가 실제 사용 가능한 개수에 해당한다.

한편 리눅스 기반의 운영 체제에서 다음과 같은 설정을 통해 브로드캐스트 IP 주소를 사용할 수 있다.

예제 2-2

```
root@xubuntu:~# echo 0 > /proc/sys/net/ipv4/icmp_echo_ignore_broadcasts

root@xubuntu:~# ping 192.168.10.255 -b
```

여기서 echo 0 〉 /proc/sys/net/ipv4/icmp_echo_ignore_broadcasts 명령어는 브로 드캐스트 IP 주소를 사용하겠다는 설정이다. 브로드캐스트 IP 주소를 사용하기 위해 선행적으로 설정해야 한다. ping 192.168.10.255 -b 명령어는 192.168.10.1번부터 192.168.10.254번까지에 이르는 모든 호스트에게 ICMP를 요청하겠다는 의미다.

다음으로 네트워크 계층에서 IP 프로토콜과 더불어 중요한 역할을 수행하는 ICMP 프로토콜에 대해 알아보자.

ICMP^Internet Control Message Protocol는 IP 등장 이후 전송 작업을 화면에 출력하기 위한 용 도로 등장했다. 다시 말해 ICMP는 화면 출력 메시지에 기반해 오류 통보 기능과 질 의 응답 기능 등을 수행하기 위한 프로토콜이다.

ICMP 방식의 오류 통보란 **전송 중 일어날 수 있는 목적지 도달 불가나 발신지 억제 또는 시간 초과나 매개 변수의 문제 등을 사용자 화면에 출력하기 위한 기능을 의미**한다. 그렇지 만 사용자 입장에서 ICMP는 오류 통보보다는 질의 응답 기능이 더욱 중요하다.

목적지 호스트가 출발지 호스트 바로 옆자리라면 목적지 호스트가 동작하는지 여부 를 바로 확인할 수 있겠지만 목적지 호스트가 지구 건너편에 있다면 직접 확인할 수 없다. 이럴 경우 임의의 쓰레기 값으로 이뤄진 데이터를 생성해 ping 명령어로 전송 한다. 목적지 호스트가 동작 중이라면 응답이 온다. 서로가 탁구공을 주고받은 상황 을 떠올린다면 적당한 일례일 듯하다.

사용자가 목적지 호스트로 ICMP 질의를 요청한다. 그럼 운영 체제에서는 네트워크 계층에 기반해 **쓰레기 값으로 채워진 페이로드를 생성**한다. FTP나 SSH 등과 같은 프로토콜은 응용 계층에서 사용자의 실제 정보를 담은 페이로드를 생성하지만 ICMP 프로토콜은 네트워크 계층에서부터 페이로드를 생성한다.

표 2-4

구분	상위 계층과의 연속성	페이로드 생성 계층	전송 단위
IP	있음	응용 계층	패킷
ICMP	없음	네트워크 계층	패킷

쓰레기 값으로 채워진 ICMP 페이로드 앞에 그림 2-2와 같은 8 바이트 크기의 ICMP 헤더가 붙는다.

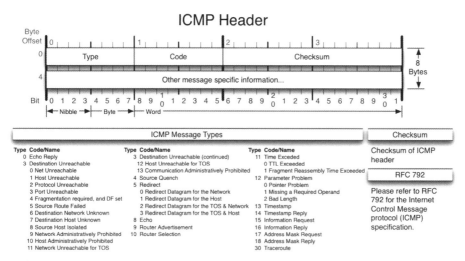

그림 2-2

 ICMP 헤더에는 주요하게 해당 ICMP가 요청인지 아니면 응답인지를 구분하기 위한 정보가 **타입**^{Type} 항목에 담긴다.

타입 항목에서 8은 **요청**을 의미하고 0은 **응답**을 의미한다. ICMP 페이로드에 ICMP 헤더를 추가해 ICMP 패킷을 생성한 뒤 다시 그 앞에 그림 2-1과 같은 IP 헤더가 붙는다. IP 헤더가 있어야 라우팅이 가능하기 때문이다. 이처럼 ICMP 패킷은 네트워크 계층에서 시작해 데이터 링크 계층과 물리 계층으로 넘어간다.

TCP/UDP 페이로드	TCP/UDP 헤더	IP 헤더

ICMP 페이로드	ICMP 헤더	IP 헤더

그림 2-3

표 2-4와 그림 2-3을 통해 충분히 IP와 ICMP의 차이점을 확인할 수 있다.

ping 명령어와 마찬가지로 ICMP 방식에 기반해 구현한 또 다른 명령어가 있다. 바로 tracert 명령어다. ping이 출발지와 목적지 사이의 통신 여부를 점검하기 위한 용도라면 tracert는 출발지와 목적지 사이의 라우팅 과정을 확인하기 위한 용도라고 할 수 있다. 사용법은 예제 2-3과 같다.

예제 2-3

```
C:\>tracert 8.8.8.8

최대 30홉 이상의
google-public-dns-a.google.com [8.8.8.8](으)로 가는 경로 추적:

1     <1 ms    <1 ms    <1 ms   192.168.0.1
2      4 ms     3 ms     3 ms   175.214.80.254
3      3 ms     1 ms     2 ms   61.72.70.193
4      2 ms     1 ms     1 ms   112.188.9.225
5     <1 ms     1 ms    <1 ms   112.188.2.73
6      9 ms     2 ms     3 ms   112.174.58.105
7      1 ms     1 ms     1 ms   112.174.48.38
8      1 ms     1 ms     1 ms   112.174.84.218
9    923 ms   564 ms   112 ms   72.14.194.106
10    32 ms    32 ms    32 ms   108.170.242.161
11    32 ms    31 ms    31 ms   209.85.251.219
12    31 ms    30 ms    30 ms   google-public-dns-a.google.com [8.8.8.8]
```

예제 2-3을 보면 구글 DNS 서버까지 몇 개의 LAN 영역을 통과했는가를 알 수 있다. 오른쪽에 보이는 IP 주소는 라우터 IP 주소에 해당한다. 첫 번째 찍힌 IP 주소는 192.168.0.1번이다. 나의 로컬 라우터 IP 주소다.

tracert 명령어는 ping 명령어에서 나타나는 TTL 속성을 이용해 구현한다. 앞에서 해당 패킷이 통과할 수 있는 라우터의 개수 정보라고 설명하면서 TTL 값이 10이면 해당 패킷은 10대의 라우터를 통과할 수 있고 그 이상은 통과할 수 없다고 했다.

예제 2-3에서와 같이 **tracert 8.8.8.8** 명령어를 입력하면 TTL 값을 1로 설정한 ICMP 패킷이 발생한다. 해당 ICMP 패킷은 로컬 라우터에 도달하자마자 TTL 값을 0으로 바꾼다. TTL 값이 0이기 때문에 더 이상 로컬 라우터 뒤에 있는 라우터로 넘어갈 수 없다. 로컬 라우터는 출발지 호스트 측에 ICMP의 오류 통보 기능을 이용해 목적지 도달 불가라고 응답을 보낸다. 그럼 출발지 호스트에서는 TTL 값을 2로 설정해 다시 ICMP 패킷을 전송한다. 해당 ICMP 패킷은 TTL 값이 2이기 때문에 예제 2-3에서 보이는 두 번째 라우터 175.214.80.254번에 이르면 TTL 값이 0으로 바뀌면서 세 번째 라우터 61.72.70.193번으로 넘어갈 수 없다. 그럼 두 번째 라우터는 출발지 호스트 측에 ICMP의 오류 통보 기능을 이용해 목적지 도달 불가라고 응답을 보낸다. 계속해 출발지 호스트는 ICMP 패킷을 TTL 값을 다시 늘리면서 이러한 작업을 반복적으로 수행한다. TTL 값이 12일 때 예제 2-3에서 보는 바와 같이 목적지 호스트로부터 ICMP 응답이 돌아온다. 출발지에서 목적지까지 경유한 경로를 확인하는 순간이다.

tracert 명령어를 사용할 때 두 가지를 염두에 둘 필요가 있다. 일반적으로 윈도우 계열에서는 ICMP 방식을 이용하고 유닉스/리눅스 계열에서는 UDP 방식을 이용한다는 점이다. UDP 방식을 이용할 경우 포트 번호 33435번을 사용한다. 또한 경로 추적을 수행할 때 라우팅 상황에 따라 이전과 다른 경로가 나올 수도 있다. 이것은 동적으로 동작하는 라우팅 알고리즘 때문이다. 다시 말해 목적지까지 도달하기 위한 무수한 경로 중 최선의 경로는 상황에 따라 동적으로 변하기 때문이다.

전송 계층에는 IP와 ICMP 프로토콜 이외에도 멀티캐스트 구현을 위한 IGMP 프로토 콜이 있지만 여기서는 논외로 하겠다. 또한 ARP와 RARP는 엄밀하게 구분하자면 네트워크 계층과 데이터 링크 계층 사이에서 동작하는 프로토콜이지만 통상 네트워크 계층으로 분류한다.

참고로 IPv6 환경에서는 ICMP가 IGMP와 ARP 기능까지 수행한다.

네트워크 계층 기반의
주요 공격 유형

네트워크 계층의 전송 단위는 **패킷**이다. IP 또는 ICMP 패킷 헤더의 구조는 그림 2-1 과 그림 2-2 등과 같다. 패킷 단위를 처리하는 대표적인 장치로는 **라우터** 등이 있다.

네트워크 계층에서 나타나는 공격은 IP 스푸핑 공격에 기반한 랜드^{LAND} 공격과 티얼 드롭^{Teardrop} 공격 그리고 ICMP 플러딩^{Flooding} 공격과 ICMP 스머핑^{Smurfing} 공격 등이 있다. 이때 IP 스푸핑^{IP Spoofing} 공격이란 출발지 IP 주소를 조작해 자신을 은폐하는 공격을 의미한다.

랜드 공격은 IP 스푸핑 공격을 변형한 기법으로 출발지 IP 주소를 그림 3-1과 같이 목적지 IP 주소와 동일하게 설정한 뒤 ICMP 요청 패킷을 공격 대상자에게 전송한다. 공격 대상자는 ICMP 응답 패킷을 전송하기 위해 출발지 IP 주소를 참조하는데 이 경우 목적지 IP 주소와 동일하기 때문에 ICMP 응답 패킷을 자신에게 보낸다.

목적지 IP 주소 192.168.10.215	출발지 IP 주소 192.168.10.215

그림 3-1

랜드 공격은 그림 3-1과 같이 출발지 IP 주소를 목적지 IP 주소와 동일하게 설정해 공격 대상자에게 인위적인 과부하를 유발케 하는 네트워크 계층의 **플러딩**Flooding 공격에 해당한다. 랜드 공격을 전송 계층까지 확장해 사용할 경우에는 출발지 포트 번호/IP 주소를 목적지 포트 번호/IP 주소로 설정한다.

현재 운영 체제에서는 출발지 IP 주소와 목적지 IP 주소가 동일할 경우에는 커널 차원에서 해당 패킷을 차단해 방어한다.

티얼드롭 공격도 네트워크 계층에서 일어나는 대표적인 공격에 해당한다. 티얼드롭 공격은 2장에서 설명한 패킷 분할 속성을 이용한 기법이다. 여타 네트워크 계층의 공격처럼 플러딩 공격의 일종이다. 표 2-2와 같은 패킷 분할 시 공격자는 플래그먼트 오프셋의 정보를 표 3-1과 같이 조작해 공격 대상자에게 전송한다.

표 3-1

ID 항목	플래그 항목(D 비트)	플래그 항목(M 비트)	플래그먼트 오프셋
1234	0	1	0
1234	0	1	1,500
1234	0	1	1,500
1234	0	0	4,500

표 3-1과 같은 경우 공격 대상자 운영 체제에서는 두 번째 분할 패킷까지는 정상적으로 재조립을 수행한다. 문제는 세 번째 분할 패킷이다. 세 번째 분할 패킷의 플래그먼트 오프셋 정보는 두 번째 분할 패킷의 플래그먼트 오프셋 정보와 동일하기 때문에 세 번째 분할 패킷을 두 번째 분할 패킷에 덮어 써 버린다. 네 번째 분할 패킷이 도달하더라도 운영 체제에서는 세 번째 분할 패킷의 플래그먼트 오프셋 정보인 3000을 계속 검색하기만 한다. 이 과정에서 과부하가 일어난다.

현재 대부분의 운영 체제에서는 플래그먼트 오프셋 정보가 불일치할 경우 분할 패킷 전체를 폐기함으로써 티얼드롭 공격을 원천적으로 차단시킨다.

ICMP 플러딩 공격은 **죽음의 핑 공격**이라고도 부른다. 중국의 13억 인구가 동시에 청와대 웹 사이트로 핑을 날린다고 생각하면 ICMP 플러딩 공격의 위력을 실감할 수 있을 듯하다. ICMP 플러딩 공격은 보통 ICMP 페이로드 크기를 65,000 바이트 이상으로 설정하고 IP 스푸핑 공격을 적용해 출발지 IP 주소를 매 순간 임의로 변경해 전송한다. 수신 측에서는 매번 분할 패킷을 재조립한 뒤 ICMP 응답 패킷을 전송해야 하기 때문에 그만큼 과부하가 클 수밖에 없다.

데비안/우분투 운영 체제에서는 관리자 계정을 이용해 표 3-2와 같이 ICMP 기능을 비활성화할 수 있다.

표 3-2

구분	명령어
비활성 전환	echo 1 〉 /proc/sys/net/ipv4/icmp_echo_ignore_all
활성 전환	echo 0 〉 /proc/sys/net/ipv4/icmp_echo_ignore_all

한편 예제 3-1에서와 같이 백박스 운영 체제 등을 이용해 랜드 공격과 결합한 ICMP 플러딩 공격을 수행할 수 있다.

예제 3-1

```
root@backbox:~# hping3 192.168.10.215 -a 192.168.10.215 --icmp --flood
-d 65000

HPING 192.168.10.215 (eth0 192.168.10.215): icmp mode set, 28 headers
+ 65000 data bytes
hping in flood mode, no replies will be shown
```

예제 3-1에서 **28 headers + 65000 data bytes** 부분은 65,000 바이트의 ICMP 페이로드를 생성한 뒤 8 바이트의 ICMP 헤더와 20 바이트의 IP 헤더를 붙였다는 내용을 의미한다. 또한 예제 3-1의 경우는 **hping3** 도구를 이용해 랜드 공격과 ICMP 플러딩 공격을 동시에 적용한 형태다.

ICMP 스머핑 공격은 ICMP 플러딩 공격의 변형 기법이다. 그림 3-2와 같이 공격 대상자의 IP 주소를 출발지 IP 주소로 설정하고 목적지 IP 주소를 브로드캐스트 IP 주소로 설정한다.

목적지 IP 주소 192.168.10.255	출발지 IP 주소 192.168.10.215

그림 3-2

그림 3-2와 같이 목적지 IP 주소가 192.168.10.255번이기 때문에 공격자가 전송한 ICMP 요청 패킷은 192.168.10.0/24 대역에 있는 모든 호스트에게 전해진다. ICMP 요청을 받은 호스트는 출발지 IP 주소를 참조해 ICMP 응답 패킷을 전송하면 공격 대상자는 어느 순간 192.168.10.0/24 대역에 있는 호스트로부터 ICMP 응답 패킷을 받기 때문에 과부하가 일어난다. 물론 ICMP 스머핑 공격 시에도 ICMP 플러딩 공격처럼 ICMP 페이로드 크기를 65,000 바이트 이상으로 설정해 보낸다.

만약 목적지 IP 주소를 10.255.255.255번 또는 172.16.255.255번으로 설정했다면 공격 대상자에게 보다 강력한 과부하를 유발시킬 수 있다.

예제 3-2에서와 같이 백박스 운영 체제 등을 이용해 ICMP 스머핑 공격을 수행할 수 있다.

예제 3-2

```
root@backbox:~# hping3 192.168.10.255 -a 192.168.10.215 --icmp --flood
-d 65000

HPING 192.168.10.255 (eth0 192.168.10.255): icmp mode set, 28 headers
+ 65000 data bytes
hping in flood mode, no replies will be shown
```

데비안/우분투 운영 체제에서는 관리자 계정을 이용해 표 3-3과 같이 브로드캐스트

IP 주소를 비활성화할 수 있다. 대부분의 운영 체제에서는 기본적으로 브로드캐스트 IP 주소가 비활성 상태다.

표 3-3

구분	명령어
비활성 전환	echo 1 〉/proc/sys/net/ipv4/icmp_echo_ignore_broadcasts
활성 전환	echo 0 〉/proc/sys/net/ipv4/icmp_echo_ignore_broadcasts

이미 예제 2-2에서도 브로드캐스트 IP 주소 사용 명령어를 소개한 바가 있다.

세계 주요 국가의 정보 기관

세계 유일의 초강대국이 미국인 만큼 미국의 조직이나 제도 등은 전 세계 국가에 많은 영향을 주었다. 남한 역시도 군사 분야와 정보 분야에서 미국을 롤 모델로 간주하는 대표적인 국가다.

그렇다 보니 영국의 존재감이 미국에게 묻히는 감이 있지만 사실 현대적 의미의 국가 정보 기관을 정립한 나라는 바로 영국이었다. 16세기 영국 왕실의 외무상이었던 프란시스 월싱엄 경Sir Francis Walsingham은 당시 통치자였던 엘리자베스 1세Elizabeth I 여왕의 밀명을 받아 정보 기관을 창설했다. 이후 전 세계를 대상으로 식민지 개척에 돌입하면서 영국의 군사력과 정보력은 급속도로 발전했다.

오늘날 영국을 대표하는 3대 정보 기관으로는 비밀 정보국과 보안국, 그리고 정부 통신 본부라고 할 수 있다. 영국의 정보 기관 역시도 미국의 정보 기관과 마찬가지로 해외 정보와 국내 정보를 분리해 운영 중이다. 다만 미국 등은 정보 기관을 대통령 직속으로 운영하지만 영국은 표면상 모두 내각 소속으로 이뤄졌다.

비밀 정보국 Secret Intelligence Service은 일명 MI6라고 불리며 국외 정보 수집을 담당하는 외무성 소속의 조직이다. 미국의 **중앙 정보국**CIA과 견줄 만큼 첩보·공작 활동에 탁월하며, 특히 제2차 세계 대전 당시 독일과의 전쟁에서 무수히 활약했다. 또한 MI6는 전복 공작 시 CIA처럼 특수 부대를 활용한다. 미국의 델타 포스Delta force 부대와 데브 그루DEV GRU 부대가 CIA의 지휘 아래 전복 공작을 수행하는 특수 부대인 것처럼 영국에서도 육군 소속의 SASSpecial Air Service 부대와 해군 소속의 SBSSpecial Boat Service 부대가

MI6의 지휘 아래 전복 공작을 수행하는 특수 부대로 알려졌다. 특히, SAS 부대는 미국의 특수 부대 창설에 직접 영향을 준 것으로도 유명하다. 참고로 영국에서는 특수부대를 코만도^{Commando}라고 부른다.

보안국^{Security Service}은 일명 **MI5**라고 불리며 국내 정보 수집을 담당하는 내무성 소속의 조직이다. 제2차 세계 대전 이전에는 FBI처럼 국내 좌익 감시 임무를 수행했고, 제2차 세계 대전 당시에는 독일 간첩 검거 임무를 수행했다. 제2차 세계 대전 이후에는 소련 간첩 검거 임무를 수행했다. 이처럼 MI5는 미국의 **연방 수사국**^{FBI}처럼 방첩·보안 활동을 담당하는 국내 정보 기관이다. 다만 FBI와 달리 MI5에게는 수사권이 없다고 한다.

정부 통신 본부^{Government Communications HeadQuarters}도 MI5와 마찬가지로 형식상 외무성에 속하는 조직이다. 미국의 **국가 안보국**^{NSA}에 해당하는 조직이다. GCHQ는 제2차 세계 대전 당시 독일군 암호 체계를 해독하기 위해 컴퓨터를 세계 최초로 개발한 조직으로 유명하다. GCHQ는 종전 이후 이러한 사실을 모두 기밀로 처리한 탓에 그동안 세계 최초의 컴퓨터 개발 국가가 미국으로 알려졌지만 사실 앨런 튜링^{Alan Mathison Turing}이 독일군 암호 해독을 위해 개발한 콜로서스^{Colossus}야말로 오늘날 진정한 컴퓨터의 전형이라고 할 수 있다. 참고로 2014년 개봉한 〈이미테이션 게임^{The Imitation Game}〉이란 영국 영화가 제2차 세계 대전 당시 앨런 튜링이 콜로서스를 개발하는 과정을 묘사한 작품이다. 이와 같이 GCHQ의 기술력은 NSA와 비교해도 손색이 없다. 2013년 스노든(Edward Joseph Snowden)은 NSA의 무차별 사찰을 폭로하면서 GCHQ가 NSA와 함께 전 세계를 대상으로 감청 작업을 수행한다고 밝힌 바 있다. 이런 점에서 볼 때 영국에는 미국과 같은 **사이버 사령부**^{USCYBERCOM}는 없지만 GCHQ가 사실상 영국의 사이버 전쟁을 담당하는 조직이라고 할 수 있다.

한편, **국방 정보 참모부**^{Defence Intelligence Staff}는 군사 정보를 총괄하는 영국의 군 정보 기관이다.

전송 계층의 헤더 기능

2장에서는 네트워크 계층에서 나타나는 IP 헤더와 ICMP 헤더의 기능을 확인했다. 이번 장에서는 전송 계층에서 나타나는 UDP 헤더와 TCP 헤더의 기능을 확인하겠다.

먼저 UDP 헤더의 기능부터 알아보자.

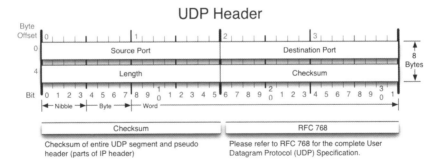

그림 4-1

UDP 헤더의 크기는 8 바이트로 고정이다.

출발지 포트 번호 항목과 목적지 포트 번호 항목은 16 비트 크기를 이룬다. 응용 계층에 속하는 프로토콜의 종류가 65,536개인 이유다.

포트 번호 항목 다음에 나오는 **길이**^{Length} 항목에는 UDP 페이로드와 UDP 헤더를 더한 데이터그램 크기 정보가 담긴다. 길이 항목 다음에 나오는 **오류 검사**^{Checksum} 항목은 기본적으로 비활성 상태다.

이처럼 8 바이트 크기의 UDP 헤더는 출발지/목적지 포트 번호 항목과 길이 항목 그리고 오류 검사 항목으로 이루어진 구조다. 생각보다 무척 단순하다고 느꼈을 듯하다. 버퍼링과 단편화 기능이 없기 때문이다.

반면 TCP 방식은 UDP 방식과 달리 버퍼링^{Buffering}과 단편화^{Fragmentation} 기능을 수행하기 때문에 그림 4-2와 같이 헤더 구조가 상대적으로 복잡하다.

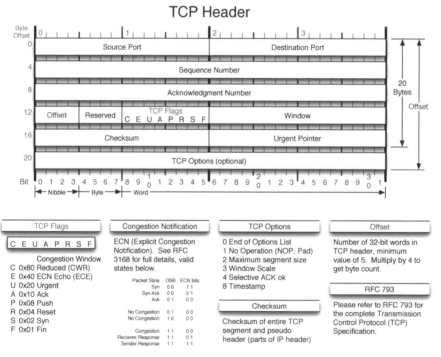

그림 4-2

UDP 헤더는 8 바이트로 고정적이지만 TCP 헤더는 가변적이다. 일반적으로 TCP 헤더는 20 바이트 크기를 사용하지만 경우에 따라 **TCP 추가**^{TCP Options} 항목을 이용해 21 바이트 이상으로 사용할 수도 있다.

UDP 헤더와 마찬가지로 TCP 헤더 역시 출발지/목적지 포트 번호 항목은 16 비트 크기다.

일련 번호^{Sequence number} 항목과 **확인 번호**^{Acknowledgment number} 항목은 3단계 연결 설정 등과 관련이 있다. 송신자는 전송 전 3단계 연결 설정^{3-Way Handshaking}을 수행하기 위해 SYN 신호를 생성한다. 이때 일련 번호와 확인 번호는 각각 0이다. 수신자가 송신자에게 ACK/SYN 신호로 응답할 때 일련 번호와 확인 번호는 각각 0과 1이다. 확인 번호가 1인 이유는 송신자의 SYN 신호 일련 번호 0에 대한 응답이기 때문이다. 송신자가 수신자로부터 받은 ACK/SYN 신호에 대해 ACK 신호로 다시 응답할 때 일련 번호와 확인 번호는 각각 1이다. 확인 번호가 1인 이유는 수신자의 ACK/SYN 신호 일련 번호 0에 대한 응답이기 때문이다. 표 4-1과 같이 정리할 수 있다.

표 4-1

구분	일련 번호	확인 번호	비고
SYN	0	0	송신자
ACK/SYN	0	1	수신자
ACK	1	1	송신자

표 4-1처럼 운영 체제는 **전송 전 3단계 연결 설정**이나 **전송 후 3단계 연결 종료** 등을 수행할 때 송신자와 수신자 사이에 주고받은 세그먼트의 연속성을 보장하기 위해 일련 번호와 확인 번호를 이용한다. 또한 일련 번호와 확인 번호는 수신 측에서 단편화한 세그먼트 단위를 순서대로 재조립할 때도 중요한 정보다.

일련 번호 항목과 확인 번호 항목 다음에 나오는 **오프셋**^{Offset} 항목에는 TCP 헤더의 길이를 담는다. TCP 헤더의 크기가 가변적이기 때문에 헤더의 크기를 담는 항목이 필요하다. 일반적으로 20이라고 나온다.

오프셋 항목 다음에 나오는 항목은 **플래그**^{Flag}이다. 플래그 항목에는 전송 전 3단계 연결 설정이나 전송 후 3단계 연결 종료 등에서 사용하는 SYN 신호나 FIN 신호 등과 같은 정보를 저장한다. SYN 신호를 전송할 경우에는 SYN 플래그를 설정하고 SYN 신호에 대한 응답을 전송할 경우에는 ACK 플래그와 SYN 플래그를 동시에 설정한다. 이처럼 플래그 항목에는 TCP 방식이 수행하는 일련의 제어 정보를 담는다. 제어 플래그 항목에서 사용하는 종류는 표 4-2와 같다.

표 4-2

구분	의미
CWR(Congestion Window Reduced)	혼잡 윈도우 크기 감소 신호
ECN(Explicit Congestion Notification)	혼잡 발생 신호
URG(Urgent)	긴급 데이터라는 신호
ACK(Acknowledgment)	확인 응답 신호
PSH(Push)	TCP 페이로드를 포함한다는 신호
RST(Reset)	상대방과 연결을 강제로 종료하기 위한 신호
SYN(Synchronize)	상대방과 동기화를 확립하기 위한 개시 신호
FIN(Finish)	상대방과 동기화를 해제하기 위한 종료 신호

표 4-2에서와 같이 총 8개의 플래그를 이용해 일련의 제어를 수행한다.

플래그 항목이 제어 기능과 관련이 있다면 그 다음에 나오는 **윈도우**^{Window} 항목은 흐름 제어 기능과 관련이 있다. 사실 플래그 항목과 윈도우 항목은 밀접한 관계가 있다. 예를 들어 송신자가 수신자에게 1번부터 20번까지 해당하는 크기의 데이터를 전송하면 해당 데이터를 자신의 버퍼에 저장한다. 송신한 데이터를 버퍼에 저장하는 이유는 전송 중 오류를 대비하기 위해서다.

수신자가 해당 데이터 전부를 정상적으로 수신하면 수신자는 윈도우 항목에 21이라는 숫자를 담아 ACK 플래그로 응답한다. 1번부터 20번까지 해당하는 크기의 데이터를 정상 수신했으니까 다음에는 21번째부터 시작하는 데이터를 보내라는 의미다. 그러면 송신자는 버퍼에 저장했던 1번부터 20번까지 데이터를 삭제한 뒤 21번부터 60번까지에 해당하는 크기의 데이터를 전송하고 다시 해당 데이터를 자신의 버퍼에 저장한다. 이때 혼잡과 부하 등으로 수신자가 21번부터 40번에 해당하는 크기의 데이터만 수신했다면 윈도우 항목에 41번을 담아 ACK/CWR 플래그로 응답을 보낸다. CWR 플래그의 의미는 표 4-2와 같이 송신자에게 전송 데이터를 줄여서 보내라는 의미다. ACK/CWR 플래그를 수신한 송신자는 전송 직후 자신의 버퍼에 저장했던 데이터 중 41번부터 60번까지에 해당하는 데이터를 재전송한다. 이처럼 송신자는 수신자의 확인 응답에 따라 전송할 정보의 양을 조절하는데 이를 혼잡 윈도우^{Congestion Window}라고 하며 송신자가 전송할 수 있는 동적인 정보의 양을 슬라이딩 윈도우^{Sliding Window}라고 한다. 또한 윈도우 항목에서 최대로 수용할 수 있는 크기는 5,840으로 알려졌다.

긴급 포인터^{Urgent Pointer} 항목은 플래그 항목에서 URG 항목이 나타날 때 0에서 1로 설정이 바뀌면서 동작한다. 작업을 긴급하게 중지하기 위해 **CTRL + C** 키를 누를 때 발생한다.

여기까지가 TCP 헤더에 담긴 주요한 항목에 대한 설명이다. 확실히 UDP 헤더와 비교할 때 복잡하다. 시간을 두고 천천히 정리하기 바란다.

5

전송 계층 기반의
주요 공격 유형

전송 계층에서 나타나는 주요한 공격 유형을 확인하기에 앞서 포트 스캔^{Port Scan} 원리와 기법 등을 먼저 확인하겠다. 포트 스캔이란 원격지 호스트를 대상으로 어떤 포트 번호를 사용 중인가를 확인하는 기법이다. 포트 스캔은 그림 4-2에서 볼 수 있는 TCP 헤더의 플래그 항목을 이용해 수행한다.

엔맵^{Nmap}은 포트 스캐너의 대명사로 오늘날 가장 많이 사용하는 도구이기도 하다. 엔맵은 **와이어샤크**^{WireShark}와 마찬가지로 데비안/우분투 운영 체제에서 관리자 권한을 이용해 apt-get install nmap 명령어를 통해 쉽게 설치할 수 있다.

엔맵을 이용한 대표적인 포트 스캔에는 **TCP 오픈**^{TCP Open} **스캔** 기법과 **TCP 할프 오픈**^{TCP Half Open} **스캔** 기법과 **TCP FIN 스캔** 기법 등이 있다. 해당 기법의 내용을 루트 계정을 이용해 백박스 운영 체제 등에서 확인해 보겠다(이론 설명인 만큼 실습할 필요는 없다).

TCP 오픈 스캔 기법은 nmap 127.0.0.1 -p 22 -sT 명령어와 같이 설정한다. 127.0.0.1번 IP 주소 다시 말해 자기 자신를 대상으로 SSH 서비스 동작 여부를 TCP 3단계 연결 완성을 통해 확인하겠다는 의미다. 공격자가 TCP 오픈 스캔을 수행하면 전송 계층에서 SYN 플래그를 생성해 공격 대상자에게 전송한다. 물론 TCP 헤더의 목적지 포트 번호는 22번이다.

공격 대상자 측에서 SSH 서비스를 사용 중이라면 **ACK/SYN** 플래그로 응답이 온다. 그럼 공격자는 ACK 플래그로 응답한 뒤 공격 대상자가 회신한 ACK/SYN 플래그를 통해 해당 서비스가 동작 중임을 확인할 수 있다. 만약 공격 대상자 측에서 SSH 서비스를 미사용 중이라면 ACK/RST 플래그로 응답이 온다. RST 플래그란 상대방과 연결을 즉시 종료하겠다는 의미다.

표 5-1

구분	해당 포트 사용 중	해당 포트 미사용 중
송신자	SYN 플래그 전송	SYN 플래그 전송
수신자	ACK/SYN 플래그 전송	ACK/RST 플래그 전송
송신자	ACK 플래그 전송	

표 5-1과 같은 TCP 오픈 스캔 기법의 장점은 TCP 3단계 연결을 완성하기 때문에 포트 스캔 결과가 정확하다는 점이다. 반면 같은 이유로 TCP 3단계 연결을 완성하기 때문에 공격 대상자 측에 포트 스캔 기록을 남길 수 있다. 이러한 문제를 해결하기 위해 등장한 기법이 바로 TCP 할프 오픈 스캔 기법이다. TCP 할프 오픈 스캔 기법은 엔맵의 기본 스캔 방식이기도 하다.

관련 기법을 칼리 등에서 실습한 결과는 예제 5-1과 같다.

예제 5-1

```
root@backbox:~# nmap 192.168.10.215 -p 22 —sT

Starting Nmap 7.50 ( https://nmap.org ) at 2017-07-31 17:35 KST
Nmap scan report for 192.168.10.215
Host is up (0.00030s latency).
```

```
PORT    STATE SERVICE
22/TCP 오픈   ssh
MAC Address: 00:0C:29:E5:69:0C (VMware)

Nmap done: 1 IP address (1 host up) scanned in 0.61 seconds
```

TCP 할프 오픈 스캔 기법은 nmap 127.0.0.1 –p 22 –sS 명령어와 같이 설정한다. SSH 서비스 동작 여부를 TCP 3단계 연결 미완성을 통해 확인하겠다는 의미다. 공격자가 TCP 할프 오픈 스캔을 수행하면 전송 계층에서 SYN 플래그를 생성해 공격 대상자에게 전송한다.

공격 대상자 측에서 SSH 서비스를 사용 중이라면 ACK/SYN 플래그로 응답이 온다. 그럼 공격자는 RST 플래그로 응답한다. TCP 오픈 스캔 기법에서는 ACK 플래그로 응답해 3단계 연결을 완성하지만 TCP 할프 오픈 스캔 기법에서는 RST 플래그로 응답해 3단계 연결을 완성하지 않는다. 이것이 TCP 할프 오픈 스캔 기법과 TCP 오픈 스캔 기법의 차이점이다.

표 5-2

구분	해당 포트 사용 중	해당 포트 미사용 중
송신자	SYN 플래그 전송	SYN 플래그 전송
수신자	ACK/SYN 플래그 전송	ACK/RST 플래그 전송
송신자	RST 플래그 전송	

공격 대상자 측에서 SSH 서비스를 미사용 중이라면 TCP 오픈 스캔 기법과 마찬가지로 ACK/RST 플래그로 응답이 온다.

TCP 할프 오픈 스캔처럼 공격 대상자에게 포트 스캔 흔적을 남기지 않게 수행하는 포트 스캔 기법을 흔히 스텔스 포트 스캔Stealth Port Scan이라고 한다. 스텔스 포트 스캔 기법에는 TCP 할프 오픈 스캔 기법 이외에도 TCP FIN 스캔 기법과 TCP X-mas 스캔 등이 있다. 이러한 기법은 공격 대상자 측에서 사용하는 방화벽을 우회할 목적으로 개발한 기법이다.

관련 기법을 칼리 등에서 실습한 결과는 예제 5-2와 같다.

예제 5-2

```
root@backbox:~# nmap 192.168.10.215 -p 22 -sS

Starting Nmap 7.50 ( https://nmap.org ) at 2017-07-31 17:36 KST
Nmap scan report for 192.168.10.215
Host is up (0.00054s latency).

PORT    STATE SERVICE
22/TCP 오픈   ssh
MAC Address: 00:0C:29:E5:69:0C (VMware)

Nmap done: 1 IP address (1 host up) scanned in 0.54 seconds
```

방화벽에서 포트 스캔을 차단하는 원리는 간단하다. 방화벽 입장에서 보면 공격자는 외부인이고 공격 대상자는 내부인이다. TCP 3단계 연결은 외부인이 SYN 플래그를 내부인에게 전송하는 것에서부터 시작한다. 방화벽에서는 이처럼 외부에서 내부로 들어오는 SYN 플래그를 차단하기만 한다면 TCP 3단계 연결을 수행할 수 없기 때문에 외부인은 결국 포트 스캔을 수행할 수 없다. 이런 상황에서 공격자는 정상적인 TCP 3단계 연결 순서를 어긋나게 설정해 방화벽을 우회할 수 있다.

TCP FIN 스캔 기법은 nmap 127.0.0.1 -p 22 -sF 명령어와 같이 설정하면 FIN 플래그를 생성해 전송한다. 방화벽에서는 외부로부터 들어오는 SYN 플래그는 차단하지만 FIN 플래그는 허용해 준다. 따라서 공격 대상자는 공격자가 전송한 FIN 플래그를 수신한다. 공격 대상자는 공격자와 TCP 3단계 연결을 설정한 적이 없는 상태에서 FIN 플래그를 수신했기 때문에 어떤 응답도 회신할 수가 없다. 공격 대상자로부터 어떤 응답도 없다면 공격자는 해당 포트를 사용 중이라고 판단한다. 만약 공격 대상자 측에서 SSH 서비스를 미사용 중이라면 TCP 오픈 스캔 기법이나 TCP 할프 오

폰 스캔 기법처럼 ACK/RST 플래그로 응답을 받는다. 다시 말해 TCP FIN 스캔 기법은 표 5-3과 같이 동작한다.

표 5-3

구분	해당 포트 사용 중	해당 포트 미사용 중
송신자	FIN 플래그 전송	FIN 플래그 전송
수신자	무응답	ACK/RST 플래그 전송

관련 기법을 칼리 등에서 실습한 결과는 예제 5-3과 같다.

예제 5-3

```
root@backbox:~# nmap 192.168.10.215 -p 22 -sF

Starting Nmap 7.50 ( https://nmap.org ) at 2017-07-31 17:37 KST
Nmap scan report for 192.168.10.215
Host is up (0.00029s latency).

PORT      STATE         SERVICE
22/TCP Open |filtered ssh
MAC Address: 00:0C:29:E5:69:0C (VMware)

Nmap done: 1 IP address (1 host up) scanned in 0.55 seconds
```

TCP X-mas 스캔 기법은 TCP FIN 스캔 기법을 응용한 기법이다. TCP X-mas 스캔 기법은 nmap 127.0.0.1 -p 22 -sX 명령어와 같이 설정한다. 공격자가 TCP X-mas 스캔을 수행하면 전송 계층에서 URG/PSH/FIN 플래그를 생성해 공격 대상자에게 전송한다. 방화벽에서는 외부로부터 들어오는 SYN 플래그를 차단하기 때문에 URG/PSH/FIN 플래그는 방화벽을 통과해 공격 대상자에게 전해진다. 공격 대상자는 TCP 3단계 연결과 무관한 URG/PSH/FIN 플래그를 수신했기 때문에 TCP FIN 스캔 기법과 마찬가지로 어떤 응답으로도 회신할 수가 없다. 공격 대상자로부터 어떤 응답도 없다면 공격자는 해당 포트를 사용 중이라고 판단한다. 만약 공격 대상자 측에서 SSH 서비스를 미사용 중이라면 ACK/RST 플래그로 응답을 받는다. 일련의 TCP FIN 스캔 기법은 표 5-4와 같다.

표 5-4

구분	해당 포트 사용 중	해당 포트 미사용 중
송신자	URG/PSH/FIN 플래그 전송	URG/PSH/FIN 플래그 전송
수신자	무응답	ACK/RST 플래그 전송

관련 기법을 칼리 등에서 실습한 결과는 예제 5-4와 같다

예제 5-4

```
root@backbox:~# nmap 192.168.10.215 -p 22 -sX

Starting Nmap 7.50 ( https://nmap.org ) at 2017-07-31 17:37 KST
Nmap scan report for 192.168.10.215
Host is up (0.00029s latency).

PORT    STATE        SERVICE
22/TCP Open |filtered ssh
MAC Address: 00:0C:29:E5:69:0C (VMware)

Nmap done: 1 IP address (1 host up) scanned in 0.59 seconds
```

TCP Null 스캔 기법은 TCP X-mas 스캔 기법을 반대로 적용한 기법이다. TCP Null 스캔 기법은 nmap 127.0.0.1 -p 22 -sN 명령어와 같이 설정한다. 결과는 표 5-3이나 표 5-4와 동일하다.

관련 기법을 칼리 등에서 실습한 결과는 예제 5-5와 같다.

예제 5-5

```
root@backbox:~# nmap 192.168.10.215 -p 22 -sN

Starting Nmap 7.50 ( https://nmap.org ) at 2017-07-31 17:38 KST
Nmap scan report for 192.168.10.215
Host is up (-0.20s latency).

PORT    STATE        SERVICE
22/TCP Open |filtered ssh
MAC Address: 00:0C:29:E5:69:0C (VMware)

Nmap done: 1 IP address (1 host up) scanned in 0.53 seconds
```

다음으로 포트 스캔 기법의 원리와 종류 등에 대한 설명에 이어 주요한 공격 유형을
알아보자.

전송 계층에서 나타나는 가장 대표적인 공격은 TCP SYN 공격이다. TCP 3단계 연
결 속성을 악용한 공격이다. TCP SYN 공격은 네트워크 계층에서 수행하는 ICMP 플
러딩 공격과 유사하다. 매 순간 공격 대상자에게 엄청난 SYN 플래그를 쏟아부으면
공격 대상자는 결국 과부하 상태에 빠질 수밖에 없다.

예제 5-6에서와 같이 백박스 운영 체제 등을 이용해 TCP SYN 공격을 수행할 수
있다.

예제 5-6

```
root@backbox:~# hping3 192.168.10.215 -a 192.168.10.220 -p 22 -S
--flood

HPING 192.168.10.215 (eth0 192.168.10.215): raw IP mode set, 20 headers
+ 0 data bytes
```

예제 5-6은 IP 스푸핑 공격을 적용해 -a 192.168.10.220처럼 조작한 출발지 IP 주소를 통

해 웹 서버(-p 22)를 대상으로 **SYN 신호를 플러딩**하겠다는 의미다.

과거에는 출발지 IP 주소를 공백 또는 사설 IP 주소를 이용했지만 지금은 악성 코드를 이용해 좀비 시스템으로 하여금 공격자가 설정한 목적지로 SYN 플래그를 전송하게끔 하기 때문에 출발지 IP 주소에 기반한 차단은 불가능하다. 따라서 일시에 들어오는 SYN 플래그가 정상적인 요청인지 악의적인 요청인지 정확하게 판단할 수 없다.

현재 방화벽 등에서는 초당 1,000개의 SYN 플래그만 수신받겠다 등과 같은 임계값(경계값) 설정을 통해 TCP SYN 공격을 차단하고 있는 실정이다. 이러한 임계값 설정은 SYN 플래그 속성에 기반하기보다는 단지 SYN 플래그 양에 기반하기 때문에 정상적인 SYN 플래그조차도 차단시킬 수 있는 문제점이 있다.

본크/보잉크^{Bonk/Boink} 공격도 TCP SYN 공격과 같이 전송 계층에서 수행하는 플러딩 공격이다. 본크/보잉크 공격은 티얼드롭 공격과 많은 부분 닮았다. 그렇지만 **티얼드롭 공격**이 네트워크 계층에서 수행하는 **패킷 분할 속성을 악용**한 공격임에 반해 **본크/보잉크 공격**은 전송 계층에서 수행하는 **TCP 단편화 속성을 악용**한 공격이다.

본크/보잉크 공격은 TCP 헤더 중 일련 번호 항목을 조작해 수신 측에서 정상적인 재조립이 불가능하도록 함으로써 과부하를 유발시킨다. 티얼드롭 공격처럼 수신받은 일련 번호 정보가 불일치한다면 운영 체제는 본크/보잉크 공격으로 판단해 세그먼트 전체를 폐기시킨다. 다시 말해 TCP 헤더의 일련 번호 항목이나 IP 헤더의 플래그먼트 오프셋 항목이 불일치할 경우 운영 체제에서는 각각 본크/보잉크 공격과 티얼드롭 공격으로 판단해 해당 세그먼트나 패킷을 폐기함으로써 해당 공격을 방어한다.

6

IDS와 IPS 이해

2장부터 5장까지는 IP 헤더·ICMP 헤더·UDP 헤더·TCP 헤더 등을 중심으로 각 헤더 항목의 기능과 그에 따른 공격 유형 등을 알아봤다. 이번 장에서는 이러한 내용을 기반으로 보안 장비의 특징을 알아보겠다.

보안 장비의 **핵심은 침입 탐지 장비**^{Intrusion Detection System}와 **침입 방지 장비**^{Intrusion Prevention} Systems다. IDS와 IPS 특징을 설명하기에 앞서 두 가지 내용을 고려할 필요가 있다.

먼저 IDS와 IPS는 실과 바늘의 관계처럼 기계적으로 분리해 독립적으로 사용할 수 있는 장비가 아니란 점이다. 다시 말해 상호 연동해 사용해야 하는 장비가 바로 IDS와 IPS다. 이렇게 본다면 IDS와 IPS는 **바이러스 백신이 수행하는 탐지 후 차단 기능을 별도로 분리해 구현한 장치**라고 할 수 있다. 이렇게 각각의 기능을 별도의 방식으로 구현하면 모든 전산 자원을 오직 탐지 또는 방지에 집중할 수 있기 때문에 **보안의 효과를 극대화할 수 있는 장점**이 있다.

또한 IDS와 IPS라는 별도의 명칭을 사용하지만 결국 IDS와 IPS도 컴퓨터다. 그래서 IDS와 IPS 등의 내부를 확인해 보면 일반 컴퓨터 구조와 다를 바가 없다. 단지 IDS라는 컴퓨터는 자신의 전산 자원을 오직 탐지에 집중할 뿐이고 IPS라는 컴퓨터는 자신의 전산 자원을 오직 방지에 집중한다는 차이만 있을 뿐이다.

정리하자면 IDS와 IPS도 컴퓨터일 뿐이고 IDS 컴퓨터와 IPS 컴퓨터는 상호 연동 상태에서 탐지의 기능과 방지의 기능을 전담하는 기능을 수행한다는 사실이다.

IDS 이해

IDS란 **일정한 탐지 규칙에 따라 기존의 공격 유형을 탐지**하면 정보를 안전한 공간으로 전환하면서 이동 전화 또는 전자 우편 등으로 관리자에게 해당 내용을 즉시 전송하고 공격자에게 경고를 통보하지만 방화벽과 달리 접근 권한 제어 또는 인증 기능이 없는 소프트웨어 또는 하드웨어 장비다.

바이러스 백신의 구동 원리가 기존의 공격 유형 견본을 수집한 뒤 데이터베이스(엔진)에 저장해 공격 유형 여부를 판단하는 것처럼 IDS 역시도 동일한 구조로 동작한다. 다만 소프트웨어로 구현한 바이러스 백신보다 규모가 큰 영역에서 보다 정교한 탐지 기능을 수행할 수 있다. 바이러스 백신을 사용하면서 업데이트를 소홀히 할 경우 새로운 공격 유형을 감지할 수 없는 것처럼 IDS 역시도 공격 유형을 저장한 엔진의 업데이트가 사활적이라고 할 수 있다. 다시 말해 공격 유형을 정의한 탐지 규칙을 지속적으로 갱신해야 IDS가 제대로 동작할 수 있다.

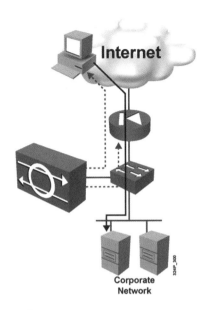

그림 6-1

공격 유형을 탐지하는 방법에는 서명 기반 탐지 기법과 정책 기반 탐지 기법과 이상 기반 탐지 기법과 유인 기반 탐지 기법 등으로 구분할 수 있다. 이중에서 **서명 기반 탐지 기법**은 공격 유형을 탐지하는 데 있어 가장 일반적인 기법이다. 서명 기반 탐지 기법은 기존의 공격 유형을 IDS 엔진에 미리 등록해 탐지를 수행하기 때문에 정확한 탐지가 가능하다. 바이러스 백신 역시도 이러한 기법에 기반한다. 그렇지만 서명 기반 탐지 기법은 IDS 엔진에 등록한 공격 유형에 따라 탐지를 수행하기 때문에 새로운 공격 유형인 경우에는 탐지할 수 없는 맹점이 있다.

정책 기반 탐지 기법은 외부로부터 접속이 들어오는 경로를 정해 놓고 미허가 경로를 통한 접속이 들어올 때 탐지하는 기법이다. 웹 서버 운영 시 관리자는 관리를 목적으로 80번 포트 번호뿐 아니라 21번 포트 번호도 활성 상태로 유지한다. 21번 포트 번호는 웹 페이지 갱신 작업을 위해 내부 접속만 가능하게 설정한다. 만약 외부에서 21번 포트 번호로 접속이 들어올 경우 침입으로 판단할 수 있다. 이런 탐지 기법을 바로 정책 기반 탐지 기법이라고 한다.

이상 기반 탐지 기법은 정량적 또는 통계적 분석에 따라 일정한 임계값을 설정한 뒤 해당 임계값을 초과하는 접속이 들어올 때 침입으로 탐지하는 기법을 의미한다. DDoS 공격이나 무차별 대입 공격 등을 탐지하는 원리가 바로 이상 기반 탐지 기법이라고 할 수 있다.

유인 기반 탐지 기법은 유인 서버에 추적 소프트웨어를 설치해 공격자의 활동을 감시하는 기법이다. 또한 유인 서버를 통해 실제 서버를 보호할 수 있는 효과가 있다는 점에서 일종의 성동격서聲東擊西를 구현한 방식이라고도 할 수 있다.

IDS를 구현하는 방식에는 **네트워크 기반의 IDS 방식**과 **호스트 기반의 IDS 방식**이 있다.

네트워크 기반의 IDS 방식은 보통 그림 6-1처럼 하드웨어를 통해 침입 탐지 기능을 수행한다. 장점으로는 LAN 영역 전체를 탐지할 수 있다. 반면 자신에게 향하는 패킷이나 암호화 패킷 등은 탐지 곤란하다는 단점이 있다.

호스트 기반의 IDS 방식은 각각의 호스트에 침입 탐지 기능을 탑재하는 방식으로 스노트와 같은 소프트웨어로 구현한다. 내부 공격을 탐지하는 데 유리한 장점이 있지만 오직 호스트 단위만을 탐지할 수 있다는 단점이 있다.

한편 IDS를 운영하면서 특히 주의할 점은 오탐(False Positive)이나 미탐(False Negative) 등과 같은 탐지 오류다. 내부로 유입한 공격을 탐지하는 데 실패한다면 치명적인 결과를 초래할 수 있기 때문에 탐지 오류는 지속적인 엔진 갱신 작업과 더불어 IDS 운영에서 사활적이다.

오탐이란 정상적인 행위를 악의적인 행위로 오판하는 경우다. 이상 기반 탐지 기법 등과 같은 행위 기반에서 흔히 발생하는 오판이다. 일시에 많은 접속이 들어오는 경우 혼잡이 일어난다. 이때 임계값에 기반해 동작하는 DDoS 장비는 해당 혼잡을 공격으로 오판할 수 있다.

미탐이란 악의적인 유형을 정상적인 유형으로 오판하는 경우다. 서명 기반 탐지 기법 등과 같은 지식 기반에서 흔히 발생하는 오판이다. 새로운 공격 유형을 개발해 IDS를 우회하는 경우 등이 미탐에 해당한다.

IPS 이해

IDS가 일정한 탐지 규칙에 따라 기존의 공격 유형을 탐지하는 기능을 수행한다면 IPS 역시도 일정한 차단 규칙에 따라 차단 규칙에 해당하는 공격 유형을 방지하는 기능을 수행한다. IDS와 연동해 동작하지만 경우에 따라서는 IPS 내부에 IDS 기능을 탑재해 운영하기도 한다.

그림 6-2

IDS와 마찬가지로 IPS에도 **네트워크 기반의 IPS 방식**과 **호스트 기반의 IPS 방식**이 있다. 장점과 단점 역시도 **네트워크 기반의 IDS 방식**과 **호스트 기반의 IDS 방식**과 동일하다.

그림 6-2에서 보는 바와 같이 IDS와 달리 IPS는 응용 서버 전면에 위치한다. 입출력 패킷을 직접 제어하는 구조임을 알 수 있다. 이런 점에서 혹자는 IPS를 방화벽으로

간주하기도 한다. 이 책에서도 **IPS와 방화벽을 동일한 의미로 간주**해 설명하겠다.

방화벽은 외부에서 내부로 접근하는 패킷을 대상으로 제어를 수행하거나 로깅^{Logging} 또는 감사 등을 추적하며 TCP/IP 응용 계층 수준에서 인증 기능 등을 수행하기도 한다.

방화벽은 TCP/IP 네트워크 계층과 전송 계층에 기반한 ACL^{Access Control List} 방식과 TCP/IP 응용 계층에 기반한 ALG^{Application Level Gateway} 방식 등으로 구분할 수 있다. ACL 방식을 **패킷 필터링 방식**이라고도 하며 방화벽에서 가장 기본적인 방식에 해당한다.

ACL 방식은 단순히 출발지 IP 주소에 기반한 **표준 ACL 방식**과 출발지/목적지 IP와 출발지/목적지 포트 번호 등에 기반한 **확장 ACL 방식**으로 나눌 수 있다. 또한 SQL 삽입 공격 등을 차단하기 위한 **웹 방화벽은 대표적인 ALG 방화벽**이라고 할 수 있다. ALG 방화벽을 **프록시 방화벽**이라고도 한다.

통신 장비 업체로 유명한 **시스코 시스템즈**^{Cisco Systems}라는 회사에서 판매하는 라우터 장비는 기본적으로 표준/확장 ACL 방식을 지원한다(사실 ACL 방식과 ALG 방식이라는 단어가 시스코 시스템즈에서 사용하는 용어이기도 하다). 이러한 기능을 통해 TCP/IP 기반의 취약점을 이용한 공격을 어느 정도는 방어할 수 있다. 물론 IP와 포트 번호 등과 같은 주소 기반이기 때문에 응용 계층에서 분석이 가능한 악성 코드 또는 SQL 삽입 공격 등은 방어하기 힘들다.

몇 가지 일례를 통해 표준/확장 ACL 방식을 확인해 보겠다.

앞에서 언급한 바와 같이 표준 ACL 방식은 출발지 IP 주소 또는 대역에 기반해 필터링 기능을 수행한다. 시스코 시스템즈에서 사용하는 **IOS 운영 체제** 기준으로 표준 ACL 설정 시 사용 가능한 식별 번호는 **1-99** 또는 **1300-1999**이다. 관리자가 임의로 설정하는 번호다.

구성 예는 예제 6-1과 같다.

예제 6-1

```
access-list 10 permit 192.168.10.1 0.0.0.0
access-list 10 deny 192.168.10.0 0.0.0.255
access-list 10 permit ip
```

ACL 방식은 맨 마지막에 **deny all**이란 정책이 있음을 주의해서 설정해야 한다. 예제 6-1의 설정은 "I like you." 등과 같은 이른바 영어의 3형식 문장을 해석하는 기분으로 "access-list 10은 permit한다 192.168.10.1 0.0.0.0을"과 같이 읽어주면 생각보다 쉽게 설정식을 이해할 수 있다.

다시 말해 첫 번째 줄은 192.168.10.1 0.0.0.0번을 허용한다는 의미다. 이때 0.0.0.0을 와일드카드 마스크$^{Wildcard\ Mask}$라고 한다. 시스코 시스템즈 고유의 문법이다.

이어서 두 번째 줄은 192.168.10.0 0.0.0.255 대역을 차단한다는 의미다. 첫 번째 줄과 달리 두 번째 줄에서 사용한 와일드카드 마스크는 0.0.0.0이 아닌 0.0.0.255임에 주의하자.

끝으로 세 번째 줄은 **모든 IP 대역을 허용한다는 의미**다. 맨 마지막 줄에서 생략한 deny all 정책을 피해가기 위한 설정이다.

결론적으로 예제 6-1 설정이 의미하는 바는 **모든 IP 대역을 허용하지만 192.168.10.0/24 대역을 차단하되 192.168.10.1번만 허용하겠다는 의미**다. ACL 설정은 위에서부터 아래로 순차적인 방식으로 정책을 확인한다는 점에 주의해야 한다.

이어서 출발지/목적지 IP와 출발지/목적지 포트 번호 등에 기반한 확장 ACL 방식의 구성 예를 보자.

예제 6-2

```
access-list 100 deny tcp 172.16.10.0 0.0.0.255 any eq 23
access-list 100 deny tcp 192.168.10.0 0.0.0.255 any eq 25
access-list 100 permit tcp any any
```

```
access-list 100 permit udp any any
```

예제 6-2의 첫 번째 줄은 TCP 방식을 차단한다는 의미다. 그런데 조건이 있다. 바로 172.16.10.0 0.0.0.255 any eq 23 부분이다. **출발지 IP 주소는 172.16.10.0/24 대역이고 목적지 IP 주소는 Any인 TELNET 서비스만을 차단하겠다는 의미다.** 감이 오는가?

두 번째 줄도 첫 번째 줄과 마찬가지로 TCP 방식을 차단하겠다는 의미인데 조건은 192.168.10.0 0.0.0.255 any eq 25다. 다시 말해 **출발지 IP 주소는 192.168.10.0/24 대역이고 목적지 IP 주소는 Any인 SMTP 서비스만을 차단하겠다는 의미다.**

세 번째 줄과 네 번째 줄은 deny all 정책을 염두에 둔 설정이다. 첫 번째와 두 번째 조건을 제외한 **모든 TCP 방식과 UDP 방식은 허용하겠다는 의미다.**

예제 6-1과 비교할 때 예제 6-2가 보다 정교하게 트래픽을 제어할 수 있음을 알 수 있다. 이러한 확장 ACL의 특징을 이용하면 헤더의 속성을 악용한 일정 정도의 공격 유형을 차단하는 효과를 얻을 수 있다.

몇 가지 예를 통해 확장 ACL 방식을 어떻게 공격을 차단하는 데 사용하는가를 확인해 보겠다.

```
R2(config)#access-list 150 deny ip 10.2.1.0 0.0.0.255 any log
R2(config)#access-list 150 deny ip 127.0.0.0 0.255.255.255 any log
R2(config)#access-list 150 deny ip 0.0.0.0 0.255.255.255 any log
R2(config)#access-list 150 deny ip 172.16.0.0 0.15.255.255 any log
R2(config)#access-list 150 deny ip 192.168.0.0 0.0.255.255 any log
R2(config)#access-list 150 deny ip 224.0.0.0 15.255.255.255 any log
R2(config)#access-list 150 deny ip host 255.255.255.255 any log
R2(config)#access-list 150 permit ip any 10.2.1.0 0.0.0.255
R2(config)#interface e0/0
R2(config-if)#ip access-group 150 in
R2(config-if)#exit
```

그림 6-3

그림 6-3에서 deny ip 뒤에 나오는 IP 주소를 확인해 보면 모두 **사설 IP 주소이거나 D 클래스에서 사용하는 IP 주소**임을 알 수 있다. 인터넷 공간에서 사용할 수 없는 주소들이다. 이것은 사설 IP 주소를 출발지 IP 주소로 설정한 패킷을 차단하겠다는 의미다. 다시 말해 **IP 스푸핑 공격을 차단하기 위한 설정**이다. 그렇지만 공격자가 임의의 공

인 IP 주소를 생성해 공격을 시도한다면 이러한 설정은 사실상 무의미하다. 패킷 필터링의 한계라고 할 수 있다.

```
R2(config)#access-list 112 deny icmp any any echo log
R2(config)#access-list 112 deny icmp any any redirect log
R2(config)#access-list 112 deny icmp any any mask-request log
R2(config)#access-list 112 permit icmp any 10.2.1.0 0.0.0.255
R2(config)#interface e0/0
R2(config-if)#ip access-group 112 in
R2(config-if)#end
```

그림 6-4

그림 6-4에서 permit icmp any 10.2.1.0 0.0.0.255 부분이 보인다. 다시 말해 10.2.1.0/24 대역에 한해서 ICMP 기능을 사용하고 나머지 모든 IP 대역에 대해서는 ICMP 기능을 중지하겠다는 의미다. **ICMP 플러딩 공격 또는 죽음의 핑 공격을 차단하기 위한 설정**이라고 할 수 있다.

```
R2(config)#access-list 111 deny ip any host 10.2.1.255 log
R2(config)#access-list 111 permit ip any 10.2.1.0 0.0.0.255 log
R2(config)#access-list 112 deny ip any host 10.1.1.255 log
R2(config)#access-list 112 permit ip any 10.1.1.0 0.0.0.255 log
R2(config)#interface e0/0
R2(config-if)#ip access-group 111 in
R2(config-if)#end
R2(config)#interface e0/1
R2(config-if)#ip access-group 112 in
R2(config-if)#end
```

그림 6-5

ICMP 스머핑 공격의 특징은 host 10.2.1.255 또는 host 10.1.1.255 등과 같이 목적지 IP 주소에 브로드캐스트 IP 주소가 있다는 점이다. 그림 6-5는 이러한 공격을 차단하기 위해 목적지에 설정한 브로드캐스트 IP 주소가 있다면 이를 차단하도록 설정한 내용이다.

한편 방화벽에는 상태 기반 감시Stateful Inspection 기능이 있어 내부에서 외부로 나갔다 되돌아 오는 이른바 **리턴 패킷**Return Packet 여부를 추적한다. 상태 기반 감시 기능은 방화벽 기능에 있어 상당히 중요하다. 왜냐하면 방화벽은 외부로부터 들어오는 접근을 기본적으로 차단하는 장비인데 상태 기반 감시 기능이 없다면 내부에서 외부로 나가는 ICMP 요청과 응답이 막히기 때문이다. 또한 내부에서 외부와 3단계 연결 설정도 막힐 수밖에 없다. 내부에서 나간 SYN 신호에 대한 응답으로 외부에서 들어오는 ACK/SYN 신호는 방화벽에서 차단하기 때문이다. 이처럼 상태 기반 감시 기능은 TCP 헤더의 TCP 플래그 항목에 기반해 내부에서 외부로 나간 패킷 등을 **상태 흐름 테이블**에 기록하고 외부에서 들어오는 패킷과 비교해 상태 흐름 테이블에 없는 패킷은 차단하고 상태 흐름 테이블에 있는 패킷을 허용함으로써 리턴 패킷을 관리한다. UDP 헤더처럼 TCP 플래그 항목이 없는 경우라면 **타임아웃 기능**을 통해 내부에서 외부로 나간 뒤 일정 시간이 흘러도 응답이 없다면 이후 외부에서 들어오는 패킷을 차단하는 방식을 이용한다.

세계 주요 국가의 정보 기관

일본은 아직까지도 왕실이 있는 입헌 군주국이다. 따라서 국왕은 명목상 통치자일 뿐 모든 실권은 총리에게 있다. 현재 일본의 정부 조직은 1부 12성 1청 구조로 알려졌다.

명실공히 일본의 국가 정보 기관은 **내각 정보 조사실**^{內閣情報調査室}이다. 내각 정보 조사실은 중국의 **국가 안전부**^{國家安全部}처럼 국내·외 정보를 총괄한다. 요원들 상당수가 경시청^{警視廳}에서 파견한 경찰관들이라고 한다. 또한 내각 정보 조사실장은 역대 경시청장이 담당한다.

내각 정보 조사실은 총무부·국내1부·국내2부·국제부·경제부·자료부 등으로 이뤄졌다. 이중 국내부가 국내 정보 수집을 담당하며, 국제부가 국외 정보 수집을 담당한다. 일본은 이미 오래전부터 인공위성을 이용해 첩보 활동을 수행했다는 점에서 내각 정보 조사실의 정보 수집 능력은 상당한 수준에 이를 듯하다. 또한 미국의 요청에 따라 내각 정보 조사실을 창설한 만큼 미국과 밀접하게 정보 교류를 하는 것으로 보인다.

내각 정보 조사실이 국내·외 정보를 총괄하는 총리 직속의 정보 기관이라고 한다면, 법무성 소속의 **공안 조사청**^{公安調査廳}은 주로 국내 정보 수집을 담당한다. 뿐만 아니라 공안 조사청은 일본에서 활동하는 좌익·간첩·극우파 등을 감시한다. 이런 점에서 공안 조사청은 미국의 **연방 수사국**^{FBI}에 해당한다고 할 수 있다. 그러나 연방 수사국은 정보권과 수사권을 행사할 수 있지만 공안 조사청은 정보권만을 행사하고 수사권은 경시청에서 행사한다는 차이가 있다.

아울러, 국방성 소속의 **정보 본부**^{情報本部}는 군사 정보 수집을 담당하는 조직이지만 주로 암호 해독과 정찰 위성 등을 수행한다는 점에서 미국의 **국가 안보국**^{NSA}이나 **국가 정찰국**^{NRO}에 해당한다.

이처럼 일본의 정보 기관은 내각 정보 조사실을 중심으로 공안 조사청과 정보 본부로 이루어졌는데, 세계 5위의 정보 기관으로 평가 받을 만큼 정보 수집력과 분석력은 세계적인 수준에 있다. 2017년 2월에 있었던 김정남 독극물 살해 사건을 제일 먼저 확인한 국가 역시도 일본이었다. 일본의 정보력이 얼마나 대단한가를 보여준 예라 할 수 있다.

일본은 독일과 같은 제2차 세계 대전의 전범국인 만큼 아직까지는 임의적으로 군사력을 증가시킬 수 없다. 따라서 미국이나 중국과 달리 일본에는 별도의 사이버 부대가 없다. 이에 따라 일본에서는 2020년 우주·사이버 부대를 창설할 계획으로 알려졌다.

랜 카드 인터페이스 명칭 변경

우분투가 데비안을 모태로 태동한 운영 체제이긴 하지만 우분투는 데비안과 비교할 때 독자적이고 개별적인 특징이 많다. **랜 카드 인터페이스 명칭**도 그러한 특징 중 한 가지라고 할 수 있다.

먼저 데비안 8.9 버전에서 랜 카드 인터페이스 명칭을 확인해 보자.

예제 7-1

```
root@debian:~# lsb_release -a
No LSB modules are available.
Distributor ID: Debian
Description:    Debian GNU/Linux 8.9 (jessie)
Release:        8.9
Codename:       jessie

root@debian:~# ifconfig
eth0      Link encap:Ethernet  HWaddr 00:0c:29:d2:ce:42
          inet addr:192.168.10.213  Bcast:192.168.10.255 Mask:255.255.255.0
          inet6 addr: fe80::20c:29ff:fed2:ce42/64 Scope:Link
```

```
            UP BROADCAST RUNNING MULTICAST  MTU:1500  Metric:1
            RX packets:116 errors:0 dropped:0 overruns:0 frame:0
            TX packets:146 errors:0 dropped:0 overruns:0 carrier:0
            collisions:0 txqueuelen:1000
            RX bytes:16711 (16.3 KiB)  TX bytes:20540 (20.0 KiB)
            Interrupt:18 Base address:0x2000

lo          Link encap:Local Loopback
            inet addr:127.0.0.1  Mask:255.0.0.0
            inet6 addr: ::1/128 Scope:Host
            UP LOOPBACK RUNNING  MTU:65536  Metric:1
            RX packets:24 errors:0 dropped:0 overruns:0 frame:0
            TX packets:24 errors:0 dropped:0 overruns:0 carrier:0
            collisions:0 txqueuelen:0
            RX bytes:1500 (1.4 KiB)  TX bytes:1500 (1.4 KiB)
```

예제 7-1에서 보는 바와 같이 데비안 운영 체제 8.9 버전에서는 랜 카드 인터페이스 명칭이 eth0과 같다(한 장의 랜 카드가 있다는 의미).

반면 주분투 16.04 버전에서 랜 카드 인터페이스 명칭을 확인해 보면 예제 7-2와 같다.

예제 7-2

```
root@xubuntu:~# lsb_release -a
No LSB modules are available.
Distributor ID: Ubuntu
Description:    Ubuntu 16.04.3 LTS
Release:        16.04
Codename:       xenial

root@xubuntu:~# ifconfig
ens32       Link encap:Ethernet  HWaddr 00:0c:29:95:24:96
            inet addr:192.168.10.215  Bcast:192.168.10.255 Mask:255.255.255.0
            inet6 addr: fe80::20c:29ff:fe95:2496/64 Scope:Link
            UP BROADCAST RUNNING MULTICAST  MTU:1500  Metric:1
```

```
                RX packets:23384 errors:0 dropped:0 overruns:0 frame:0
                TX packets:12832 errors:0 dropped:0 overruns:0 carrier:0
                collisions:0 txqueuelen:1000
                RX bytes:30899363 (30.8 MB)  TX bytes:716850 (716.8 KB)
                Interrupt:18 Base address:0x2000


lo              Link encap:Local Loopback
                inet addr:127.0.0.1  Mask:255.0.0.0
                inet6 addr: ::1/128 Scope:Host
                UP LOOPBACK RUNNING  MTU:65536  Metric:1
                RX packets:220 errors:0 dropped:0 overruns:0 frame:0
                TX packets:220 errors:0 dropped:0 overruns:0 carrier:0
                collisions:0 txqueuelen:1
                RX bytes:17535 (17.5 KB)  TX bytes:17535 (17.5 KB)
```

예제 7-2에서 보는 바와 같이 주분투 운영 체제 16.04 버전에서는 랜 카드 인터페이스 명칭이 ens32와 같다. 데비안과는 다른 명칭을 사용함을 알 수 있다.

주분투에 기반해 구현한 백박스는 어떨까?

예제 7-3

```
root@backbox:~# lsb_release -a
No LSB modules are available.
Distributor ID: Ubuntu
Description:    Ubuntu 16.04.3 LTS
Release:        16.04
Codename:       xenial

root@backbox:~# ifconfig
ens32      Link encap:Ethernet  HWaddr 00:0c:29:fc:fe:b8
           inet addr:192.168.10.219  Bcast:192.168.10.255  Mask:255.255.255.0
           inet6 addr: fe80::20c:29ff:fefc:feb8/64 Scope:Link
           UP BROADCAST RUNNING MULTICAST  MTU:1500  Metric:1
           RX packets:899 errors:0 dropped:0 overruns:0 frame:0
           TX packets:578 errors:0 dropped:0 overruns:0 carrier:0
```

```
             collisions:0 txqueuelen:1000
             RX bytes:949212 (949.2 KB)  TX bytes:122074 (122.0 KB)
             Interrupt:18 Base address:0x2000

lo           Link encap:Local Loopback
             inet addr:127.0.0.1  Mask:255.0.0.0
             inet6 addr: ::1/128 Scope:Host
             UP LOOPBACK RUNNING  MTU:65536  Metric:1
             RX packets:180 errors:0 dropped:0 overruns:0 frame:0
             TX packets:180 errors:0 dropped:0 overruns:0 carrier:0
             collisions:0 txqueuelen:1000
             RX bytes:13458 (13.4 KB)  TX bytes:13458 (13.4 KB)
```

예제 7-3에서 보는 바와 같이 백박스 운영 체제 5.0 버전 역시도 주분투 운영 체제 16.04 버전과 마찬가지로 랜 카드 인터페이스 명칭이 ens32와 같이 나온다. 더불어 주분투 16.04 버전과 백박스 5.0 버전의 코드네임이 똑같다는 점도 알 수 있다.

대부분의 문서 등에서는 랜 카드 인터페이스 명칭을 eth0이라는 전제로 한다는 점에서 ens32라는 명칭보다는 eth0이라는 명칭이 이후 실습 과정에서 편할 듯하다. 그래서 주분투에서 사용하는 ens32라는 명칭을 eth0이라는 명칭으로 변경하고자 한다.

명칭을 변경하기 위해서는 먼저 해당 운영 체제에서 사용하는 맥 주소를 정확히 기억해야 한다. 예제 7-2에서 주분투 운영 체제의 맥 주소는 00:0c:29:95:24:96이라고 나온다. 변경 작업이 끝날 때까지 별도로 기록해 두자. 또한 예제 7-4와 같이 주분투 운영 체제의 IP 설정 상황도 확인해 보자.

예제 7-4

```
root@xubuntu:~# cat /etc/network/interfaces
auto lo
iface lo inet loopback
auto ens32
iface ens32 inet static
```

```
address 192.168.10.215
netmask 255.255.255.0
network 192.168.10.0
broadcast 192.168.10.255
gateway 192.168.10.2
dns-nameservers 192.168.10.215 8.8.8.8
```

예제 7-4에서 보는 바와 같이 eth0이라는 명칭이 아닌 ens32라는 명칭이 나온다.
예제 7-5와 같이 **나노**^{nano} 편집기를 실행해 ens32라는 명칭을 eth0이라는 명칭으로
변경한다.

예제 7-5

```
root@xubuntu:~# nano /etc/network/interfaces
```

변경 후 결과는 예제 7-6과 같다.

예제 7-6

```
root@xubuntu:~# cat /etc/network/interfaces
auto lo
iface lo inet loopback
auto eth0
iface eth0 inet static
address 192.168.10.215
netmask 255.255.255.0
network 192.168.10.0
broadcast 192.168.10.255
gateway 192.168.10.2
dns-nameservers 192.168.10.215 8.8.8.8
```

다음으로 예제 7-7과 같이 생성한 후 확인한다.

예제 7-7

```
root@xubuntu:~# cat > /etc/udev/rules.d/10-network.rules
SUBSYSTEM=="net",ACTION=="add",ATTR{address}=="00:0c:29:95:24:96",NAME
="eth0"
^C

root@xubuntu:~# cat /etc/udev/rules.d/10-network.rules
SUBSYSTEM=="net",ACTION=="add",ATTR{address}=="00:0c:29:95:24:96",NAME
="eth0"
```

예제 7-7에서 보는 바와 같이 예제 7-2에서 확인한 맥 주소를 ATTR{address}== 부분에 정확히 입력해야 한다(ATTR{address}=="00:0c:29:95:24:96").

다음으로 예제 7-8과 같이 나노 편집기를 실행한다.

예제 7-8

```
root@xubuntu:~# nano /etc/default/grub
```

나노 편집기를 실행한 뒤 GRUB_CMDLINE_LINUX_DEFAULT="quiet splash" 부분에서 quiet splash라는 문자열 대신 net.ifnames=0이라는 문자열로 수정한다.

예제 7-9와 같이 변경 상황을 확인해 본다.

예제 7-9

```
root@xubuntu:~# cat /etc/default/grub
이하 생략

GRUB_CMDLINE_LINUX_DEFAULT="net.ifnames=0"

이하 생략
```

예제 7-8과 예제 7-9를 통해 작업한 내용은 표 7-1과 같다.

표 7-1

수정 전	GRUB_CMDLINE_LINUX_DEFAULT="quiet splash"
수정 후	GRUB_CMDLINE_LINUX_DEFAULT="net.ifnames=0"

이제 예제 7-10과 같이 변경 작업을 갱신한 뒤 주분투 운영 체제를 재시작한다.

예제 7-10

```
root@xubuntu:~# update-grub
grub 설정 파일을 형성합니다 ...
경고: GRUB_HIDDEN_TIMEOUT 설정이 더는 지원되지 않을 때 GRUB_TIMEOUT을 영이-아닌
값으로 설정합니다.
리눅스 이미지를 찾았습니다: /boot/vmlinuz-4.4.0-87-generic
initrd 이미지를 찾았습니다: /boot/initrd.img-4.4.0-87-generic
리눅스 이미지를 찾았습니다: /boot/vmlinuz-4.4.0-83-generic
initrd 이미지를 찾았습니다: /boot/initrd.img-4.4.0-83-generic
Found memtest86+ image: /boot/memtest86+.elf
Found memtest86+ image: /boot/memtest86+.bin
완료되었습니다


root@xubuntu:~# sync
root@xubuntu:~# sync
root@xubuntu:~# sync

root@xubuntu:~# reboot
```

운영 체제를 재시작한 뒤 예제 7-11과 같이 확인해 보면 ens32라는 명칭이 eth0이
라는 명칭으로 나옴을 볼 수 있다.

예제 7-11

```
root@xubuntu:~# ifconfig
eth0      Link encap:Ethernet  HWaddr 00:0c:29:95:24:96
          inet addr:192.168.10.215  Bcast:192.168.10.255 Mask:255.255.255.0
          inet6 addr: fe80::20c:29ff:fe95:2496/64 Scope:Link
```

```
            UP BROADCAST RUNNING MULTICAST  MTU:1500  Metric:1
            RX packets:132 errors:0 dropped:0 overruns:0 frame:0
            TX packets:149 errors:0 dropped:0 overruns:0 carrier:0
            collisions:0 txqueuelen:1000
            RX bytes:16999 (16.9 KB)  TX bytes:18510 (18.5 KB)
            Interrupt:18 Base address:0x2000


lo          Link encap:Local Loopback
            inet addr:127.0.0.1  Mask:255.0.0.0
            inet6 addr: ::1/128 Scope:Host
            UP LOOPBACK RUNNING  MTU:65536  Metric:1
            RX packets:181 errors:0 dropped:0 overruns:0 frame:0
            TX packets:181 errors:0 dropped:0 overruns:0 carrier:0
            collisions:0 txqueuelen:1
            RX bytes:13083 (13.0 KB)  TX bytes:13083 (13.0 KB)
```

예제 7-7에서 예제 7-10까지 설명한 순서에 따라 주분투 운영 체제와 마찬가지로 백박스 운영 체제도 랜 카드 인터페이스 명칭으로 변경해 보자.

예제 7-12는 백박스에서 랜 카드 인터페이스 명칭을 변경한 뒤 확인한 내용이다.

예제 7-12

```
root@backbox:~# ifconfig
eth0        Link encap:Ethernet  HWaddr 00:0c:29:fc:fe:b8
            inet addr:192.168.10.219 Bcast:192.168.10.255 Mask:255.255.255.0
            inet6 addr: fe80::20c:29ff:fefc:feb8/64 Scope:Link
            UP BROADCAST RUNNING MULTICAST  MTU:1500  Metric:1
            RX packets:159 errors:0 dropped:0 overruns:0 frame:0
            TX packets:213 errors:0 dropped:0 overruns:0 carrier:0
            collisions:0 txqueuelen:1000
            RX bytes:39353 (39.3 KB)  TX bytes:36559 (36.5 KB)
            Interrupt:18 Base address:0x2000


lo          Link encap:Local Loopback
            inet addr:127.0.0.1  Mask:255.0.0.0
```

```
        inet6 addr: ::1/128 Scope:Host
        UP LOOPBACK RUNNING  MTU:65536  Metric:1
        RX packets:332 errors:0 dropped:0 overruns:0 frame:0
        TX packets:332 errors:0 dropped:0 overruns:0 carrier:0
        collisions:0 txqueuelen:1000
        RX bytes:24315 (24.3 KB)  TX bytes:24315 (24.3 KB)
```

우분투 계열의 운영 체제를 이용하는 데 있어 중요한 내용이기도 하다. 해당 실습 내용을 기억하기 바란다.

8

스노트 설치와 설정

스노트는 대표적인 호스트 기반의 IDS 방식이다. 스노트는 오픈 소스 방식으로써 1998년 **마틴 로시**^{Martin Roesch}라는 해커가 처음 개발했다. 마틴 로시가 시스코 시스템 즈의 임원으로 재직하면서 **시스코 시스템즈가 스노트의 권리를 소유** 중이다.

스노트는 다음 사이트에서 무료로 받을 수 있다.

```
www.snort.org
```

스노트는 서명 기반 방식으로 동작한다. 따라서 스노트를 구동하기 전에 **공격 내용을 반영한 일정한 탐지 규칙을 설정**해야 한다. **현존하는 모든 상용 IDS 장비는 스노트에 기반해 구현**한 만큼 보안 장비를 운영하는 입장에서라면 스노트의 기본 문법 숙지는 필수적 이다.

과거 스노트 설치는 악명이 높았다. 무수한 설정 과정이 필요했기 때문에 보안 입문 자는 스노트 설치 과정에서 상당한 인내를 감수하곤 했다. 그러나 데비안/우분투 계 열에서는 아주 간단하게 스노트를 설치할 수 있다.

예제 8-1과 같이 입력하면 곧바로 스노트를 설치할 수 있다.

예제 8-1

```
root@xubuntu:~# lsb_release -a
No LSB modules are available.
Distributor ID: Ubuntu
Description:    Ubuntu 16.04.3 LTS
Release:        16.04
Codename:       xenial

root@xubuntu:~# ifconfig
eth0      Link encap:Ethernet  HWaddr 00:0c:29:95:24:96
          inet addr:192.168.10.215  Bcast:192.168.10.255  Mask:255.255.255.0
          inet6 addr: fe80::20c:29ff:fe95:2496/64 Scope:Link
          UP BROADCAST RUNNING MULTICAST  MTU:1500  Metric:1
          RX packets:648 errors:0 dropped:0 overruns:0 frame:0
          TX packets:819 errors:0 dropped:0 overruns:0 carrier:0
          collisions:0 txqueuelen:1000
          RX bytes:97100 (97.1 KB)  TX bytes:87836 (87.8 KB)
          Interrupt:18 Base address:0x2000

lo        Link encap:Local Loopback
          inet addr:127.0.0.1  Mask:255.0.0.0
          inet6 addr: ::1/128 Scope:Host
          UP LOOPBACK RUNNING  MTU:65536  Metric:1
          RX packets:181 errors:0 dropped:0 overruns:0 frame:0
          TX packets:181 errors:0 dropped:0 overruns:0 carrier:0
          collisions:0 txqueuelen:1
          RX bytes:13303 (13.3 KB)  TX bytes:13303 (13.3 KB)

root@xubuntu:~# apt-get install snort
패키지 목록을 읽는 중입니다... 완료
의존성 트리를 만드는 중입니다
상태 정보를 읽는 중입니다... 완료
다음 패키지가 자동으로 설치되었지만 더 이상 필요하지 않습니다:
```

```
    linux-headers-4.4.0-83 linux-headers-4.4.0-83-generic linux-image-
4.4.0-83-generic
    linux-image-extra-4.4.0-83-generic
Use 'apt autoremove' to remove them.
The following additional packages will be installed:
    libdaq2 libdumbnet1 oinkmaster snort-common snort-common-libraries
snort-rules-default
제안하는 패키지:
    snort-doc
다음 새 패키지를 설치할 것입니다:
    libdaq2 libdumbnet1 oinkmaster snort snort-common snort-common-libraries
snort-rules-default
0개 업그레이드, 7개 새로 설치, 0개 제거 및 0개 업그레이드 안 함.
1,525 k바이트 아카이브를 받아야 합니다.
이 작업 후 7,358 k바이트의 디스크 공간을 더 사용하게 됩니다.
계속 하시겠습니까? [Y/n] y
```

예제 8-1에서 보는 바와 같이 우분투 계열에서는 apt-get install snort 명령어 한 줄
로 스노트를 설치할 수 있다. 과거에 스노트를 수동으로 설치해 본 경험이 있다면 예
제 8-1에서 소개한 명령어 한 줄이 얼마나 편리하고 고마운가를 느낄 수 있을 듯하
다. 다만 설치 시 6장에서 설명한 랜 카드 인터페이스 명칭만 주의하기 바란다.

설치 중 그림 8-1과 같은 설정 화면이 나오면 해당 운영 체제의 IP 주소를 입력한다.

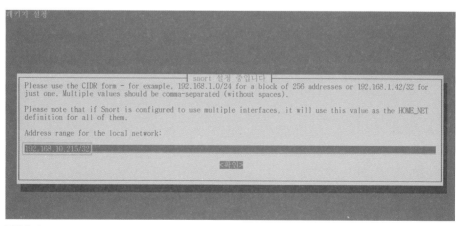

그림 8-1

예제 8-1과 그림 8-1을 통해 기본적인 스노트 설치와 설정이 끝났다. 어떤가? 매우 편리하지 않은가? 물론 스노트 수동 설정 경험이 없는 경우라면 실감할 수 없을 듯하다. 물론 데비안 계열에서도 apt-get install snort 명령어 한 줄로 스노트를 설치할 수 있지만 버전에 따라 저장소에 추가 설정이 필요한 경우도 있다.

예제 8-2와 같이 스노트 설치와 설정을 성공했는지 확인해 보자.

예제 8-2

```
root@xubuntu:~# snort -V

   ,,_      -*> Snort! <*-
  o"  )~     Version 2.9.7.0 GRE (Build 149)
   ''''      By Martin Roesch & The Snort Team: http://www.snort.org/
contact#team
            Copyright (C) 2014 Cisco and/or its affiliates. All rights reserved.
            Copyright (C) 1998-2013 Sourcefire, Inc., et al.
            Using libpcap version 1.7.4
            Using PCRE version: 8.38 2015-11-23
            Using ZLIB version: 1.2.8
```

예제 8-2를 보면 스노트 설치에 필요한 **부가적인 요소**(libpcap 1.7.4 · PCRE 8.38 · ZLIB 1.2.8) 등도 스노트를 설치할 때 같이 설치했음을 알 수 있다.

이제 스노트를 구동해 보자. 예제 8-3과 같이 기본 상태 그대로 구동해 본다.

예제 8-3

```
root@xubuntu:~# snort -T -c /etc/snort/snort.conf
Running in Test mode

        --== Initializing Snort ==--
Initializing Output Plugins!
Initializing Preprocessors!
Initializing Plug-ins!
```

```
Parsing Rules file "/etc/snort/snort.conf"

이하 생략

Snort successfully validated the configuration!
Snort exiting
```

예제 8-3처럼 **테스트 모드**로 동작하면서 스노트를 초기화한 뒤 실행을 마치는 모습을 볼 수 있다.

또한 예제 8-4에서와 같이 스노트에서 기본적으로 제공하는 **기본 탐지 규칙**을 공격 유형별로 볼 수 있다.

예제 8-4

```
root@xubuntu:~# cd /etc/snort/rules/
root@xubuntu:/etc/snort/rules# ls

attack-responses.rules community-smtp.rules icmp.rules shellcode.rules

이하 생략
```

예제 8-4에서 보는 바와 같이 탐지 규칙은 확장자가 .rules와 같이 끝남을 알 수 있다. 실제 현업에서는 기본 탐지 규칙만을 이용해서는 공격 유형을 탐지하는 데 한계가 있다. 최신 공격 유형을 반영한 탐지 규칙이 있어야 하는데 이러한 최신 탐지 규칙은 유료로 구매해야 한다. 다시 말해 **기본 탐지 규칙은 무료로 제공**하고 **최신 탐지 규칙은 유료로 판매**하는 시스코 시스템즈의 영업 전략이라고 할 수 있다.

기본 탐지 규칙 중 attack-responses.rules라는 **탐지 규칙의 구성 내역**을 예제 8-5와 같이 확인해 보자.

예제 8-5

```
root@xubuntu:/etc/snort/rules# cat attack-responses.rules
```

예제 8-5의 구성 내역에 당황할 필요는 없다. 이후 장에서부터 하나씩 소개할 내용이다. 틈날 때마다 기본 탐지 규칙의 구성 내역을 확인하면서 형식에 익숙해지기 바란다.

끝으로 실습 전 가장 중요한 작업이 필요하다. 바로 snort.conf 파일에서 **기본 탐지 규칙에 대한 주석 처리**다. 무슨 의미인지 예제 8-6부터 확인하자.

예제 8-6

```
root@xubuntu:~#updatedb
root@xubuntu:~# locate snort.conf
/etc/snort/snort.conf
/var/lib/dpkg/info/snort.conffiles
/var/lib/dpkg/info/snort.config

root@xubuntu:~# cat /etc/snort/snort.conf -n

이하 생략

570  # site specific rules
571  include $RULE_PATH/local.rules
572
573  # The include files commented below have been disabled
574  # because they are not available in the stock Debian
575  # rules. If you install the Sourcefire VRT please make
576  # sure you re-enable them again:
577
578  #include $RULE_PATH/app-detect.rules
579  include $RULE_PATH/attack-responses.rules
580  include $RULE_PATH/backdoor.rules

이하 생략
```

예제 8-6에서 578번째 줄에는 주석 처리 상태이지만 579번째 줄부터는 주석 처리가 없다. 주석 처리가 없다는 것은 기본 탐지 규칙을 적용하겠다는 의미다. 이런 상태에서 이후 실습을 진행하면 오동작의 원인이 되기도 한다. 따라서 579번째 줄처럼 주석 처리가 없는 부분은 모두 주석 처리해야 한다. 다시 말해 주석 처리 설정은 예제 8-7과 같이 나노 편집기를 실행해 작업한다.

예제 8-7

```
root@xubuntu:~# nano /etc/snort/snort.conf
```

예제 8-7의 작업 결과는 예제 8-8과 같다.

예제 8-8

```
root@xubuntu:~# cat /etc/snort/snort.conf -n

이하 생략

570  # site specific rules
571  include $RULE_PATH/local.rules

이하 생략

578  #include $RULE_PATH/app-detect.rules
579  #include $RULE_PATH/attack-responses.rules
580  #include $RULE_PATH/backdoor.rules

이하 생략

694  #include $RULE_PATH/community-web-iis.rules
695  #include $RULE_PATH/community-web-misc.rules
696  #include $RULE_PATH/community-web-php.rules

이하 생략
```

예제 8-8에서 571번째 줄에는 주석 처리가 없어야 한다. 왜냐하면 해당 탐지 규칙으로 이후 실습을 진행하기 때문이다. 이처럼 local.rules 탐지 규칙을 제외한 남은 기본 탐지 규칙은 모두 주석 처리하기 바란다. 다시 말해 예제 8-8처럼 578번째 줄부터 696번째 줄까지 모두 주석 처리 대상이다. 본격적인 실습에 앞서 예제 8-8과 같은 주석 설정 작업을 반드시 진행하기 바란다.

스노트 기본 문법

스노트를 정착한 주분투 운영 체제에 예제 9-1과 같이 TCP 덤프$^{TCP\ Dump}$라는 도구를 설치한다. TCP 덤프는 커맨드 라인에서 사용할 수 있는 와이어샤크와 같은 도구다.

예제 9-1

```
root@xubuntu:~# apt-get install tcpdump
```

이제 백박스 운영 체제에서 주분투 운영 체제로 예제 9-2와 같이 ICMP 요청을 보 낸다.

예제 9-2

```
root@backbox:~# hping3 192.168.10.215 --icmp
HPING 192.168.10.215 (eth0 192.168.10.215): icmp mode set, 28 headers
+ 0 data bytes
len=46 ip=192.168.10.215 ttl=64 id=20792 icmp_seq=0 rtt=5.3 ms
len=46 ip=192.168.10.215 ttl=64 id=20821 icmp_seq=1 rtt=3.6 ms
len=46 ip=192.168.10.215 ttl=64 id=20849 icmp_seq=2 rtt=3.1 ms
```

이어서 주분투 운영 체제에서도 예제 9-3과 같이 TCP 덤프를 실행한다.

예제 9-3

```
root@xubuntu:~# tcpdump -e icmp[icmptype] == 0 -v
tcpdump: listening on eth0, link-type EN10MB (Ethernet), capture size
262144 bytes
08:27:05.523546 00:0c:29:95:24:96 (oui Unknown) > 00:0c:29:fc:fe:b8
(oui Unknown), ethertype IPv4 (0x0800), length 42: (tos 0x0, ttl 64,
id 48343, offset 0, flags [none], proto ICMP (1), length 28)
    192.168.10.215 > 192.168.10.219: ICMP echo reply, id 30219, seq
13056, length 8
08:27:06.523738 00:0c:29:95:24:96 (oui Unknown) > 00:0c:29:fc:fe:b8
(oui Unknown), ethertype IPv4 (0x0800), length 42: (tos 0x0, ttl 64,
id 48388, offset 0, flags [none], proto ICMP (1), length 28)
    192.168.10.215 > 192.168.10.219: ICMP echo reply, id 30219, seq
13312, length 8
08:27:07.526816 00:0c:29:95:24:96 (oui Unknown) > 00:0c:29:fc:fe:b8
(oui Unknown), ethertype IPv4 (0x0800), length 42: (tos 0x0, ttl 64,
id 48566, offset 0, flags [none], proto ICMP (1), length 28)
    192.168.10.215 > 192.168.10.219: ICMP echo reply, id 30219, seq
13568, length 8
```

예제 9-3과 같이 tcpdump –e icmp[icmptype] == 0 –v 명령어를 입력하면 **주분투 운 영 체제에서 백박스 운영 체제로 ICMP 응답을 보내는 패킷만 출력**해 볼 수 있다(2장에서 ICMP 타입 0은 ICMP 응답을 의미한다고 설명한 바 있다).

그런데 TCP 덤프가 아닌 스노트를 이용하면 상대방으로부터 ICMP 요청이 들어오 는 상황을 보다 정교하게 탐지할 수 있다. 이것은 마치 바이러스 백신에서 악성 코드 가 들어오면 서명 방식에 기반해 탐지하는 이치와 같다.

예제 9-4와 같이 설정한다.

예제 9-4

```
root@xubuntu:~# cat > /etc/snort/rules/local.rules
alert icmp any any -> any any (sid:1000001;)
^C

root@xubuntu:~# cat /etc/snort/rules/local.rules
alert icmp any any -> any any (sid:1000001;)
```

예제 9-4에서 보는 바와 같이 /etc/snort/rules/ 위치에 local.rules라는 탐지 규칙을 생성한다. 바이러스 백신에 악성 코드 탐지를 위해 엔진을 탑재 또는 갱신한다는 개념과 일맥상통한다. 이제 예제 9-4에서 설정한 스노트의 탐지 규칙 문법 내용을 하나씩 확인해 보자.

먼저 alert 부분은 스노트의 동작을 명시한 설정이다. 스노트를 IDS 용도로 사용하는 경우라면 alert 설정은 고정적이라고 할 수 있다. 단순히 탐지한 내용을 **이벤트**를 통해 출력하겠다는 의미다. 스노트의 동작 유형에는 alert 기능 이외에도 log · pass · activate · dynamic · drop · reject · sdrop 등이 있다. 이중 **alert 기능 대신 drop 기능이나 reject 기능을 설정하면 스노트를 IPS 용도로 사용**할 수 있지만 이 책에서는 논외로 하겠다.

다음으로 icmp 부분은 탐지할 프로토콜의 종류를 명시한 설정이다. 현재 스노트는 **네트워크 계층에 속하는 IP 헤더와 ICMP 헤더 그리고 전송 계층에 속하는 UDP 헤더와 TCP 헤더의 속성을 탐지**할 수 있다. 2장부터 5장까지 할애해 해당 헤더의 특징과 공격 유형을 설명한 이유이기도 하다.

다음으로 any any → any any 부분은 내부에서 외부로 들어오는 패킷을 대상으로 탐지하겠다는 의미다. 이때 → **표시를 기준으로 좌측은 출발지 IP 주소와 출발지 포트 번호를 의미하며 우측은 목적지 IP 주소와 목적지 포트 번호를 의미**한다. 예제 9-4와 같이 설정하면 모든 출발지 주소와 모든 목적지 주소를 대상으로 ICMP 요청을 탐지하기 때문에 효율성이 떨어진다. 목적지 IP 주소를 명시해 설정하는 편이 관리 측면에서 볼 때 보다 효율적이라고 할 수 있다. 예제 9-4 설정을 예제 9-5의 설정처럼 변경한다.

예제 9-5

```
root@xubuntu:~# cat > /etc/snort/rules/local.rules
alert icmp any any -> 192.168.10.215 any (sid:1000001;)
^C

root@xubuntu:~# cat /etc/snort/rules/local.rules
alert icmp any any -> 192.168.10.215 any (sid:1000001;)
```

예제 9-5의 설정 내용은 외부에서 192.168.10.215번 IP 주소로 ICMP 요청이 들어올 경우 탐지하겠다는 내용이다. 만약 → 표시 대신 〈〉 표시를 사용한다면 외부에서 내부로 들어오는 패킷뿐 아니라 내부에서 외부로 나가는 패킷까지 탐지하겠다는 의미다. 이 책에서는 외부에서 내부로 들어오는 패킷만을 대상으로 설명하겠다.

마지막으로 괄호 안에 설정한 sid 부분이다. sid는 **시스템 ID**를 의미하며 탐지 규칙을 설정할 때 반드시 있어야 할 내용이기도 하다. 설정 시 sid 부분을 누락하면 스노트 실행 시 오류가 뜬다. 반드시 기억하기 바란다.

sid 부분에서 사용하는 숫자의 범위는 표 9-1과 같다.

표 9-1

숫자 범위	의미
99 이하	시스템 내부에서 사용
100부터 1,000,000 이하	외부에서 제작해 배포하는 탐지 규칙에서 사용
1,000,001 이상	사용자가 local.rules 탐지 규칙을 설정할 때 임의로 사용

이 책에서는 local.rules 탐지 규칙을 설정을 위주로 설명하는 만큼 1,000,001 이상의 숫자를 사용하겠다. 또한 (sid:1000001;)과 같이 괄호 안에서 **사용한 콜론(:)**과 **세미콜론(;)**의 형식을 기억하기 바란다. 단어와 단어로 이루어진 한 개의 문장과 같은

의미로 사용하기 때문이다.

한편 alert icmp any any → 192.168.10.215 any 부분을 RTN^{Rule Tree Node}이라고 부르며 (sid:1000001;) 부분을 OTN^{Option Tree Node}이라고 부른다. RTN 영역과 OTN 영역은 반드시 한 칸 공백이 있어야 한다. 공백이 없으면 스노트 구동 시 오류가 발생한다. 예제 9-5의 설정 내용을 통해 알 수 있는 바와 같이 **RTN 영역은 헤더의 주소 내용을 반영한 영역이고 OTN 영역은 주소를 제외한 헤더의 내용과 페이로드의 내용을 반영한 영역**이라고 할 수 있다. 악성 코드 내용은 페이로드에 담기기 때문에 스노트를 이용해 악성 코드를 탐지하기 위해서는 OTN 설정이 사활적이라고 할 수 있다(앞으로 OTN 설정 내용을 차근차근 설명하겠다).

예제 9-5에서 설정한 탐지 규칙을 구동해 보겠다. 예제 9-6과 같이 스노트를 구동시킨다.

예제 9-6

```
root@xubuntu:~# snort -A console -q -u snort -g snort -c /etc/snort/
snort.conf
```

예제 9-6 명령어는 바이러스 백신을 구동하겠다는 의미와 같다. 이제 외부로부터 들어오는 ICMP 요청을 탐지할 수 있다. 이때 해당 명령어를 구동하면서 사용한 부가 설정(옵션)은 예제 9-7과 같이 확인할 수 있다.

예제 9-7

```
root@xubuntu:~# snort -h
snort: option requires an argument -- 'h'

이하 생략

Options:
        -A              Set alert mode: fast, full, console, test or none
(alert file alerts only)
```

```
                        "unsock" enables UNIX socket logging (experimental).
        -b              Log packets in tcpdump format (much faster!)
        -B <mask>       Obfuscated IP addresses in alerts and packet dumps
using CIDR mask
        -c <rules> Use Rules File <rules>
        -C              Print out payloads with character data only (no hex)
        -d              Dump the Application Layer
        -D              Run Snort in background (daemon) mode
        -e              Display the second layer header info
        -f              Turn off fflush() calls after binary log writes
        -F <bpf>        Read BPF filters from file <bpf>
        -g <gname> Run snort gid as <gname> group (or gid) after
initialization
        -G <0xid>       Log Identifier (to uniquely id events for multiple
snorts)
        -h <hn>         Set home network = <hn>
                        (for use with -l or -B, does NOT change $HOME_NET
in IDS mode)
        -H              Make hash tables deterministic.
        -i <if>         Listen on interface <if>
        -I              Add Interface name to alert output
        -k <mode> Checksum mode (all,noip,notcp,noudp,noicmp,none)
        -K <mode> Logging mode (pcap[default],ascii,none)
        -l <ld>         Log to directory <ld>
        -L <file>       Log to this tcpdump file
        -M              Log messages to syslog (not alerts)
        -m <umask> Set umask = <umask>
        -n <cnt>        Exit after receiving <cnt> packets
        -N              Turn off logging (alerts still work)
        -O              Obfuscate the logged IP addresses
        -p              Disable promiscuous mode sniffing
        -P <snap>       Set explicit snaplen of packet (default: 1514)
        -q              Quiet. Don't show banner and status report
        -Q              Enable inline mode operation.
        -r <tf>         Read and process tcpdump file <tf>
        -R <id>         Include 'id' in snort_intf<id>.pid file name
```

```
-s            Log alert messages to syslog
-S <n=v>      Set rules file variable n equal to value v
-t <dir>      Chroots process to <dir> after initialization
-T            Test and report on the current Snort configuration
-u <uname>    Run snort uid as <uname> user (or uid) after initialization
-U            Use UTC for timestamps
-v            Be verbose
-V            Show version number
-X            Dump the raw packet data starting at the link layer
-x            Exit if Snort configuration problems occur
-y            Include year in timestamp in the alert and log files
-Z <file>     Set the performonitor preprocessor file path and name
-?            Show this information

이하 생략
```

예제 9-6에서 사용한 부가 설정 5개의 의미는 표 9-2와 같다.

표 9-2

부가 설정	의미
-A	경고 모드 설정 (fast: 간단한 형식의 경고 모드 · full: 전체 경고 모드 · console: fast 모드로 콘솔 화면에 출력 · none: 경고 모드 해제 · unsock: UNIX 소켓을 사용해 로깅)
-q	배너 또는 초기화 정보를 표시하지 않고 실행
-u	초기화 후 스노트의 기본 UID 또는 UID를 변경
-g	초기화 후 스노트의 기본 GID 또는 GID를 변경
-c	스노트 설정 파일의 위치를 지정

예제 9-6과 같이 스노트를 구동한 뒤 백박스 운영 체제에서 예제 9-2와 같이 ICMP 요청을 보낸다. 주분투 운영 체제에서 구동 중인 스노트에서는 탐지 규칙에 따라 예제 9-8과 같이 탐지한 내용을 이벤트로 출력한다.

예제 9-8

```
root@xubuntu:~# snort -A console -q -u snort -g snort -c /etc/snort/
snort.conf
08/05-09:56:28.730350  [**] [1:1000001:0] [**] [Priority: 0] {ICMP}
192.168.10.219 -> 192.168.10.215
08/05-09:56:28.730350  [**] [1:469:3] ICMP PING NMAP [**]
[Classification: Attempted Information Leak] [Priority: 2] {ICMP}
192.168.10.219 -> 192.168.10.215
08/05-09:56:28.730350  [**] [1:384:5] ICMP PING [**] [Classification:
Misc activity] [Priority: 3] {ICMP} 192.168.10.219 -> 192.168.10.215
08/05-09:56:28.742397  [**] [1:408:5] ICMP Echo Reply [**]
[Classification: Misc activity] [Priority: 3] {ICMP} 192.168.10.215 -
> 192.168.10.219

이하 생략
```

예제 9-8에서 보는 바와 같이 192.168.10.219번에서 192.168.10.215번으로 들어 오는 ICMP 패킷을 탐지함을 알 수 있다. 탐지를 중지하고 싶다면 **CTRL + C 키**를 동 시에 누른다.

이번에는 백박스 운영 체제에서 IP 스푸핑 기법을 적용해 출발지 IP 주소를 192.168.10.2번으로 조작해 예제 9-9와 같이 ICMP 요청을 보낸다.

예제 9-9

```
root@backbox:~# hping3 192.168.10.215 -a 192.168.10.2 --icmp
 HPING 192.168.10.215 (eth0 192.168.10.215): icmp mode set, 28 headers
  + 0 data bytes
```

예제 9-2와 달리 예제 9-9에서는 ICMP 처리 과정이 안 보인다. 이럴 경우 백박 스 운영 체제에서 터미널 창을 새로 실행한 뒤 tcpdump –e icmp[icmptype] == 8 –v 명령어를 입력하면 예제 9-10에서 보는 바와 같이 조작한 출발지 IP 주소인 192.168.10.2번를 이용해 ICMP 요청을 보냄을 확인할 수 있다.

예제 9-10

```
root@backbox:~# tcpdump -e icmp[icmptype] == 8 -v
tcpdump: listening on eth0, link-type EN10MB (Ethernet), capture size
262144 bytes
10:15:44.159710 00:0c:29:fc:fe:b8 (oui Unknown) > 00:0c:29:95:24:96
(oui Unknown), ethertype IPv4 (0x0800), length 42: (tos 0x0, ttl 64,
id 32536, offset 0, flags [none], proto ICMP (1), length 28)
    192.168.10.2 > 192.168.10.215: ICMP echo request, id 60227, seq
6913, length 8

이하 생략
```

주분투 운영 체제에서 다시 스노트를 구동해 ICMP 처리 과정을 확인하면 예제 9-11
과 같다.

예제 9-11

```
root@xubuntu:~# snort -A console -q -u snort -g snort -c /etc/snort/
snort.conf
08/05-10:10:42.328606  [**] [1:1000001:0] [**] [Priority: 0] {ICMP}
192.168.10.2 -> 192.168.10.215
08/05-10:10:42.328606  [**] [1:469:3] ICMP PING NMAP [**]
[Classification: Attempted Information Leak] [Priority: 2] {ICMP}
192.168.10.2 -> 192.168.10.215
08/05-10:10:42.328606  [**] [1:384:5] ICMP PING [**] [Classification:
Misc activity] [Priority: 3] {ICMP} 192.168.10.2 -> 192.168.10.215
08/05-10:10:42.328657  [**] [1:408:5] ICMP Echo Reply [**]
[Classification: Misc activity] [Priority: 3] {ICMP} 192.168.10.215 ->
192.168.10.2

이하 생략
```

예제 9-11에서 보는 바와 같이 주분투 운영 체제에서는 조작한 출발지 IP 주소로
ICMP 응답을 보내는 과정을 볼 수 있다.

스노트 구동 시 발생하는 이벤트 내용에 익숙해졌는가? 이제 조금 더 생각해 볼 내용이 있다. 예제 9-11처럼 이벤트가 발생할 때 이벤트 내용이 어떤 경우에 해당하는가를 명시한다면 출력하는 이벤트 내용을 보다 명확히 알 수 있지 않을까? 무슨 의미인가 구체적으로 확인하기 위해 예제 9-12와 같이 탐지 규칙을 변경해 설정한다.

예제 9-12

```
root@xubuntu:~# cat > /etc/snort/rules/local.rules
alert icmp any any -> 192.168.10.215 any (msg:"ToDetectICMP";sid:
1000001;)
^C

root@xubuntu:~# cat /etc/snort/rules/local.rules
alert icmp any any -> 192.168.10.215 any (msg:"ToDetectICMP";sid:
1000001;)
```

예제 9-12의 설정 내용을 보면 OTN 영역을 (msg:"ToDetectICMP";sid:1000001;)과 같이 설정했다. msg 부분은 이벤트 발생 시 설정한 문자열(ToDetectICMP)을 이벤트 제목으로 출력하겠다는 의미다. 또한 msg 부분은 sid 부분과 달리 선택적으로 사용할 수 있다.

설정을 마쳤으면 스노트를 구동한 뒤 예제 9-2와 같이 ICMP 요청을 보내면 예제 9-13과 같은 이벤트 출력을 볼 수 있다.

예제 9-13

```
root@xubuntu:~# snort -A console -q -u snort -g snort -c /etc/snort/
snort.conf
08/05-10:36:53.275713  [**] [1:1000001:0] ToDetectICMP [**] [Priority:
0] {ICMP} 192.168.10.219 -> 192.168.10.215
08/05-10:36:53.275713  [**] [1:469:3] ICMP PING NMAP [**]
[Classification: Attempted Information Leak] [Priority: 2] {ICMP}
192.168.10.219 -> 192.168.10.215
08/05-10:36:53.275713  [**] [1:384:5] ICMP PING [**] [Classification:
```

```
Misc activity] [Priority: 3] {ICMP} 192.168.10.219 -> 192.168.10.215
08/05-10:36:53.275815  [**] [1:408:5] ICMP Echo Reply [**]
[Classification: Misc activity] [Priority: 3] {ICMP} 192.168.10.215 ->
192.168.10.219

이하 생략
```

예제 9-8과 비교할 때 예제 9-13 이벤트 출력 화면에는 ToDetectICMP라는 문자열이 나타난다. 출력 이벤트의 내용이 무엇인가를 금방 알 수 있다. msg 설정 내용이 의미하는 바를 숙지했는가?

끝으로 지금까지 탐지한 내용을 로그에서 확인해 보자. 예제 9-14와 같이 해당 경로로 이동한 뒤 목록을 보면 탐지한 내용을 기록한 로그를 볼 수 있다.

예제 9-14

```
root@xubuntu:~# cd /var/log/snort/

root@xubuntu:/var/log/snort# ls
snort.log  snort.log.1501894160   snort.log.1501895339   snort.
log.1501897005
```

예제 9-14에서 snort.log.1501897005 내용을 예제 9-15와 같이 확인해 보겠다.

예제 9-15

```
root@xubuntu:/var/log/snort# snort -d -v -r snort.log.1501897005
Running in packet dump mode

이하 생략

Commencing packet processing (pid=2143)
WARNING: No preprocessors configured for policy 0.
08/05-10:36:53.275713 192.168.10.219 -> 192.168.10.215
ICMP TTL:64 TOS:0x0 ID:34999 IpLen:20 DgmLen:28
```

```
Type:8  Code:0  ID:9798   Seq:0   ECHO


이하 생략


Run time for packet processing was 0.4678 seconds
Snort processed 24 packets.
Snort ran for 0 days 0 hours 0 minutes 0 seconds
    Pkts/sec:          24
================================================================
Memory usage summary:
  Total non-mmapped bytes (arena):      610304
  Bytes in mapped regions (hblkhd):     7135232
  Total allocated space (uordblks):     488752
  Total free space (fordblks):          121552
  Topmost releasable block (keepcost):  113008

================================================================
Packet I/O Totals:
    Received:           24
    Analyzed:           24 (100.000%)
     Dropped:            0 (  0.000%)
    Filtered:            0 (  0.000%)
 Outstanding:            0 (  0.000%)
    Injected:            0

================================================================
Breakdown by protocol (includes rebuilt packets):
        Eth:           24 (100.000%)
       VLAN:            0 (  0.000%)
        IP4:           24 (100.000%)
       Frag:            0 (  0.000%)
       ICMP:           24 (100.000%)
        UDP:            0 (  0.000%)
        TCP:            0 (  0.000%)
        IP6:            0 (  0.000%)
    IP6 Ext:            0 (  0.000%)
   IP6 Opts:            0 (  0.000%)
      Frag6:            0 (  0.000%)
```

```
         ICMP6:           0 (   0.000%)
          UDP6:           0 (   0.000%)
          TCP6:           0 (   0.000%)
        Teredo:           0 (   0.000%)
       ICMP-IP:           0 (   0.000%)
       IP4/IP4:           0 (   0.000%)
       IP4/IP6:           0 (   0.000%)
       IP6/IP4:           0 (   0.000%)
       IP6/IP6:           0 (   0.000%)
           GRE:           0 (   0.000%)
       GRE Eth:           0 (   0.000%)
      GRE VLAN:           0 (   0.000%)
       GRE IP4:           0 (   0.000%)
       GRE IP6:           0 (   0.000%)
   GRE IP6 Ext:           0 (   0.000%)
      GRE PPTP:           0 (   0.000%)
       GRE ARP:           0 (   0.000%)
       GRE IPX:           0 (   0.000%)
      GRE Loop:           0 (   0.000%)
          MPLS:           0 (   0.000%)
           ARP:           0 (   0.000%)
           IPX:           0 (   0.000%)
      Eth Loop:           0 (   0.000%)
      Eth Disc:           0 (   0.000%)
      IP4 Disc:           0 (   0.000%)
      IP6 Disc:           0 (   0.000%)
      TCP Disc:           0 (   0.000%)
      UDP Disc:           0 (   0.000%)
     ICMP Disc:           0 (   0.000%)
   All Discard:           0 (   0.000%)
         Other:           0 (   0.000%)
   Bad Chk Sum:           0 (   0.000%)
       Bad TTL:           0 (   0.000%)
        S5 G 1:           0 (   0.000%)
        S5 G 2:           0 (   0.000%)
         Total:          24
```

```
================================================================
Snort exiting
```

이때 snort -d -v -r과 같이 부가 설정 순서가 어긋나면 해당 내용을 볼 수 없다.

예제 9-15에서 사용한 부가 설정 3개의 의미는 표 9-3과 같다.

표 9-3

부가 설정	의미
-d	응용 계층의 페이로드 출력
-v	모든 패킷을 콘솔에 출력(사용 시 수행 속도가 떨어지거나 패킷 누락 가능성이 있음)
-r	tcpdump 형식의 파일을 읽거나 처리

이상으로 ICMP 탐지 규칙을 통한 스노트 기본 문법 설명을 마치겠다.

독일 편 ❹

세계 주요 국가의 정보 기관

보안국^{MI5} · 비밀 정보국^{MI6} · 정부 통신 본부^{GCHQ}가 영국의 3대 정보 기관이라고 한다면 **독일의 3대 정보 기관은 연방 정보국^{BND} · 헌법 보호청^{BfV} · 국방 안보국^{MAD}**이라고 할 수 있다.

독일은 대통령이 외치를 담당하고 총리가 내치를 담당하는 국가이기 때문에 총리가 실권자다. 그런 만큼 정보 기관 역시도 총리가 총괄한다.

연방 정보국은 첩보와 공작 등 대외 정보를 담당하는 기관이다. 2014년 독일에서 개봉한 〈**후 엠 아이**^{Who Am I}〉란 영화를 통해서도 널리 알려진 조직이기도 하다.

연방 정보국은 제2차 세계 대전 직후 창설한 **켈렌 기관**^{Gehlen Organization}을 모체로 1956년 출범한 정보 기관이다. 켈렌은 독소 전쟁 당시 육군 정보 장교 출신으로서 전쟁 중 수집한 방대한 소련 정보를 미국에 제공한 인사다. 그는 1956년 연방 정보국이 정식 출범하면서 초대 국장을 역임했다.

연방 정보국은 총리실 직속 기구로서 총 8개의 부서로 이뤄졌다 한다.

1국으로 불리는 공작국은 인간 정보를 중심으로 국외 정보 수집을 전담하고 2국으로 불리는 과학 기술국은 기술 정보를 중심으로 국외 정보 수집을 전담한다. 얼마 전 독일 언론을 통해 밝혀진 연방 정보국의 미국 감청 사실도 2국에서 주도한 것으로 보인다.

3국으로 불리는 분석국은 1국과 2국에서 수집한 정보를 기반으로 분석과 예측 등을 전담한다. 연방 정보국의 핵심 부서라고 할 수 있다. 4국으로 불리는 총무국은 직원에 대한 인사 관리와 재정 등 사무 전반을 전담한다.

5국으로 불리는 국제 테러국은 조직 범죄와 테러 등에 대한 정보 수집을 전담하며 최근에는 마약 거래에서부터 자금 세탁과 불법 이민 등에 대한 정보도 수집한다고 알려졌다.

6국으로 불리는 기술 지원국은 각 부서에서 요구하는 기술을 지원하는 부서다. 통신 기술을 포함해 다양한 과학 기술 전문가들이 있다.

7국으로 불리는 교육국은 직원들의 교육을 전담하고 8국으로 불리는 보안국은 인적 · 물적 보안 등 정보 부서의 보안 유지 정책 등을 전담한다.

연방 정보국은 1968년 소련의 체코슬로바키아 침공 정보와 2005년 이란의 북한 미사일 구매 정보 등을 입수했을 뿐 아니라 2007년 아프카니스탄에 억류 중인 독일인 구출에도 공헌했다고 알려졌다.

내무부 소속의 헌법 보호청은 연방 단위와 주 단위로 이뤄진 대내 정보 담당 기관이다. 미국의 연방 수사국FBI과 달리 수사권이 없다.

헌법 보호청은 극우파 세력과 외국 간첩 등을 감시하는 임무를 수행한다. 또한 주요 인사에 대한 신원 조회도 담당한다.

헌법 보호청은 총6개의 부서로 이뤄졌다. 1국은 정보 보호와 감시 업무를 전담하고 2국은 극우 세력 감시를 전담하고 3국은 극좌 세력 감시를 전담하고 4국은 국내 침투 간첩 방지를 전담하고 5국은 자국내 외국인에 대한 위협 방지를 전담하고 6국은 이슬람 극단주의를 전담한다.

또한 헌법 보호청은 소속 요원을 선발하면 36개월 동안 기본 교육을 진행하고 해당 교육을 이수한 요원들에게는 행정학 학사 학위를 수여한다고 한다.

끝으로 국방 안보국은 국방부 소속의 군 정보 기관이다. 요원은 현역 군인과 민간인 출신으로 이뤄졌고 약 2천여 명 정도라고 한다. 또한 독일 전역에 14개 지부를 운영 중이기도 하다.

네트워크 계층 기반의 스노트 탐지 설정 일례

3장에서 출발지 IP 주소를 조작해 자신을 은폐하는 공격을 IP **스푸핑 공격**이라고 했다. 또한 그림 6-3을 통해 사설 IP 주소를 출발지 IP 주소로 설정한 패킷을 차단하는 IPS 설정 예도 봤다. 그렇다면 IDS를 통한 탐지 설정식은 어떤 형태일까?

예제 9-4 설정식에서 출발지 IP 주소를 사설 IP 주소로 설정한다면 출발지 IP 주소가 사설 IP 주소인 IP 패킷을 탐지할 수 있다. 예제 10-1과 같이 설정한 뒤 스노트를 구동해 보자.

예제 10-1

```
root@xubuntu:~# cat /etc/snort/rules/local.rules
alert icmp 10.0.0.0/8 any -> 192.168.10.215 any (sid:1000001;)
alert icmp 172.16.0.0/16 any -> 192.168.10.215 any (sid:1000002;)

root@xubuntu:~# snort -A console -q -u snort -g snort -c /etc/snort/
snort.conf
```

예제 10-1을 보면 출발지 IP 주소를 설정하는 부분에 **10.0.0.0/8** 또는 **172.16.0.0/16**

등과 같이 특정 IP 주소가 아닌 IP 대역을 설정할 수 있다. 이 경우 A 클래스와 B 클래스에서 사용하는 사설 IP 주소 대역을 탐지 대상으로 설정한 것이다. 또한 이러한 설정을 이해하기 위해서는 예제 8-8을 다시 한 번 확인하기 바란다.

이제 백박스 운영 체제에서 예제 10-2와 같이 ICMP 요청을 보낸다. 이때 출발지 IP 주소는 예제 10-1에서 설정한 출발지 IP 대역이 아님에 주의하기 바란다.

예제 10-2

```
root@backbox:~# hping3 192.168.10.215 -a 192.168.10.2 --icmp
HPING 192.168.10.215 (eth0 192.168.10.215): icmp mode set, 28 headers
+ 0 data bytes
```

예제 10-2와 같이 출발지 IP 주소를 192.168.10.2번으로 조작해 ICMP 요청을 보내지만 공격 대상자인 주분투 운영 체제에서는 예제 10-3에서 보는 바와 같이 ICMP 요청을 탐지하지 않는다. 다시 말해 아무런 반응이 없다. 조작한 IP 주소가 출발지 IP 대역에 해당하지 않기 때문이다.

예제 10-3

```
root@xubuntu:~# snort -A console -q -u snort -g snort -c /etc/snort/
snort.conf
```

이번에는 예제 10-4와 같이 출발지 IP 주소를 조작해 공격 대상자에게 ICMP 요청을 보낸다.

예제 10-4

```
root@backbox:~# hping3 192.168.10.215 -a 10.16.10.1 --icmp
HPING 192.168.10.215 (eth0 192.168.10.215): icmp mode set, 28 headers
+ 0 data bytes
```

예제 10-4와 같이 ICMP 요청을 보내면 공격 대상자 측에서는 예제 10-5와 같이 해당 ICMP 요청을 즉시 탐지한다.

예제 10-5

```
root@xubuntu:~# snort -A console -q -u snort -g snort -c /etc/snort/
snort.conf
08/91-10:32:32.317782  [**] [1:1000001:0] [**] [Priority: 0] {ICMP}
10.16.10.1 -> 192.168.10.215
08/91-10:32:33.319009  [**] [1:1000001:0] [**] [Priority: 0] {ICMP}
10.16.10.1 -> 192.168.10.215
08/91-10:32:34.319873  [**] [1:1000001:0] [**] [Priority: 0] {ICMP}
10.16.10.1 -> 192.168.10.215

이하 생략
```

당연히 조작한 출발지 IP 주소 10.16.10.1번이 예제 10-1에서 설정한 출발지 IP 대역 조건에 부합하기 때문이다.

곧이어 예제 10-6처럼 출발지 IP 주소를 조작해 다시 ICMP 요청을 보내보자.

예제 10-6

```
root@backbox:~# hping3 192.168.10.215 -a 172.16.10.1 --icmp
HPING 192.168.10.215 (eth0 192.168.10.215): icmp mode set, 28 headers
 + 0 data bytes
```

공격 대상자인 주분투 운영 체제에서는 예제 10-7과 같이 해당 ICMP 요청을 탐지한다.

예제 10-7

```
root@xubuntu:~# snort -A console -q -u snort -g snort -c /etc/snort/
snort.conf
08/91-10:36:11.917460  [**] [1:1000002:0] [**] [Priority: 0] {ICMP}
172.16.10.1 -> 192.168.10.215
```

```
08/91-10:36:12.918623   [**] [1:1000002:0] [**] [Priority: 0] {ICMP}
172.16.10.1 -> 192.168.10.215
08/91-10:36:13.919541   [**] [1:1000002:0] [**] [Priority: 0] {ICMP}
172.16.10.1 -> 192.168.10.215

이하 생략
```

랜드 공격은 출발지 IP 주소를 목적지 IP 주소와 동일하게 설정한다는 점에서 IP 스푸핑 공격의 **변형**이라고 할 수 있다. 그렇다면 예제 10-8과 같은 탐지 규칙 설정을 고려해 볼 수 있다.

예제 10-8

```
root@xubuntu:~# cat /etc/snort/rules/local.rules
alert icmp 192.168.10.215 any -> 192.168.10.215 any (sid:1000001;)
```

예제 10-8에서 보는 바와 같이 출발지 IP 주소와 목적지 IP 주소를 동일하게 설정한 상태다. 이제 예제 10-2를 다시 한 번 수행해 보면 주분투 운영 체제에서는 아무런 반응이 없음을 확인할 수 있다. 랜드 공격의 조건에 부합하지 않기 때문이다.

이어서 예제 10-9와 같이 수행하면 예제 10-10과 같이 탐지해 이벤트를 발생함을 볼 수 있다.

예제 10-9

```
root@backbox:~# hping3 192.168.10.215 -a 192.168.10.215 --icmp
HPING 192.168.10.215 (eth0 192.168.10.215): icmp mode set, 28 headers
+ 0 data bytes
```

예제 10-10

```
root@xubuntu:~# snort -A console -q -u snort -g snort -c /etc/snort/
snort.conf
08/91-10:49:02.016651   [**] [1:1000001:0] [**] [Priority: 0] {ICMP}
```

```
192.168.10.215 -> 192.168.10.215
08/91-10:49:03.017636  [**] [1:1000001:0] [**] [Priority: 0] {ICMP}
192.168.10.215 -> 192.168.10.215
08/91-10:49:04.018389  [**] [1:1000001:0] [**] [Priority: 0] {ICMP}
192.168.10.215 -> 192.168.10.215

이하 생략
```

예제 10-9를 수행하면 예제 10-10처럼 이벤트가 발생하는 이유는 출발지 IP 주소
와 목적지 IP 주소가 동일한 상태를 만족했기 때문이다. 그런데 랜드 공격을 탐지할
때는 예제 10-8과 같은 설정 외에도 sameip라는 문법을 사용할 수도 있다. 해당 문
법의 사용 예는 예제 10-11과 같다.

예제 10-11

```
root@xubuntu:~# cat /etc/snort/rules/local.rules
alert icmp any any -> 192.168.10.215 any (sameip;sid:1000001;)
```

예제 10-11에서 보는 바와 같이 괄호 안에 sameip라는 문법을 추가했다. 예제 9-4
설정식에서 sameip라는 문법을 추가한 설정에 불과하다. 이제 다시 예제 10-9를 수
행하면 예제 10-10과 같은 이벤트를 출력함을 알 수 있다.

예제 10-1에서부터 예제 10-11까지 RTN 영역에서 ICMP 프로토콜을 설정해 실습
했지만 ICMP 프로토콜 대신 IP 프로토콜을 설정해도 동일한 결과를 얻는다. 다시 말
해 예제 10-12와 같이 설정해도 동일한 결과를 얻을 수 있다.

예제 10-12

```
root@xubuntu:~# cat /etc/snort/rules/local.rules
alert ip any any -> 192.168.10.215 any (sameip;sid:1000001;)
```

예제 10-11과 예제 10-12를 비교하면 **RTN 영역에 ICMP 프로토콜 대신 IP 프로토콜을
설정**했음을 알 수 있다. 참고하기 바란다.

이제 다음으로 ICMP 플러딩 공격 또는 **죽음의 핑 공격**을 탐지하기 위한 설정식을 확인해 보자. 플러딩 공격을 탐지하는 데 핵심은 **임계값** 설정이다. 임계값이 없다면 죽음의 핑 공격뿐만 아니라 일반적인 ICMP 요청까지도 탐지 대상에 들어가기 때문에 효과적인 탐지가 어렵다. 그런 만큼 임계값 설정을 통해 **정상적인 ICMP 요청과 악의적인 ICMP 요청을 구분**할 필요가 있다. 이처럼 임계값 설정을 위해서는 OTN 영역에 새로운 문법 내용을 추가해야 한다.

죽음의 핑 공격을 탐지하기 위한 설정식은 예제 10-13과 같다.

예제 10-13

```
root@xubuntu:~# cat /etc/snort/rules/local.rules
alert icmp any any -> 192.168.10.215 any (msg:"ToDetectPingofDeath";th
reshold:type both,track by_src,count 10,seconds 2;sid:1000001;)
```

예제 10-13에서 threshold:type both,track by_src,count 10,seconds 2 부분을 OTN 영역에서 확인할 수 있다. 해당 부분이 바로 임계값 설정이다. 이중에서도 count 10,seconds 2 내용이 핵심이다. 2초 동안 10회 이상 ICMP 요청이 발생한다면 죽음의 핑 공격으로 판단하겠다는 근거다. 횟수와 시간은 관리자가 주어진 환경에 따라 임의로 설정하는 값이다. 또한 track by_src 부분은 **출발지 IP 주소에 기반해 추적**하겠다는 의미다. 다시 말해 출발지 IP 주소에 기반해 2초 동안 10회 이상 ICMP 요청이 발생한다면 죽음의 핑 공격으로 판단하겠다는 설정이다. **목적지 IP 주소에 기반해 추적**하겠다면 track by_dst라고 설정한다.

그렇다면 threshold:type both 내용은 무엇인가? 이벤트 발생과 관련한 설정이다. 여기에는 세 가지 부가 설정이 있다. 정리하면 표 10-1과 같다.

표 10-1

threshold:type 부가 설정의 종류	부가 설정의 의미
threshold:type both 경우	설정 시간에 기반해 이벤트 출력
threshold:type threshold 경우	패킷 개수에 기반해 이벤트 출력
threshold:type limit 경우	설정 시간 내 패킷 개수에 기반해 이벤트 출력

표 10-1에 따르면 예제 10-13에서 threshold:type both 설정의 의미는 2초 단위로 이벤트를 출력하라는 의미라고 해석할 수 있다(실제 실습으로 확인해 보면 정확히 일치하지 않는 듯하다).

이제 확인을 위해 예제 10-13 설정식을 이용해 스노트를 구동한 뒤 예제 9-2와 같이 ICMP 요청을 공격 대상자에게 보내면 공격 대상자인 주분투 운영 체제에서는 아무런 반응이 일어나지 않는다. **2초 동안 10회 이상이라는 임계값 조건에 불일치**하기 때문이다. 다시 말해 정상적인 ICMP 요청은 탐지하지 않는다.

그렇다면 이번에는 예제 10-14와 같이 ICMP 요청을 보낸다.

예제 10-14

```
root@backbox:~# hping3 192.168.10.215 --icmp --flood
HPING 192.168.10.215 (eth0 192.168.10.215): icmp mode set, 28 headers
+ 0 data bytes
hping in flood mode, no replies will be shown
```

예제 9-2와 달리 예제 10-14에서는 **--flood**라는 부가 설정을 이용한다. 무차별적으로 ICMP 요청을 전송하겠다는 의미다. 백박스 운영 체제에서 죽음의 핑 공격을 수행하자마자 주분투 운영 체제에서는 예제 10-15와 같이 해당 공격을 탐지한다.

예제 10-15

```
root@xubuntu:~# snort -A console -q -u snort -g snort -c /etc/snort/
snort.conf
```

```
08/91-12:02:35.301733  [**] [1:1000001:0] ToDetectPingofDeath [**]
[Priority: 0] {ICMP} 192.168.10.219 -> 192.168.10.215
08/91-12:02:37.000080  [**] [1:1000001:0] ToDetectPingofDeath [**]
[Priority: 0] {ICMP} 192.168.10.219 -> 192.168.10.215
08/91-12:02:39.000015  [**] [1:1000001:0] ToDetectPingofDeath [**]
[Priority: 0] {ICMP} 192.168.10.219 -> 192.168.10.215

이하 생략
```

예제 10-15와 같이 **이벤트를 출력한 이유는** count 10,seconds 2라는 임계값 조건에 부합했기 때문이다. 이러한 실습 과정을 통해 결국 정상적인 ICMP 요청과 악의적인 ICMP 요청은 임계값 설정에 기반함을 알 수 있다.

만약 죽음의 핑 공격 중에서도 ICMP 패킷의 크기가 5,000 바이트를 초과하는 경우에 대해서만 탐지하고 싶다면 예제 10-16과 같이 설정할 수 있다.

예제 10-16

```
root@xubuntu:~# cat /etc/snort/rules/local.rules
alert icmp any any -> 192.168.10.215 any (msg:"ToDetectPin
gofDeath";threshold:type both,track by_src,count 10,seconds
2;dsize:>5000;sid:1000001;)
```

예제 10-16에서 dsize:>5000 부분이 해당 내용을 탐지하기 위한 문법이다. 스노트를 구동한 뒤 다시 예제 10-14처럼 죽음의 핑 공격을 보내면 예제 10-15와 달리 전혀 반응이 없다. ICMP 패킷의 크기가 dsize:>5000 조건에 일치하지 않기 때문이다. 이번에는 해당 조건에 부합하도록 예제 10-17처럼 죽음의 핑 공격을 수행한다.

예제 10-17

```
root@backbox:~# hping3 192.168.10.215 --icmp --flood -d 65000
HPING 192.168.10.215 (eth0 192.168.10.215): icmp mode set, 28 headers
+ 0 data bytes
hping in flood mode, no replies will be shown
```

예제 10-17에서 **-d 65000**과 같이 ICMP 패킷의 크기를 dsize: 〉5000 조건에 부합하도록 65,000 바이트로 설정해 보낸다. 공격 대상자 측에서는 예제 10-18과 같은 출력 이벤트를 볼 수 있다.

예제 10-18

```
root@xubuntu:~# snort -A console -q -u snort -g snort -c /etc/snort/
snort.conf
08/91-12:57:59.158444  [**] [1:1000001:0] ToDetectPingofDeath [**]
[Priority: 0] {ICMP} 192.168.10.219 -> 192.168.10.215
```

ICMP 패킷의 크기를 65,000 바이트로 설정해 죽음의 핑 공격을 수행하면 예제 10-18에서 보는 바와 같이 해당 내용을 탐지한다.

11

전송 계층 기반의
스노트 탐지 설정 일례

전송 계층에서 일어나는 공격의 대부분은 TCP 헤더의 TCP 플래그 속성에 기반한다. 스노트를 통해 이러한 공격을 탐지하기 위해서는 탐지 규칙을 작성할 때 해당 공격에서 사용하는 TCP 플래그를 선택해 설정해야 한다. 이번 장에서는 TCP 플래그 속성에 기반한 공격을 탐지하는 설정식을 알아보도록 하자.

먼저 다양한 포트 스캔 공격을 탐지하는 설정식부터 확인해 보자.

표 5-1과 표 5-2에서 확인한 바와 같이 TCP 오픈 스캔 기법 또는 TCP 할프 오픈 스캔 기법을 이용할 경우 **공격자는 공격 대상자의 해당 포트로 SYN 플래그를 전송해 해당 플래그에 대한 응답 플래그를 통해 포트 번호의 개폐 여부를 판단**한다. 다시 말해 스노트 입장에서는 외부로부터 들어오는 SYN 플래그를 통해 TCP 오픈 스캔 또는 TCP 할프 오픈 스캔을 탐지할 수 있다는 의미다. 만약 SSH 서비스를 대상으로 들어오는 TCP 오픈 스캔 기법 또는 TCP 할프 오픈 스캔을 탐지할 경우 예제 11-1과 같이 설정해 탐지할 수 있다.

```
root@xubuntu:~# cat /etc/snort/rules/local.rules
alert tcp any any -> 192.168.10.215 22 (flags:S;sid:1000001;)
```

예제 11-1을 보면 이전의 ICMP 프로토콜 대신 TCP 프로토콜로 변경했고 OTN 영역에 flags:S 부분을 추가했음을 알 수 있다. 이처럼 탐지 규칙에 flags:S 부분을 설정해 외부로부터 들어오는 SYN 플래그를 탐지할 수 있다. 스노트를 구동한 뒤 공격자인 백박스 운영 체제에서 예제 11-2와 같이 TCP 오픈 스캔과 TCP 할프 오픈 스캔을 수행한다.

예제 11-2

```
root@backbox:~# nmap 192.168.10.215 -p 22 -sT

이하 생략

PORT    STATE SERVICE
22/tcp open  ssh
MAC Address: 00:0C:29:95:24:96 (VMware)

Nmap done: 1 IP address (1 host up) scanned in 3.61 seconds

root@backbox:~# nmap 192.168.10.215 -p 22 -sS

이하 생략

PORT    STATE SERVICE
22/tcp open  ssh
MAC Address: 00:0C:29:95:24:96 (VMware)

Nmap done: 1 IP address (1 host up) scanned in 0.51 seconds
```

예제 11-2에서와 같이 해당 포트 스캔을 수행했을 경우 주분투 운영 체제에서는 예제 11-3과 같이 탐지한 결과를 출력한다.

예제 11-3

```
root@xubuntu:~# snort -A console -q -u snort -g snort -c /etc/snort/
snort.conf
08/14-10:00:10.818946  [**] [1:1000001:0] [**] [Priority: 0] {TCP}
192.168.10.219:35031 -> 192.168.10.215:22
08/14-10:00:10.920100  [**] [1:1000001:0] [**] [Priority: 0] {TCP}
192.168.10.219:35032 -> 192.168.10.215:22
08/14-10:00:16.544649  [**] [1:1000001:0] [**] [Priority: 0] {TCP}
192.168.10.219:59616 -> 192.168.10.215:22
08/14-10:00:16.645665  [**] [1:1000001:0] [**] [Priority: 0] {TCP}
192.168.10.219:59617 -> 192.168.10.215:22
```

예제 11-3에서 보는 바와 같이 공격자가 수행한 TCP 오픈 스캔과 TCP 할프 오픈
스캔을 탐지했다.

그런데 예제 11-1 설정과 예제 11-3 결과에는 치명적인 문제가 있다. 바로 **SSH 서비
스를 대상으로 정상적인 접속 행위와 포트 스캔 행위를 구분할 수 없다**는 점이다. 공격자가
공격 대상자에게 SSH에 접속하는 순간에도 SYN 플래그를 전송하기 때문에 스노트
에서는 flags:S 설정에 따라 해당 접속도 포트 스캔처럼 탐지해 버린다.

예제 11-4

```
root@backbox:~# ssh root@192.168.10.215
root@192.168.10.215's password:
Welcome to Ubuntu 16.04.3 LTS (GNU/Linux 4.4.0-91-generic i686)

이하 생략
```

예제 11-4에서와 같이 공격자가 공격 대상자에게 SSH에 접속하면 예제 11-5에서
와 같이 해당 접속을 탐지한다.

예제 11-5

```
root@xubuntu:~# snort -A console -q -u snort -g snort -c /etc/snort/
snort.conf
08/14-10:21:16.010238  [**] [1:1000001:0] [**] [Priority: 0] {TCP}
192.168.10.219:54600 -> 192.168.10.215:22
```

이와 같이 flags:S 문법에는 SSH 접속에서 발생하는 SYN 플래그와 TCP 오픈 스캔/
TCP 할프 오픈 스캔에서 발생하는 SYN 플래그를 모두 포함한다는 점을 기억해야
한다.

만약 SSH 접속에 대해서만 탐지하고 싶다면 SSH 접속과 포트 스캔의 내부 동작의
차이를 고려해야 한다. **SSH 접속은 TCP/IP 응용 계층에서 페이로드를 생성하면서 시작**하
는 반면 **포트 스캔은 TCP/IP 전송 계층에서 SYN 플래그를 생성하면서 시작**한다는 차이에
주목할 필요가 있다. 이런 내부 동작 차이를 고려해 **SSH 접속 시 페이로드에는 언제나
SSH라는 문자열이 나타나는 특징**을 탐지 규칙에 반영하면 SSH 접속을 탐지하는 데 활
용할 수 있다. 다시 말해 예제 11-6과 같이 SSH 접속 탐지 규칙을 설정할 수 있다.

예제 11-6

```
root@xubuntu:~# cat /etc/snort/rules/local.rules
alert tcp any any -> 192.168.10.215 22 (content:"SSH";nocase;sid:1000001;)
```

예제 11-6에서 content:"SSH" 부분은 페이로드에서 나타나는 SSH라는 문자열을 탐
지에 이용하겠다는 의미다. 다시 말해 페이로드에서 SSH 문자열을 탐지하면 이벤트
로 출력하겠다는 의미다. 또한 content 문법은 페이로드의 문자열뿐 아니라 헥사 코
드를 이용해서도 사용할 수 있다. 경우에 따라서는 문자열과 헥사 코드를 혼용해 사
용할 수도 있다. 헥사 코드 설정은 주로 악성 코드 탐지 규칙을 작성할 때 많이 사용
한다. nocase 문법은 대소문자를 구분하지 않겠다는 의미로서 보통 content 문법과
쌍으로 사용한다.

예제 11-6의 탐지 규칙을 적용해 스노트를 구동한 뒤 다시 예제 11-2와 같이 포트

스캔을 수행해 본다. 포트 스캔을 수행하는 동안 스노트에서는 아무런 반응이 없다. 앞에서 언급한 바와 같이 TCP/IP 전송 계층에서부터 시작하는 포트 스캔의 처리 과정에는 페이로드의 문자열이 없기 때문이다. 반면 예제 11-4와 같이 SSH 서비스에 접속하면 예제 11-7과 같이 해당 접속을 곧바로 탐지해 출력해 준다. SSH 접속은 포트 스캔과 달리 TCP/IP 응용 계층에서 SSH 문자열을 포함한 페이로드를 생성하기 때문이다.

예제 11-7

```
root@xubuntu:~# snort -A console -q -u snort -g snort -c /etc/snort/
snort.conf
08/14-10:50:44.668226  [**] [1:1000001:0] [**] [Priority: 0] {TCP}
192.168.10.219:54604 -> 192.168.10.215:22
08/14-10:50:44.690222  [**] [1:1000001:0] [**] [Priority: 0] {TCP}
192.168.10.219:54604 -> 192.168.10.215:22
```

계속해서 FIN 스캔 · X-mas 스캔 · Null 스캔을 탐지하기 위한 설정식을 알아보자. flags:S 부분에 각각의 포트 스캔에서 사용하는 플래그를 반영하면 예제 11-8과 같이 작성할 수 있다.

예제 11-8

```
root@xubuntu:~# cat /etc/snort/rules/local.rules
alert tcp any any -> 192.168.10.215 22 (flags:F;sid:1000001;)
alert tcp any any -> 192.168.10.215 22 (flags:UPF;sid:1000002;)
alert tcp any any -> 192.168.10.215 22 (flags:!UAPRSF;sid:1000003;)
```

예제 11-8에서 보는 바와 같이 각각 flags:F · flags:UPF · flags:!UAPRSF 등과 같은 내용을 볼 수 있다. FIN 스캔에서는 **FIN 플래그**를 전송하고 X-mas 스캔에서는 URG/ PSH/FIN 플래그를 전송하고 Null 스캔에서는 Null 플래그를 전송한다는 특징을 반영한 설정이다. 이 중에서도 Null 플래그를 설정할 때 !UAPRSF와 같이 설정함을 기억하기 바란다. 또한 이러한 포트 스캔은 모두 **방화벽을 우회할 목적**으로 사용한다는 점도 기억하기 바란다. 그럼 이제 공격자인 백박스 운영 체제에서 예제 11-9처럼 순서대로 FIN 스캔을 수행한 뒤 결과를 확인해 보고 이어서 X-mas 스캔을 수행한 뒤 결과를 확인해 보고 마지막으로 Null 스캔을 수행한 뒤 결과를 확인해 보자.

예제 11-9

```
root@backbox:~# nmap 192.168.10.215 -p 22 -sF

Starting Nmap 7.50 ( https://nmap.org ) at 2017-08-14 11:12 KST
Nmap scan report for 192.168.10.215
Host is up (0.00040s latency).

PORT    STATE        SERVICE
22/tcp open|filtered ssh
MAC Address: 00:0C:29:95:24:96 (VMware)

Nmap done: 1 IP address (1 host up) scanned in 0.63 seconds

root@backbox:~# nmap 192.168.10.215 -p 22 -sX

Starting Nmap 7.50 ( https://nmap.org ) at 2017-08-14 11:13 KST
Nmap scan report for 192.168.10.215
Host is up (-0.20s latency).

PORT    STATE        SERVICE
22/tcp open|filtered ssh
MAC Address: 00:0C:29:95:24:96 (VMware)

Nmap done: 1 IP address (1 host up) scanned in 0.50 seconds

root@backbox:~# nmap 192.168.10.215 -p 22 -sN

Starting Nmap 7.50 ( https://nmap.org ) at 2017-08-14 11:13 KST
Nmap scan report for 192.168.10.215
Host is up (-0.20s latency).
```

```
PORT    STATE         SERVICE
22/tcp open|filtered ssh
MAC Address: 00:0C:29:95:24:96 (VMware)

Nmap done: 1 IP address (1 host up) scanned in 0.50 seconds
```

각각의 포트 스캔 수행에 따른 출력 결과는 예제 11-10과 같다.

예제 11-10

```
root@xubuntu:~# snort -A console -q -u snort -g snort -c /etc/snort/
snort.conf
08/14-11:12:51.985790  [**] [1:1000001:0] [**] [Priority: 0] {TCP}
192.168.10.219:55958 -> 192.168.10.215:22
08/14-11:12:52.086765  [**] [1:1000001:0] [**] [Priority: 0] {TCP}
192.168.10.219:55959 -> 192.168.10.215:22

이상은 FIN 포트 스캔 결과

08/14-11:13:01.409308  [**] [1:1000002:0] [**] [Priority: 0] {TCP}
192.168.10.219:38709 -> 192.168.10.215:22
08/14-11:13:01.509893  [**] [1:1000002:0] [**] [Priority: 0] {TCP}
192.168.10.219:38710 -> 192.168.10.215:22

이상은 X-mas 포트 스캔 결과

08/14-11:13:15.928555  [**] [1:1000003:0] [**] [Priority: 0] {TCP}
192.168.10.219:40719 -> 192.168.10.215:22
08/14-11:13:16.028851  [**] [1:1000003:0] [**] [Priority: 0] {TCP}
192.168.10.219:40720 -> 192.168.10.215:22

이상은 Null 포트 스캔 결과
```

끝으로 TCP SYN 공격 탐지 규칙을 설정해 보자.

5장에서 이미 언급한 바와 같이 TCP SYN 공격은 네트워크 계층에서 수행하는 ICMP 플러딩 공격과 유사한 만큼 예제 10-13에서 사용한 임계값 설정을 예제 11-1에 적용하면 해당 공격 탐지 규칙을 작성할 수 있다. 다시 말해 예제 11-11과 같이 TCP SYN 공격 탐지 규칙을 작성할 수 있다.

예제 11-11

```
root@xubuntu:~# cat /etc/snort/rules/local.rules
alert tcp any any -> 192.168.10.215 any (flags:S;threshold:type
both,track by_src,count 10,seconds 2;sid:1000001;)
```

예제 11-11과 같이 설정하고 스노트를 구동한 다음 예제 11-2와 예제 11-4를 순서대로 실행한다. 실행 결과를 금방 알 수 있는 바와 같이 스노트에서는 아무런 반응이 없다. 바로 임계값 조건과 어긋나기 때문이다. 이제 예제 11-12와 같이 SYN 플래그를 플러딩해 보자.

예제 11-12

```
root@backbox:~# hping3 192.168.10.215 -p 22 -S --flood
HPING 192.168.10.215 (eth0 192.168.10.215): S set, 40 headers + 0 data
bytes
hping in flood mode, no replies will be shown
```

스노트가 동작하는 주분투 운영 체제에서는 곧바로 예제 11-13과 같이 이벤트를 출력한다.

예제 11-13

```
root@xubuntu:~# snort -A console -q -u snort -g snort -c /etc/snort/
snort.conf
08/14-13:04:54.685785  [**] [1:1000001:0] [**] [Priority: 0] {TCP}
192.168.10.219:1517 -> 192.168.10.215:22
08/14-13:04:56.000106  [**] [1:1000001:0] [**] [Priority: 0] {TCP}
192.168.10.219:63941 -> 192.168.10.215:22
```

```
08/14-13:04:58.000675  [**] [1:1000001:0] [**] [Priority: 0] {TCP}
192.168.10.219:24841 -> 192.168.10.215:22

이하 생략
```

예제 11-13과 같이 이벤트를 출력한 이유는 예제 11-11에서 설정한 임계값 조건을 만족했기 때문이다.

응용 계층 기반의
스노트 탐지 설정 일례

우리는 이미 예제 10-13 탐지 규칙과 예제 11-11 탐지 규칙을 통해 OTN 영역에 임계값을 설정해 ICMP 플러딩 공격과 SYN 플러딩 공격을 탐지했다. 이처럼 **네트워크 계층과 전송 계층에서 수행하는 플러딩 공격 탐지 규칙을 응용하면 응용 계층 기반의 무차별 대입 공격도 탐지**할 수 있다.

응용 계층 기반의 무차별 대입 공격 탐지 규칙을 설정하기 전에 먼저 공격 대상자의 응용 서비스 상태부터 확인해 보겠다. 예제 12-1과 같이 백박스 운영 체제에서 **FTP 서비스와 SSH 서비스** 그리고 **TELNET 서비스** 상태를 확인해 보면 모두 정상적으로 동작 중임을 알 수 있다.

예제 12-1

```
root@backbox:~# nmap 192.168.10.215 -sT -p 21-23

Starting Nmap 7.50 ( https://nmap.org ) at 2017-08-14 17:11 KST
Nmap scan report for 192.168.10.215
Host is up (0.00050s latency).
```

```
PORT    STATE SERVICE
21/tcp open   ftp
22/tcp open   ssh
23/tcp open   telnet
MAC Address: 00:0C:29:95:24:96 (VMware)

Nmap done: 1 IP address (1 host up) scanned in 0.62 seconds
```

또한 예제 12-2와 같이 백박스 운영 체제에서 무차별 대입 공격에 필요한 **계정 사전 정보와 비밀 번호 사전 정보를 작성**한다.

예제 12-2

```
root@backbox:~# cat > /root/users.txt
administrator
sa
root
postgres
^C

root@backbox:~# cat > /root/passwords.txt
1
12
123
1234
12345
123456
1234567
12345678
123456789
1234567890
^C
```

예제 12-2처럼 계정 사전 정보인 users.txt와 비밀 번호 사전 정보인 passwords.txt를 각각 생성했다.

공격 대상자인 주분투 운영 체제에는 예제 12-3과 같이 무차별 대입 공격 탐지 규칙을 설정한다.

예제 12-3

```
root@xubuntu:~# cat /etc/snort/rules/local.rules
alert tcp any any -> 192.168.10.215 21 (msg:"FTP Brute Force
Attack";threshold:type both,track by_src,count 10,seconds
2;sid:1000001;)
alert tcp any any -> 192.168.10.215 22 (msg:"SSH Brute Force
Attack";threshold:type threshold,track by_src,count 10,seconds
2;sid:1000002;)
alert tcp any any -> 192.168.10.215 23 (msg:"TELNET Brute Force
Attack";threshold:type limit,track by_src,count 10,seconds
2;sid:1000003;)
```

이제 스노트를 구동한 뒤 공격자는 예제 12-4와 같이 **FTP 무차별 대입 공격을 수행**한다.

예제 12-4

```
root@backbox:~# hydra -L /root/users.txt -P /root/passwords.txt -f
192.168.10.215 ftp
Hydra v8.1 (c) 2014 by van Hauser/THC - Please do not use in military
or secret service organizations, or for illegal purposes.

Hydra (http://www.thc.org/thc-hydra) starting at 2017-08-14 17:36:01
[DATA] max 16 tasks per 1 server, overall 64 tasks, 40 login tries (l:4/
p:10), ~0 tries per task
[DATA] attacking service ftp on port 21
[21][ftp] host: 192.168.10.215   login: root   password: 1234
[STATUS] attack finished for 192.168.10.215 (valid pair found)
1 of 1 target successfully completed, 1 valid password found
Hydra (http://www.thc.org/thc-hydra) finished at 2017-08-14 17:36:07
```

공격 대상자는 공격자의 FTP 무차별 대입 공격을 예제 12-5와 같이 탐지한다.

예제 12-5

```
root@xubuntu:~# snort -A console -q -u snort -g snort -c /etc/snort/
snort.conf
08/14-17:36:04.615170  [**] [1:1000001:0] FTP Brute Force Attack [**]
[Priority: 0] {TCP} 192.168.10.219:42770 -> 192.168.10.215:21
08/14-17:36:09.677048  [**] [1:1000001:0] FTP Brute Force Attack [**]
[Priority: 0] {TCP} 192.168.10.219:42788 -> 192.168.10.215:21
08/14-17:36:13.014013  [**] [1:1000001:0] FTP Brute Force Attack [**]
[Priority: 0] {TCP} 192.168.10.219:42762 -> 192.168.10.215:21
```

다음으로 예제 12-6과 같이 SSH **무차별 대입 공격을 수행**한다.

예제 12-6

```
root@backbox:~# hydra -L /root/users.txt -P /root/passwords.txt -f
192.168.10.215 ssh
Hydra v8.1 (c) 2014 by van Hauser/THC - Please do not use in military
or secret service organizations, or for illegal purposes.

Hydra (http://www.thc.org/thc-hydra) starting at 2017-08-14 17:41:49
[WARNING] Many SSH configurations limit the number of parallel tasks,
it is recommended to reduce the tasks: use -t 4
[DATA] max 16 tasks per 1 server, overall 64 tasks, 40 login tries (l:4/
p:10), ~0 tries per task
[DATA] attacking service ssh on port 22
[22][ssh] host: 192.168.10.215   login: root    password: 1234
[STATUS] attack finished for 192.168.10.215 (valid pair found)
1 of 1 target successfully completed, 1 valid password found
Hydra (http://www.thc.org/thc-hydra) finished at 2017-08-14 17:41:54
```

공격 대상자는 공격자의 SSH 무차별 대입 공격을 예제 12-7과 같이 탐지한다.

예제 12-7

```
root@xubuntu:~# snort -A console -q -u snort -g snort -c /etc/snort/
snort.conf
08/14-17:36:04.615170  [**] [1:1000001:0] FTP Brute Force Attack [**]
[Priority: 0] {TCP} 192.168.10.219:42770 -> 192.168.10.215:21
08/14-17:36:09.677048  [**] [1:1000001:0] FTP Brute Force Attack [**]
[Priority: 0] {TCP} 192.168.10.219:42788 -> 192.168.10.215:21
08/14-17:36:13.014013  [**] [1:1000001:0] FTP Brute Force Attack [**]
[Priority: 0] {TCP} 192.168.10.219:42762 -> 192.168.10.215:21
08/14-17:41:47.828637  [**] [1:1000002:0] SSH Brute Force Attack [**]
[Priority: 0] {TCP} 192.168.10.219:33928 -> 192.168.10.215:22
08/14-17:41:48.261094  [**] [1:1000002:0] SSH Brute Force Attack [**]
[Priority: 0] {TCP} 192.168.10.219:33936 -> 192.168.10.215:22
08/14-17:41:48.303757  [**] [1:1000002:0] SSH Brute Force Attack [**]
[Priority: 0] {TCP} 192.168.10.219:33946 -> 192.168.10.215:22

이하 생략
```

끝으로 예제 12-8과 같이 TELNET 무차별 대입 공격을 수행한다.

예제 12-8

```
root@backbox:~# hydra -L /root/users.txt -P /root/passwords.txt -f
192.168.10.215 telnet
Hydra v8.1 (c) 2014 by van Hauser/THC - Please do not use in military
or secret service organizations, or for illegal purposes.

Hydra (http://www.thc.org/thc-hydra) starting at 2017-08-14 17:45:33
[WARNING] telnet is by its nature unreliable to analyze, if possible
better choose FTP, SSH, etc. if available
[DATA] max 16 tasks per 1 server, overall 64 tasks, 40 login tries (l:4/
p:10), ~0 tries per task
[DATA] attacking service telnet on port 23
[23][telnet] host: 192.168.10.215   login: root   password: 1234
[STATUS] attack finished for 192.168.10.215 (valid pair found)
1 of 1 target successfully completed, 1 valid password found
```

```
Hydra (http://www.thc.org/thc-hydra) finished at 2017-08-14 17:45:37
```

공격 대상자는 공격자의 TELNET 무차별 대입 공격을 예제 12-9와 같이 탐지한다.

예제 12-9

```
root@xubuntu:~# snort -A console -q -u snort -g snort -c /etc/snort/
snort.conf
08/14-17:36:04.615170  [**] [1:1000001:0] FTP Brute Force Attack [**]
[Priority: 0] {TCP} 192.168.10.219:42770 -> 192.168.10.215:21
08/14-17:36:09.677048  [**] [1:1000001:0] FTP Brute Force Attack [**]
[Priority: 0] {TCP} 192.168.10.219:42788 -> 192.168.10.215:21
08/14-17:36:13.014013  [**] [1:1000001:0] FTP Brute Force Attack [**]
[Priority: 0] {TCP} 192.168.10.219:42762 -> 192.168.10.215:21
08/14-17:41:47.828637  [**] [1:1000002:0] SSH Brute Force Attack [**]
[Priority: 0] {TCP} 192.168.10.219:33928 -> 192.168.10.215:22
08/14-17:41:48.261094  [**] [1:1000002:0] SSH Brute Force Attack [**]
[Priority: 0] {TCP} 192.168.10.219:33936 -> 192.168.10.215:22
08/14-17:41:48.303757  [**] [1:1000002:0] SSH Brute Force Attack [**]
[Priority: 0] {TCP} 192.168.10.219:33946 -> 192.168.10.215:22

이하 생략

08/14-17:45:35.718842  [**] [1:1000003:0] TELNET Brute Force Attack [**]
[Priority: 0] {TCP} 192.168.10.219:55784 -> 192.168.10.215:23
08/14-17:45:35.719358  [**] [1:1000003:0] TELNET Brute Force Attack [**]
[Priority: 0] {TCP} 192.168.10.219:55784 -> 192.168.10.215:23
08/14-17:45:35.719752  [**] [1:1000003:0] TELNET Brute Force Attack [**]
[Priority: 0] {TCP} 192.168.10.219:55786 -> 192.168.10.215:23

이하 생략
```

예제 12-4에서부터 예제 12-9까지 실습 과정을 통해 응용 계층 기반의 주요한 서비스 무차별 대입 공격 과정을 확인했다.

이번에는 조금 더 각도를 달리해 **계정별 접속 상태를 탐지**하는 방법을 알아보자.

먼저 예제 12-10처럼 일반 사용자 계정과 익명 계정 그리고 관리자 계정을 이용해 각각 FTP 서비스에 접속해 본다.

예제 12-10

```
root@backbox:~# ftp 192.168.10.215
Connected to 192.168.10.215.
220 (vsFTPd 3.0.3)
Name (192.168.10.215:root): odj
331 Please specify the password.
Password:
230 Login successful.
Remote system type is UNIX.
Using binary mode to transfer files.
ftp> bye
221 Goodbye.

일반 사용자 계정을 이용한 접속

root@backbox:~# ftp 192.168.10.215
Connected to 192.168.10.215.
220 (vsFTPd 3.0.3)
Name (192.168.10.215:root): anonymous
331 Please specify the password.
Password:
230 Login successful.
Remote system type is UNIX.
Using binary mode to transfer files.
ftp> bye
221 Goodbye.

익명 계정을 이용한 접속

root@backbox:~# ftp 192.168.10.215
```

```
Connected to 192.168.10.215.
220 (vsFTPd 3.0.3)
Name (192.168.10.215:root): root
331 Please specify the password.
Password:
230 Login successful.
Remote system type is UNIX.
Using binary mode to transfer files.
ftp> bye
221 Goodbye.
```

관리자 계정을 이용한 접속

예제 12-10에서처럼 공격 대상자를 대상으로 각 계정별 FTP 접속을 시도했다. 그런데 관리자 계정을 이용한 FTP 서비스 접속은 보안 문제 때문에 차단하는 것이 일반적이다. 이처럼 관리자 계정으로 FTP 서비스에 접속한 경우에만 탐지할 수 있도록 스노트 탐지 규칙을 설정할 수 있을까? 이러한 탐지 규칙을 설정하기 위해서는 와이어샤크 등을 이용해 **페이로드 차원에서 각 계정별 접속 시 나타나는 고유한 문자열 또는 헥사 코드를 검색**해야 한다. 사실 다양한 유형 중에서 해당 서비스에서만 나타나는 고유한 문자열 또는 헥사 코드 검색이야말로 탐지 규칙 설정의 핵심이다.

예제 12-10의 경우에는 예제 12-11과 같은 설정을 통해 **관리자 계정을 이용한 접속을 탐지**할 수 있다.

예제 12-11

```
root@xubuntu:~# cat /etc/snort/rules/local.rules
alert tcp any any -> 192.168.10.215 21 (msg:"FTP Root
User";content:"user root";nocase;sid:1000001;)
```

예제 12-11에서 보는 바와 같이 content:"user root" 부분이 바로 관리자 계정으로 접속할 때 나타나는 고유한 문자열에 해당한다. 만약 익명 계정을 이용한 접속을 탐지하고 싶다면 content:"user anonymous"처럼 설정하면 탐지가 가능하다. 물론 이러한 사실은 와이어샤크 등을 이용해 페이로드 영역을 확인해야 알 수 있는 내용이다.

스노트를 구동한 뒤 예제 12-10을 다시 시도해 본다. 일반 사용자 계정과 익명 계정으로 접속할 경우에는 아무런 반응이 없지만 **관리자 계정으로 접속하는 순간** 스노트에서는 예제 12-12처럼 **이벤트를 출력**한다.

예제 12-12

```
root@xubuntu:~# snort -A console -q -u snort -g snort -c /etc/snort/
snort.conf
08/14-18:11:33.272289  [**] [1:1000001:0] FTP Root User [**] [Priority:
0] {TCP} 192.168.10.219:42914 -> 192.168.10.215:21
```

이미 예제 11-6 설정식을 통해 SSH 접속 탐지 규칙을 확인한 바 있다. 그런데 예제 11-6 설정식을 예제 12-13처럼 설정할 수도 있다.

예제 12-13

```
root@xubuntu:~# cat /etc/snort/rules/local.rules
alert tcp any any -> 192.168.10.215 22 (content:"SSH";nocase;offset:0;
depth:4;sid:1000001;)
```

예제 11-6과 예제 12-13을 비교하면 offset:0 부분과 depth:4 부분을 추가했음을 알수 있다. offset 부분은 **문자열의 시작 위치를 의미**하고 depth 부분은 **문자열의 종료 위치를 의미**한다. 다시 말해 offset:0 부분과 depth:4 부분은 SSH 문자열을 페이로드 0 바이트와 4 바이트 사이에서 검색하라는 의미다. 사실 offset/depth 설정이 없어도 문자열을 검색하는 데 지장은 없다. 그렇다면 offset/depth 설정 유무에는 어떤 차이가 있을까?

offset/depth 설정이 없다면 스노트는 주어진 페이로드 영역의 해당 문자열을 처음 위치부터 순차적으로 검색해 나간다. 따라서 검색하는 과정에서 부하가 일어날 수 있다. 반대로 offset/depth 설정이 있다면 지정한 위치에서 바로 문자열을 검색할 수 있어 그만큼 부하를 줄일 수 있다. 그러나 **문자열 위치를 정확히 지정하지 않으면 미탐이 일어날 수 있기 때문에 위치 지정 시에는 신중**해야 한다. 또한 offset/depth 설정은 두 개의 문법을 별개로 사용할 수도 있다. 다시 말해 offset 설정만으로 위치를 지정할 수도 있고 depth 설정만으로 위치를 지정할 수 있다. 물론 예제 12-13처럼 쌍으로 이용해 위치를 지정할 수도 있다.

그렇다면 SSH 접속도 FTP 접속처럼 계정별 구분이 가능할까? **SSH 서비스 자체가 VPN 기법을 적용한 프로토콜인 만큼 페이로드 영역은 암호문 상태**다. 따라서 평문에 기반한 FTP 서비스와 달리 **SSH 서비스에서는 계정별 접속 구분이 불가능**하다. 이런 점에서 SSL 서비스 역시도 탐지가 불가능한 프로토콜이라고 할 수 있다. 이처럼 페이로드의 문자열이나 핵사 코드를 검색하기 위해서는 페이로드가 암호문이 아닌 평문 기반에서만 가능하다.

계속해서 **HTTP 서비스**를 대상으로 탐지 규칙을 설정해 보자. 현재 주분투 운영 체제에서는 80번 포트 번호가 활성 상태이다.

웹 브라우저는 웹 서버에 접속하면 **GET 지시자**를 통해 기본 페이지를 받아온다. 이러한 사실에 착안해 웹 브라우저의 웹 서버 접속 순간을 탐지하고자 한다면 탐지 규칙을 예제 12-14와 같이 작성할 수 있다.

예제 12-14

```
root@xubuntu:~# cat /etc/snort/rules/local.rules
alert tcp any any -> 192.168.10.215 80 (content:"GET /
HTTP/1.";nocase;sid:1000001;)
```

예제 12-14와 같이 페이로드 영역에서 나타나는 **GET / HTTP/1. 문자열을 이용**하면 **HTTP 프로토콜 1.0 버전과 1.1 버전 모두를 탐지**할 수 있다. 스노트를 구동한 뒤 결과를 확인하면 예제 12-15와 같다.

예제 12-15

```
root@xubuntu:~# snort -A console -q -u snort -g snort -c /etc/snort/
snort.conf
08/15-13:51:39.696277  [**] [1:1000001:0] [**] [Priority: 0] {TCP}
192.168.10.1:50768 -> 192.168.10.215:80
```

더불어 예제 12-14와 예제 12-15 내용을 기반으로 임계값만 추가하면 **HTTP GET 플러딩 공격**을 탐지할 수 있는 설정식도 가능하다. HTTP GET 플러딩 공격이란 반복적으로 웹 서버에 접속을 수행해 과부하를 유발시키는 공격이다. 흔히 **F5 리로드**Reload **공격**이라고도 한다.

예제 12-14 내용에 기반해 임계값을 추가한 탐지 규칙식은 예제 12-16과 같다.

예제 12-16

```
root@xubuntu:~# cat /etc/snort/rules/local.rules
alert tcp any any -> 192.168.10.215 80 (content:"GET / HTTP/1.1"; n
ocase; threshold:type both,track by_src,count 10,seconds 2;sid:1000001;)
```

예제 12-16처럼 설정하고 스노트를 구동한 상태에서 공격 대상자의 웹 서버에 접속한 뒤 **F5 키를 반복적으로 누르면** 예제 12-17과 같은 이벤트가 출력한다.

예제 12-17

```
root@xubuntu:~# snort -A console -q -u snort -g snort -c /etc/snort/
snort.conf
08/15-14:04:00.117813  [**] [1:1000001:0] [**] [Priority: 0] {TCP}
192.168.10.1:50923 -> 192.168.10.215:80
08/15-14:04:14.429782  [**] [1:1000001:0] [**] [Priority: 0] {TCP}
192.168.10.1:50933 -> 192.168.10.215:80
08/15-14:04:16.150413  [**] [1:1000001:0] [**] [Priority: 0] {TCP}
192.168.10.1:50936 -> 192.168.10.215:80

이하 생략
```

정상적인 접속일 때에는 임계값 조건에 불일치하기 때문에 이벤트가 없지만 F5 키를 반복적으로 누르면 임계값 조건에 일치하기 때문에 예제 12-17처럼 출력 결과를 볼 수 있다.

끝으로 HTTP 속성을 악용한 대표적인 공격을 소개하겠다. 바로 슬로우 로리스Slow Loris 공격이다. 해당 공격을 이해하기 위해서는 먼저 **HTTP 페이로드가 HTTP 헤더와 HTTP 바디**로 이루어진 사실을 이해할 필요가 있다. HTTP 바디에는 **HTML 코드가 있는 영역**이고 HTTP 헤더에는 **HTTP 바디 처리를 수행하기 위한 각종 제어 정보가 있는 영역**이다. 웹 서버는 HTTP 헤더 정보를 통해 HTTP 바디 처리에 필요한 전산 자원을 할당할 수 있다. 그렇다면 웹 서버의 운영 체제에서는 HTTP 헤더와 HTTP 바디를 어떻게 구분할까? 그림 12-1을 보면 **HTTP 헤더와 HTTP 바디의 경계를 구분하는 식별자**를 확인할 수 있다.

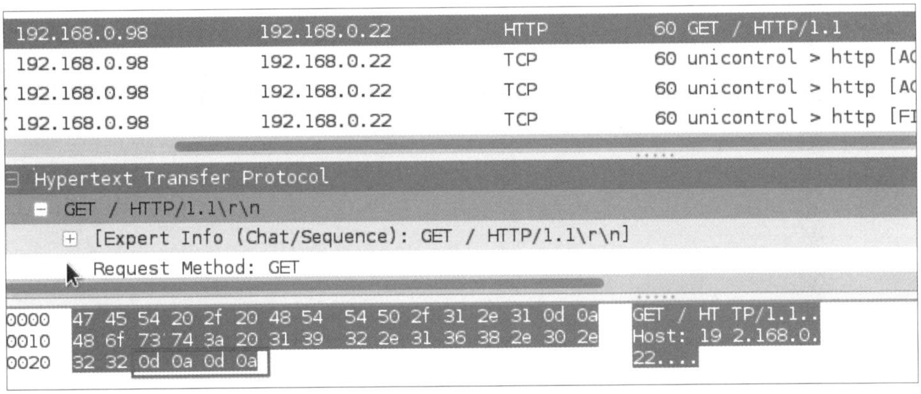

그림 12-1

그림 12-1에서 보면 **0d0a0d0a**라는 헥사 코드가 보인다. 이것이 바로 HTTP 헤더와 HTTP 바디의 경계를 구분하는 식별자다. 문자열로는 \r\n\r\n으로 표현한다. 다시 말해 해당 식별자는 \r\n\r\n(0d0a0d0a)라고 할 수 있다.

공격자가 이러한 식별자의 값을 그림 12-2와 같이 조작해 전송하면 웹 서버에서는 HTTP 헤더의 끝이 없기 때문에 전산 자원을 계속 HTTP 헤더 수신에만 할당할 수

밖에 없고 그 과정에서 과부하가 발생한다.

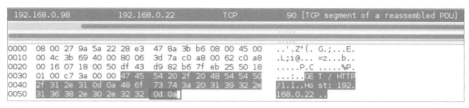

그림 12-2

슬로우 로리스 공격은 공격자가 공격 대상자에게 직접 수행해도 상당히 파괴적이다.

백박스에는 슬로우 로리스 공격을 수행할 수 있는 도구가 기본으로 내장되어 있기 때문에 예제 12-18과 같이 입력하면 해당 공격을 곧바로 수행할 수 있다.

예제 12-18

```
root@backbox:~# slowhttptest -H -g -o slowloris -c 4000 -r 100 -i 10
-t GET -p 3 -x 3 -u http://192.168.10.215
```

해당 명령어를 입력한 뒤 10초 정도 지나면 예제 12-19와 같은 화면을 볼 수 있다.

예제 12-19

```
Thu Aug 17 14:17:46 2017:
        slowhttptest version 1.6
 - https://code.google.com/p/slowhttptest/ -
test type:                          SLOW HEADERS
number of connections:              4000
URL:                                http://192.168.10.215/
verb:                               GET
Content-Length header value:        4096
follow up data max size:            10
interval between follow up data:    10 seconds
connections per seconds:            100
probe connection timeout:           3 seconds
test duration:                      240 seconds
```

```
using proxy:                          no proxy

Thu Aug 17 14:17:46 2017:
slow HTTP test status on 0th second:

initializing:        0
pending:             1
connected:           0
error:               0
closed:              0
service available:   NO
```

예제 12-19에서 service available: NO 내용을 볼 수 있다. 공격 대상자의 웹 서비스 기능이 멈췄다는 의미다. 이처럼 공격 대상자가 서비스 불능 상태에 빠지는 데 걸리는 시간은 고작 10초 정도다. 웹 서버를 운영하는 입장에서는 상당히 부담스러운 공격이라고 할 수 있다.

해당 공격을 중지하고 싶다면 CTRL + C 키를 동시에 누른다. 그러면 예제 12-20과 같은 내용을 볼 수 있다.

예제 12-20

```
^C
Thu Aug 17 14:21:35 2017:
Test ended on 228th second
Exit status: Cancelled by user
CSV report saved to slowloris.csv
HTML report saved to slowloris.html
```

이제 스노트를 이용해 해당 공격을 탐지하도록 설정해 보겠다. 탐지 규칙은 예제 12-21과 같다.

예제 12-21

```
root@xubuntu:~# cat /etc/snort/rules/local.rules
```

```
alert tcp any any -> 192.168.10.215 80 (msg:"ToDetectSlowLorisAttck";
flow:to_server,established;pcre:"/[^\x0d\x0a]\x0d\x0a$/"; threshold:
type both ,track by_src,count 10,seconds 2;sid:1000001;)
```

예제 12-21의 탐지 규칙을 보면 새로운 문법이 두 개 나온다.

먼저 flow 부분은 **서버와 클라이언트의 흐름을 제어하는 용도**로 사용한다. 다시 말해 flow:to_server,established 부분에서 의미하는 바는 스노트 서버로 향하는 패킷을 대상으로(to_server) 3단계 연결 설정 이후의 패킷만을 제어[established]하겠다는 의미다.

다음으로 pcre 부분은 **펄 호환 정규 표현식**[Perl Compatible Regular Expressions]을 의미한다. 슬로우 로리스 공격 시 페이로드에서 나타나는 고유한 헥사 코드를 정규 표현식에 따라 작성한 내용이다.

예제 12-21의 설정을 마쳤다면 스노트를 구동한 뒤 다시 예제 12-18처럼 해당 공격을 수행한다. 곧이어 주분투 운영 체제에서는 예제 12-22와 같이 탐지한 공격을 즉시 이벤트로 출력하는 모습을 볼 수 있다.

예제 12-22

```
root@xubuntu:~# snort -A console -q -u snort -g snort -c /etc/snort/
snort.conf

08/17-14:54:37.164653  [**] [1:1000001:0] ToDetectSlowLorisAttck [**]
[Priority: 0] {TCP} 192.168.10.219:58922 -> 192.168.10.215:80
08/17-14:54:39.942594  [**] [1:1000001:0] ToDetectSlowLorisAttck [**]
[Priority: 0] {TCP} 192.168.10.219:59206 -> 192.168.10.215:80
08/17-14:54:41.977685  [**] [1:1000001:0] ToDetectSlowLorisAttck [**]
[Priority: 0] {TCP} 192.168.10.219:59398 -> 192.168.10.215:80

이하 생략
```

탐지 로그를 확인하면 예제 12-23과 같다.

예제 12-23

```
root@xubuntu:/var/log/snort# snort -d -v -r snort.log.1502949274

Running in packet dump mode

        --== Initializing Snort ==--
Initializing Output Plugins!
pcap DAQ configured to read-file.
Acquiring network traffic from "snort.log.1502949274".

        --== Initialization Complete ==--

  ,,_        -*> Snort! <*-
  o"  )~     Version 2.9.7.0 GRE (Build 149)
  ''''       By Martin Roesch & The Snort Team: http://www.snort.org/
contact#team
           Copyright (C) 2014 Cisco and/or its affiliates. All rights
reserved.
           Copyright (C) 1998-2013 Sourcefire, Inc., et al.
           Using libpcap version 1.7.4
           Using PCRE version: 8.38 2015-11-23
           Using ZLIB version: 1.2.8

Commencing packet processing (pid=21533)
WARNING: No preprocessors configured for policy 0.
08/17-14:54:37.164653 192.168.10.219:58922 -> 192.168.10.215:80
TCP TTL:64 TOS:0x0 ID:38967 IpLen:20 DgmLen:254 DF
***AP*** Seq: 0xC4B3A86F  Ack: 0x8243FD97  Win: 0x1C9  TcpLen: 20
47 45 54 20 2F 20 48 54 54 50 2F 31 2E 31 0D 0A  GET / HTTP/1.1..
48 6F 73 74 3A 20 31 39 32 2E 31 36 38 2E 31 30  Host: 192.168.10
2E 32 31 35 0D 0A 55 73 65 72 2D 41 67 65 6E 74  .215..User-Agent
3A 20 4D 6F 7A 69 6C 6C 61 2F 35 2E 30 20 28 4D  : Mozilla/5.0 (M
61 63 69 6E 74 6F 73 68 3B 20 49 6E 74 65 6C 20  acintosh; Intel
4D 61 63 20 4F 53 20 58 20 31 30 5F 37 29 20 41  Mac OS X 10_7) A
70 70 6C 65 57 65 62 4B 69 74 2F 35 33 34 2E 34  ppleWebKit/534.4
38 2E 33 20 28 4B 48 54 4D 4C 2C 20 6C 69 6B 65  8.3 (KHTML, like
```

```
20 47 65 63 6B 6F 29 20 56 65 72 73 69 6F 6E 2F   Gecko) Version/
35 2E 31 20 53 61 66 61 72 69 2F 35 33 34 2E 34   5.1 Safari/534.4
38 2E 33 0D 0A 52 65 66 65 72 65 72 3A 20 68 74   8.3..Referer: ht
74 70 3A 2F 2F 63 6F 64 65 2E 67 6F 6F 67 6C 65   tp://code.google
2E 63 6F 6D 2F 70 2F 73 6C 6F 77 68 74 74 70 74   .com/p/slowhttpt
65 73 74 2F 0D 0A                                 est/..


=+=+=+=+=+=+=+=+=+=+=+=+=+=+=+=+=+=+=+=+=+=+=+=+=+


WARNING: No preprocessors configured for policy 0.
08/17-14:54:39.942594 192.168.10.219:59206 -> 192.168.10.215:80
TCP TTL:64 TOS:0x0 ID:24760 IpLen:20 DgmLen:254 DF
***AP*** Seq: 0x47B652BC  Ack: 0x5D1AFA67  Win: 0x1C9  TcpLen: 20
47 45 54 20 2F 20 48 54 54 50 2F 31 2E 31 0D 0A   GET / HTTP/1.1..
48 6F 73 74 3A 20 31 39 32 2E 31 36 38 2E 31 30   Host: 192.168.10
2E 32 31 35 0D 0A 55 73 65 72 2D 41 67 65 6E 74   .215..User-Agent
3A 20 4D 6F 7A 69 6C 6C 61 2F 35 2E 30 20 28 4D   : Mozilla/5.0 (M
61 63 69 6E 74 6F 73 68 3B 20 49 6E 74 65 6C 20   acintosh; Intel
4D 61 63 20 4F 53 20 58 20 31 30 5F 37 29 20 41   Mac OS X 10_7) A
70 70 6C 65 57 65 62 4B 69 74 2F 35 33 34 2E 34   ppleWebKit/534.4
38 2E 33 20 28 4B 48 54 4D 4C 2C 20 6C 69 6B 65   8.3 (KHTML, like
20 47 65 63 6B 6F 29 20 56 65 72 73 69 6F 6E 2F   Gecko) Version/
35 2E 31 20 53 61 66 61 72 69 2F 35 33 34 2E 34   5.1 Safari/534.4
38 2E 33 0D 0A 52 65 66 65 72 65 72 3A 20 68 74   8.3..Referer: ht
74 70 3A 2F 2F 63 6F 64 65 2E 67 6F 6F 67 6C 65   tp://code.google
2E 63 6F 6D 2F 70 2F 73 6C 6F 77 68 74 74 70 74   .com/p/slowhttpt
65 73 74 2F 0D 0A                                 est/..


-+-+-+-+-+=+=|=|=|=|=|=|=|=|=+=+=+-+-+-+-+-+=+=+=+=+=+=+=+=+


WARNING: No preprocessors configured for policy 0.
08/17-14:54:41.977685 192.168.10.219:59398 -> 192.168.10.215:80
TCP TTL:64 TOS:0x0 ID:47584 IpLen:20 DgmLen:254 DF
***AP*** Seq: 0xD9C98AFE  Ack: 0x939AA5CD  Win: 0x1C9  TcpLen: 20
47 45 54 20 2F 20 48 54 54 50 2F 31 2E 31 0D 0A   GET / HTTP/1.1..
48 6F 73 74 3A 20 31 39 32 2E 31 36 38 2E 31 30   Host: 192.168.10
```

```
2E 32 31 35 0D 0A 55 73 65 72 2D 41 67 65 6E 74    .215..User-Agent
3A 20 4D 6F 7A 69 6C 6C 61 2F 35 2E 30 20 28 4D    : Mozilla/5.0 (M
61 63 69 6E 74 6F 73 68 3B 20 49 6E 74 65 6C 20    acintosh; Intel
4D 61 63 20 4F 53 20 58 20 31 30 5F 37 29 20 41    Mac OS X 10_7) A
70 70 6C 65 57 65 62 4B 69 74 2F 35 33 34 2E 34    ppleWebKit/534.4
38 2E 33 20 28 4B 48 54 4D 4C 2C 20 6C 69 6B 65    8.3 (KHTML, like
20 47 65 63 6B 6F 29 20 56 65 72 73 69 6F 6E 2F     Gecko) Version/
35 2E 31 20 53 61 66 61 72 69 2F 35 33 34 2E 34    5.1 Safari/534.4
38 2E 33 0D 0A 52 65 66 65 72 65 72 3A 20 68 74    8.3..Referer: ht
74 70 3A 2F 2F 63 6F 64 65 2E 67 6F 6F 67 6C 65    tp://code.google
2E 63 6F 6D 2F 70 2F 73 6C 6F 77 68 74 74 70 74    .com/p/slowhttpt
65 73 74 2F 0D 0A                                  est/..


=+=+=+=+=+=+=+=+=+=+=+=+=+=+=+=+=+=+=+=+=+=+=+=+=+=+=+=+=+=+


WARNING: No preprocessors configured for policy 0.
08/17-14:54:43.425062 192.168.10.219:59574 -> 192.168.10.215:80
TCP TTL:64 TOS:0x0 ID:60134 IpLen:20 DgmLen:254 DF
***AP*** Seq: 0x2CA0DEFD  Ack: 0x5113270  Win: 0x1C9  TcpLen: 20
47 45 54 20 2F 20 48 54 54 50 2F 31 2E 31 0D 0A    GET / HTTP/1.1..
48 6F 73 74 3A 20 31 39 32 2E 31 36 38 2E 31 30    Host: 192.168.10
2E 32 31 35 0D 0A 55 73 65 72 2D 41 67 65 6E 74    .215..User-Agent
3A 20 4D 6F 7A 69 6C 6C 61 2F 35 2E 30 20 28 4D    : Mozilla/5.0 (M
61 63 69 6E 74 6F 73 68 3B 20 49 6E 74 65 6C 20    acintosh; Intel
4D 61 63 20 4F 53 20 58 20 31 30 5F 37 29 20 41    Mac OS X 10_7) A
70 70 6C 65 57 65 62 4B 69 74 2F 35 33 34 2E 34    ppleWebKit/534.4
38 2E 33 20 28 4B 48 54 4D 4C 2C 20 6C 69 6B 65    8.3 (KHTML, like
20 47 65 63 6B 6F 29 20 56 65 72 73 69 6F 6E 2F     Gecko) Version/
35 2E 31 20 53 61 66 61 72 69 2F 35 33 34 2E 34    5.1 Safari/534.4
38 2E 33 0D 0A 52 65 66 65 72 65 72 3A 20 68 74    8.3..Referer: ht
74 70 3A 2F 2F 63 6F 64 65 2E 67 6F 6F 67 6C 65    tp://code.google
2E 63 6F 6D 2F 70 2F 73 6C 6F 77 68 74 74 70 74    .com/p/slowhttpt
65 73 74 2F 0D 0A                                  est/..


=+=+=+=+=+=+=+=+=+=+=+=+=+=+=+=+=+=+=+=+=+=+=+=+=+=+=+=+=+=+
```

```
WARNING: No preprocessors configured for policy 0.
08/17-14:54:45.281860 192.168.10.219:59744 -> 192.168.10.215:80
TCP TTL:64 TOS:0x0 ID:46150 IpLen:20 DgmLen:254 DF
***AP*** Seq: 0xAEB38152  Ack: 0x6BD16244  Win: 0x1C9  TcpLen: 20
47 45 54 20 2F 20 48 54 54 50 2F 31 2E 31 0D 0A  GET / HTTP/1.1..
48 6F 73 74 3A 20 31 39 32 2E 31 36 38 2E 31 30  Host: 192.168.10
2E 32 31 35 0D 0A 55 73 65 72 2D 41 67 65 6E 74  .215..User-Agent
3A 20 4D 6F 7A 69 6C 6C 61 2F 35 2E 30 20 28 4D  : Mozilla/5.0 (M
61 63 69 6E 74 6F 73 68 3B 20 49 6E 74 65 6C 20  acintosh; Intel
4D 61 63 20 4F 53 20 58 20 31 30 5F 37 29 20 41  Mac OS X 10_7) A
70 70 6C 65 57 65 62 4B 69 74 2F 35 33 34 2E 34  ppleWebKit/534.4
38 2E 33 20 28 4B 48 54 4D 4C 2C 20 6C 69 6B 65  8.3 (KHTML, like
20 47 65 63 6B 6F 29 20 56 65 72 73 69 6F 6E 2F   Gecko) Version/
35 2E 31 20 53 61 66 61 72 69 2F 35 33 34 2E 34  5.1 Safari/534.4
38 2E 33 0D 0A 52 65 66 65 72 65 72 3A 20 68 74  8.3..Referer: ht
74 70 3A 2F 2F 63 6F 64 65 2E 67 6F 6F 67 6C 65  tp://code.google
2E 63 6F 6D 2F 70 2F 73 6C 6F 77 68 74 74 70 74  .com/p/slowhttpt
65 73 74 2F 0D 0A                                 est/..


=+=+=+=+=+=+=+=+=+=+=+=+=+=+=+=+=+=+=+=+=+=+=+=+


WARNING: No preprocessors configured for policy 0.
```

이하 생략

```
08/17-14:54:47.023527 192.168.10.219:60342 -> 192.168.10.215:80
TCP TTL:64 TOS:0x0 ID:24512 IpLen:20 DgmLen:254 DF
***AP*** Seq: 0x4B9B67C7  Ack: 0x676F61B9  Win: 0x1C9  TcpLen: 20
47 45 54 20 2F 20 48 54 54 50 2F 31 2E 31 0D 0A  GET / HTTP/1.1..
48 6F 73 74 3A 20 31 39 32 2E 31 36 38 2E 31 30  Host: 192.168.10
2E 32 31 35 0D 0A 55 73 65 72 2D 41 67 65 6E 74  .215..User-Agent
3A 20 4D 6F 7A 69 6C 6C 61 2F 35 2E 30 20 28 4D  : Mozilla/5.0 (M
61 63 69 6E 74 6F 73 68 3B 20 49 6E 74 65 6C 20  acintosh; Intel
4D 61 63 20 4F 53 20 58 20 31 30 5F 37 29 20 41  Mac OS X 10_7) A
70 70 6C 65 57 65 62 4B 69 74 2F 35 33 34 2E 34  ppleWebKit/534.4
38 2E 33 20 28 4B 48 54 4D 4C 2C 20 6C 69 6B 65  8.3 (KHTML, like
20 47 65 63 6B 6F 29 20 56 65 72 73 69 6F 6E 2F   Gecko) Version/
```

```
35 2E 31 20 53 61 66 61 72 69 2F 35 33 34 2E 34    5.1 Safari/534.4
38 2E 33 0D 0A 52 65 66 65 72 65 72 3A 20 68 74    8.3..Referer: ht
74 70 3A 2F 2F 63 6F 64 65 2E 67 6F 6F 67 6C 65    tp://code.google
2E 63 6F 6D 2F 70 2F 73 6C 6F 77 68 74 74 70 74    .com/p/slowhttpt
65 73 74 2F 0D 0A                                  est/..


=+=+=+=+=+=+=+=+=+=+=+=+=+=+=+=+=+=+=+=+=+=+=+=+=+=+=+=+=+


WARNING: No preprocessors configured for policy 0.
08/17-14:54:49.199733 192.168.10.219:59198 -> 192.168.10.215:80
TCP TTL:64 TOS:0x0 ID:18225 IpLen:20 DgmLen:254 DF
***AP*** Seq: 0xB287526  Ack: 0x59CE871  Win: 0x1C9  TcpLen: 20
47 45 54 20 2F 20 48 54 54 50 2F 31 2E 31 0D 0A    GET / HTTP/1.1..
48 6F 73 74 3A 20 31 39 32 2E 31 36 38 2E 31 30    Host: 192.168.10
2E 32 31 35 0D 0A 55 73 65 72 2D 41 67 65 6E 74    .215..User-Agent
3A 20 4D 6F 7A 69 6C 6C 61 2F 35 2E 30 20 28 4D    : Mozilla/5.0 (M
61 63 69 6E 74 6F 73 68 3B 20 49 6E 74 65 6C 20    acintosh; Intel
4D 61 63 20 4F 53 20 58 20 31 30 5F 37 29 20 41    Mac OS X 10_7) A
70 70 6C 65 57 65 62 4B 69 74 2F 35 33 34 2E 34    ppleWebKit/534.4
38 2E 33 20 28 4B 48 54 4D 4C 2C 20 6C 69 6B 65    8.3 (KHTML, like
20 47 65 63 6B 6F 29 20 56 65 72 73 69 6F 6E 2F     Gecko) Version/
35 2E 31 20 53 61 66 61 72 69 2F 35 33 34 2E 34    5.1 Safari/534.4
38 2E 33 0D 0A 52 65 66 65 72 65 72 3A 20 68 74    8.3..Referer: ht
74 70 3A 2F 2F 63 6F 64 65 2E 67 6F 6F 67 6C 65    tp://code.google
2E 63 6F 6D 2F 70 2F 73 6C 6F 77 68 74 74 70 74    .com/p/slowhttpt
65 73 74 2F 0D 0A                                  est/..
```

펄 호환 정규 표현식은 내용 자체가 워낙 까다롭기 때문에 개발자가 아니라면 해당 사안이 나올 때마다 참조 정도만 하기 바란다.

이스라엘 편 **⑤**

세계 주요 국가의 정보 기관

세계 주요 국가의 정보 기관을 말하면서 이스라엘을 절대 빼놓을 수 없다.

잘 알다시피, 유태인들은 제2차 세계 대전이 끝날 때까지 국가가 없었던 민족이었다. 독일의 히틀러 정권 아래서 벌어진 유태인 대학살을 통해 국가의 존재가 얼마나 중요한가를 뼈저리게 느낀 민족이 바로 유태인이다.

그런 만큼 이스라엘의 군사력과 정보력은 자국 인구에 비해 세계적인 수준이다. 특히, 정보력은 미국의 정보력과 어깨를 견줄 만큼 수준급이다.

이스라엘의 3대 정보 기관은 **모사드**^{Mossad}와 **샤바크**^{Shabak} 그리고 **아만**^{Aman}이다.

모사드는 국외 정보 기관으로서 정식 명칭은 **이스라엘 정보 특수 임무 연구소** 또는 **중앙 공안 정보 기관**이다. 모사드는 인간 정보^{HUMINT}를 기반으로 전 세계를 대상으로 첩보와 공작 활동을 수행한다. "기만에 의해 전쟁을 수행한다"를 슬로건으로 내건 모사드는 파괴적인 공작 활동으로 악명을 떨치는 조직으로 유명하다.

모사드는 자기 민족의 불구대천지원수 중 한 녕인 독일 친위대 장교 출신의 칼 아돌프 아이히만^{Karl Adolf Eichmann}을 전후 20년만에 체포해 처형시켰다. 아이히만은 독일 패전 이후 아르헨티나로 피신한 인물이었다. 아이히만의 생존 사실을 확인한 모사드는 1960년 아르헨티나에 공작원을 파견했다. 공작원들은 퇴근 후 귀가하던 그를 납치해 자국으로 데리고 오는 대범함을 보였다. 아이히만은 이스라엘 법원으로부터 사형 선고를 받고 1962년 처형당했다.

모사드는 요인 납치뿐 아니라 요인 암살로도 유명하다. 1972년 독일에서 이스라엘 선수단을 대상으로 인질극을 자행했던 팔레스타인 테러 단체(검은 9월단)를 무려 9년 동안 추적해 단원 13명을 암살했다. 무자비한 유혈 보복극이었다.

적진에 특수 부대를 투입해 자국민을 구출한 1976년 엔테베^{Entebbe} 작전에서도 모사드의 활약은 돋보였다. 엔테베 작전은 제2차 세계 대전 당시 독일 공수 부대가 수행한 무솔리니 구출 작전과 더불어 특수 부대의 역사에서 가장 성공적인 작전으로 평가 받는다.

모사드는 8개의 부서로 이뤄졌다고 한다. 이중 정치 활동 연락국에서 중동과 남미 등을 대상으로 첩보와 공작 활동을 담당한다고 한다. 모사드 공작 활동의 핵심 부서라고 할 수 있다.

모사드가 첩보와 공작 등 국외 정보를 담당하는 기관이라면, 샤바크는 방첩과 수사 등 국내 정보를 담당하는 기관이다. 자국내 침투 간첩과 중동인에 대한 감시와 적발 임무를 수행하며 고문 수사로도 악명이 높다. 정식 명칭은 **이스라엘 보안국**이며 영어권에서는 **신베트**^{Shinbeit}라고도 불린다.

아만은 이스라엘 군 정보 기관이다. 남한의 국군 정보 사령부(첩보)와 국군 기무 사령부(방첩) 역할을 담당한다.

한편, 8200부대는 이스라엘에서 가장 유명한 사이버 부대로 통한다. 8200부대는 2010년 스턱스넷^{Stuxnet} 악성 코드 사건과 2012년 플레임^{Flame} 악성 코드 사건 등에 개입한 조직으로 보인다. 스턱스넷과 플레임 모두 국가 기간망을 마비시키는 악성 코드라는 점을 상기해 볼 때, 8200부대의 사이버 전쟁 수행 능력은 세계적인 수준이라고 할 수 있다.

이스라엘 정보 기관은 모사드의 활동에서와 같이 무자비한 파괴 공작으로 악명이 높다. 그래서 세계 인권 단체로부터 많은 비난을 받고 있는 것도 사실이다. 그러나 정보 기관에 대한 자국민의 신뢰와 지지는 높은 편이다. 이스라엘 국민은 국가가 없는 민족이 얼마나 고통스러운가를 너무나 선명하게 기억하기 때문이다.

스노트 구성 내역과
기타 탐지 규칙 문법

8장에서부터 12장까지 스노트의 설치와 설정 그리고 사용에 대한 내용을 다뤘다. 이번 장에서는 이러한 작업을 기반으로 스노트 구성 내역의 의미 등을 알아보자.

예제 8-4에서 확인한 바와 같이 **스노트를 설치하면 기본 탐지 규칙들을 제공**한다. 그런데 예제 8-8에서와 같이 우리는 지금까지 **기본 탐지 규칙 항목을 모두 주석 처리하고 오직 local.rules라는 사용자 정의 탐지 규칙만을 이용**했다. 그러면 이번에는 **사용자 정의 탐지 규칙을 초기 상태로 처리한 뒤 스노트에서 제공하는 기본 탐지 규칙들을 이용**해 보자.

먼저 예제 13-1과 같이 **사용자 정의 탐지 규칙을 초기 상태로 처리**한다.

예제 13-1

```
root@xubuntu:~# cat > /etc/snort/rules/local.rules
^C

root@xubuntu:~# cat /etc/snort/rules/local.rules
root@xubuntu:~#
```

예제 13-1과 같이 초기 상태로 처리하면 더 이상 사용자 정의 탐지 규칙을 사용할 수 없다. 그러면 스노트에서 제공하는 기본 탐지 규칙 중에서 ICMP 요청과 관련한 내용을 사용해 보겠다.

예제 13-2와 같이 해당 내역을 확인한다.

예제 13-2

```
root@xubuntu:~# cat /etc/snort/rules/icmp.rules

이하 생략

alert icmp $EXTERNAL_NET any -> $HOME_NET any (msg:"ICMP ISS Pinger";
itype:8; content:"ISSPNGRQ"; depth:32; reference:arachnids,158;
classtype:attempted-recon; sid:465; rev:3;)
alert icmp $EXTERNAL_NET any -> $HOME_NET any (msg:"ICMP L3retriever
Ping"; icode:0; itype:8; content:"ABCDEFGHIJKLMNOPQRSTUVWABCDEFGHI";
depth:32; reference:arachnids,311; classtype:attempted-recon; sid:466;
rev:4;)
alert icmp $EXTERNAL_NET any -> $HOME_NET any (msg:"ICMP Nemesis
v1.1 Echo"; dsize:20; icmp_id:0; icmp_seq:0; itype:8; content:"|00
00 00 00 00 00 00 00 00 00 00 00 00 00 00 00 00 00 00 00|";
reference:arachnids,449; classtype:attempted-recon; sid:467; rev:3;)

이하 생략
```

예제 13-2를 보면 $EXTERNAL_NET 또는 $HOME_NET 부분이 나오는데 목적지 IP 주소 또는 출발지 IP 주소를 설정하기 위한 변수다. 일반적으로 $EXTERNAL_NET 변수는 기본 설정은 그대로 두고 $HOME_NET 변수에 스노트 서버(여기에서는 주분투 운영 체제)의 IP 주소 또는 IP 주소 대역을 설정해 사용한다.

나노 편집기 등을 이용해 HOME_NET any라고 나오는 부분을 HOME_NET 192.168. 10.215/32라고 수정한다. 수정한 결과는 예제 13-3과 같다.

예제 13-3

```
root@xubuntu:~# cat /etc/snort/snort.conf -n | egrep "ipvar HOME_NET"

51 ipvar HOME_NET 192.168.10.215/32
```

예제 13-3과 같이 설정하면 예제 13-4와 예제 13-5 모두 동일한 의미를 지닌다.

예제 13-4

```
root@xubuntu:~# cat /etc/snort/rules/local.rules

alert icmp any any -> any any (sid:1000001;)
```

예제 13-5

```
root@xubuntu:~# cat /etc/snort/rules/local.rules

alert icmp any any -> $HOME_NET any (sid:1000001;)
```

그러면 예제 13-3과 같이 변경했기 때문에 예제 13-2에서 나타나는 $HOME_NET 변수
는 192.168.10.215/32를 의미한다고 할 수 있다.

스노트에서 제공하는 ICMP 탐지 규칙을 사용하기 위해서는 나노 편집기 등을 이용해 예
제 13-6과 같이 ICMP 탐지 규칙에 설정한 주석을 해제한다.

예제 13-6

```
root@xubuntu:~# cat /etc/snort/snort.conf -n | egrep "include $RULE_
PATH"

이하 생략

609  #include $RULE_PATH/icmp-info.rules
610  include $RULE_PATH/icmp.rules
611  #include $RULE_PATH/imap.rules
```

```
이하 생략
```

예제 13-6과 같이 수정했으면 예제 13-2에서 확인한 각종 ICMP 관련 탐지가 가능하다. 다만 icmp.rules 탐지 규칙에는 워낙 다양한 설정식을 설정한 상태이기 때문에 스노트를 구동하자마자 바로 이벤트를 출력하기 시작한다.

스노트 구동은 예제 13-7과 같다.

예제 13-7

```
root@xubuntu:~# snort

Running in packet dump mode

이하 생략
```

공격자인 백박스 운영 체제에서 예제 9-2와 같이 ICMP 요청을 보내면 예제 13-8과 같이 이벤트를 출력한다.

예제 13-8

```
이하 생략

WARNING: No preprocessors configured for policy 0.
08/17-19:13:39.810286 192.168.10.219 -> 192.168.10.215
ICMP TTL:64 TOS:0x0 ID:26882 IpLen:20 DgmLen:28
Type:8  Code:0  ID:3592    Seq:6656   ECHO
=+=+=+=+=+=+=+=+=+=+=+=+=+=+=+=+=+=+=+=+=+=+=+=+=+=+=+=+

WARNING: No preprocessors configured for policy 0.
08/17-19:13:39.810322 192.168.10.215 -> 192.168.10.219
ICMP TTL:64 TOS:0x0 ID:37414 IpLen:20 DgmLen:28
Type:0  Code:0  ID:3592    Seq:6656   ECHO REPLY
```

CTRL＋C 키를 동시에 누르면 탐지를 중지하면서 예제 13-9와 같이 출력해 준다.

예제 13-9

```
^C*** Caught Int-Signal
WARNING: No preprocessors configured for policy 0.
08/17-19:13:42.415778 192.168.10.215:22 -> 192.168.10.1:50253
TCP TTL:64 TOS:0x10 ID:6016 IpLen:20 DgmLen:1500 DF
***A**** Seq: 0x9E66A940  Ack: 0x4F26AD08  Win: 0x286  TcpLen: 20
=+=+=+=+=+=+=+=+=+=+=+=+=+=+=+=+=+=+=+=+=+=+=+=+=+=+=+=+=+


===============================================================

Run time for packet processing was 19.114878 seconds
Snort processed 273 packets.
Snort ran for 0 days 0 hours 0 minutes 19 seconds
   Pkts/sec:            14
===============================================================


Memory usage summary:
   Total non-mmapped bytes (arena):       610304
   Bytes in mapped regions (hblkhd):      7135232
   Total allocated space (uordblks):      488656
   Total free space (fordblks):           121648
   Topmost releasable block (keepcost):   118536

===============================================================


Packet I/O Totals:
   Received:         284
   Analyzed:         274 ( 96.479%)
    Dropped:           0 (  0.000%)
   Filtered:           0 (  0.000%)
Outstanding:          10 (  3.521%)
   Injected:           0
```

```
===================================================================

Breakdown by protocol (includes rebuilt packets):
        Eth:         273 (100.000%)
       VLAN:           0 (  0.000%)
        IP4:         269 ( 98.535%)
       Frag:           0 (  0.000%)
       ICMP:          32 ( 11.722%)
        UDP:           0 (  0.000%)
        TCP:         237 ( 86.813%)
        IP6:           0 (  0.000%)
    IP6 Ext:           0 (  0.000%)
   IP6 Opts:           0 (  0.000%)
      Frag6:           0 (  0.000%)
      ICMP6:           0 (  0.000%)
       UDP6:           0 (  0.000%)
       TCP6:           0 (  0.000%)
     Teredo:           0 (  0.000%)
    ICMP-IP:           0 (  0.000%)
    IP4/IP4:           0 (  0.000%)
    IP4/IP6:           0 (  0.000%)
    IP6/IP4:           0 (  0.000%)
    IP6/IP6:           0 (  0.000%)
        GRE:           0 (  0.000%)
    GRE Eth:           0 (  0.000%)
   GRE VLAN:           0 (  0.000%)
    GRE IP4:           0 (  0.000%)
    GRE IP6:           0 (  0.000%)
GRE IP6 Ext:           0 (  0.000%)
   GRE PPTP:           0 (  0.000%)
    GRE ARP:           0 (  0.000%)
    GRE IPX:           0 (  0.000%)
   GRE Loop:           0 (  0.000%)
       MPLS:           0 (  0.000%)
        ARP:           4 (  1.465%)
        IPX:           0 (  0.000%)
```

```
       Eth Loop:           0 (   0.000%)
       Eth Disc:           0 (   0.000%)
       IP4 Disc:           0 (   0.000%)
       IP6 Disc:           0 (   0.000%)
       TCP Disc:           0 (   0.000%)
       UDP Disc:           0 (   0.000%)
      ICMP Disc:           0 (   0.000%)
    All Discard:           0 (   0.000%)
          Other:           0 (   0.000%)
    Bad Chk Sum:           0 (   0.000%)
        Bad TTL:           0 (   0.000%)
         S5 G 1:           0 (   0.000%)
         S5 G 2:           0 (   0.000%)
          Total:         273
===============================================================
Snort exiting
```

예제 13-9의 통계에는 icmp.rules 탐지 규칙에 적용한 모든 내용이 담겨있기 때문에 예제 9-2에서 수행한 내용만 따로 볼 수는 없다. 사용자 정의 탐지 규칙인 local.rules가 필요한 이유이기도 하다.

스노트 구성 내역인 snort.conf 내용을 수정함에 따라 스노트 동작이 달라짐을 알았다. 이제 이러한 내용을 기반으로 snort.conf 구성 내역을 조금 더 자세히 확인해 보자. 예제 13-10과 같이 입력한다.

예제 13-10

```
root@xubuntu:~# cat /etc/snort/snort.conf -n

    1  #--------------------------------------------------
    2  #   VRT Rule Packages Snort.conf
    3  #
    4  #   For more information visit us at:
    5  #     http://www.snort.org                Snort Website
    6  #     http://vrt-blog.snort.org/     Sourcefire VRT Blog
```

```
 7  #
 8  #      Mailing list Contact:        snort-sigs@lists.sourceforge.net
 9  #      False Positive reports:      fp@sourcefire.com
10  #      Snort bugs:                  bugs@snort.org
11  #
12  #      Compatible with Snort Versions:
13  #      VERSIONS : 2.9.7.0
14  #
15  #      Snort build options:
16  #      OPTIONS : --enable-gre --enable-mpls --enable-targetbased
 --enable-ppm --enable-perfprofiling --enable-zlib --enable-active-
response --enable-normalizer --enable-reload --enable-react --enable-
flexresp3
17  #
18  #      Additional information:
19  #      This configuration file enables active response, to run
snort in
20  #      test mode -T you are required to supply an interface -i
<interface>
21  #      or test mode will fail to fully validate the
configuration and
22  #      exit with a FATAL error
23  #-------------------------------------------------------
24
25  ##################################################
26  # This file contains a sample snort configuration.
27  # You should take the following steps to create your own custom
configuration:
28  #
29  #  1) Set the network variables.
30  #  2) Configure the decoder
31  #  3) Configure the base detection engine
32  #  4) Configure dynamic loaded libraries
33  #  5) Configure preprocessors
34  #  6) Configure output plugins
35  #  7) Customize your rule set
```

```
36  #  8) Customize preprocessor and decoder rule set
37  #  9) Customize shared object rule set
38  ###############################################
39
40  ###############################################
41  # Step #1: Set the network variables.  For more information,
see README.variables
42  ###############################################
43
44  # Setup the network addresses you are protecting
45  #
46  # Note to Debian users: this value is overriden when starting
47  # up the Snort daemon through the init.d script by the
48  # value of DEBIAN_SNORT_HOME_NET s defined in the
49  # /etc/snort/snort.debian.conf configuration file
50  #
51  ipvar HOME_NET 192.168.10.215/32
52
53  # Set up the external network addresses. Leave as "any" in most
situations
54  ipvar EXTERNAL_NET any
55  # If HOME_NET is defined as something other than "any",
alternative, you can
56  # use this definition if you do not want to detect attacks
from your internal
57  # IP addresses:
58  #ipvar EXTERNAL_NET !$HOME_NET
59
60  # List of DNS servers on your network
61  ipvar DNS_SERVERS $HOME_NET
62
63  # List of SMTP servers on your network
64  ipvar SMTP_SERVERS $HOME_NET
65
66  # List of web servers on your network
67  ipvar HTTP_SERVERS $HOME_NET
```

```
68
69   # List of sql servers on your network
70   ipvar SQL_SERVERS $HOME_NET
71
72   # List of telnet servers on your network
73   ipvar TELNET_SERVERS $HOME_NET
74
75   # List of ssh servers on your network
76   ipvar SSH_SERVERS $HOME_NET
77
78   # List of ftp servers on your network
79   ipvar FTP_SERVERS $HOME_NET
80
81   # List of sip servers on your network
82   ipvar SIP_SERVERS $HOME_NET
83
84   # List of ports you run web servers on
85   portvar HTTP_PORTS [80,81,311,383,591,593,901,1220,1414,1741,1
830,2301,2381,2809,3037,3128,3702,4343,4848,5250,6988,7000,7001,7144,7
145,7510,7777,7779,8000,8008,8014,8028,8080,8085,8088,8090,8118,8123,8
180,8181,8243,8280,8300,8800,8888,8899,9000,9060,9080,9090,9091,9443,9
999,11371,34443,34444,41080,50002,55555]
86
87   # List of ports you want to look for SHELLCODE on.
88   portvar SHELLCODE_PORTS !80
89
90   # List of ports you might see oracle attacks on
91   portvar ORACLE_PORTS 1024:
92
93   # List of ports you want to look for SSH connections on:
94   portvar SSH_PORTS 22
95
96   # List of ports you run ftp servers on
97   portvar FTP_PORTS [21,2100,3535]
98
99   # List of ports you run SIP servers on
```

```
100   portvar SIP_PORTS [5060,5061,5600]
101
102   # List of file data ports for file inspection
103   portvar FILE_DATA_PORTS [$HTTP_PORTS,110,143]
104
105   # List of GTP ports for GTP preprocessor
106   portvar GTP_PORTS [2123,2152,3386]
107
108   # other variables, these should not be modified
109   ipvar AIM_SERVERS [64.12.24.0/23,64.12.28.0/23,64.12.161.0/24,
64.12.163.0/24,64.12.200.0/24,205.188.3.0/24,205.188.5.0/24,205.188.7.
0/24,205.188.9.0/24,205.188.153.0/24,205.188.179.0/24,205.188.248.0/24
]
110
111   # Path to your rules files (this can be a relative path)
112   # Note for Windows users:  You are advised to make this an
absolute path,
113   # such as:  c:\snort\rules
114   var RULE_PATH /etc/snort/rules
115   var SO_RULE_PATH /etc/snort/so_rules
116   var PREPROC_RULE_PATH /etc/snort/preproc_rules
117
118   # If you are using reputation preprocessor set these
119   # Currently there is a bug with relative paths, they are
relative to where snort is
120   # not relative to snort.conf like the above variables
121   # This is completely inconsistent with how other vars work,
BUG 89986
122   # Set the absolute path appropriately
123   var WHITE_LIST_PATH /etc/snort/rules
124   var BLACK_LIST_PATH /etc/snort/rules
125
126   ###################################################
127   # Step #2: Configure the decoder.  For more information, see
README.decode
128   ###################################################
```

```
129
130   # Stop generic decode events:
131   config disable_decode_alerts
132
133   # Stop Alerts on experimental TCP options
134   config disable_tcpopt_experimental_alerts
135
136   # Stop Alerts on obsolete TCP options
137   config disable_tcpopt_obsolete_alerts
138
139   # Stop Alerts on T/TCP alerts
140   config disable_tcpopt_ttcp_alerts
141
142   # Stop Alerts on all other TCPOption type events:
143   config disable_tcpopt_alerts
144
145   # Stop Alerts on invalid ip options
146   config disable_ipopt_alerts
147
148   # Alert if value in length field (IP, TCP, UDP) is greater th
elength of the packet
149   # config enable_decode_oversized_alerts
150
151   # Same as above, but drop packet if in Inline mode (requires
enable_decode_oversized_alerts)
152   # config enable_decode_oversized_drops
153
154   # Configure IP / TCP checksum mode
155   config checksum_mode: all
156
157   # Configure maximum number of flowbit references.  For more
information, see README.flowbits
158   # config flowbits_size: 64
159
160   # Configure ports to ignore
161   # config ignore_ports: tcp 21 6667:6671 1356
```

```
162  # config ignore_ports: udp 1:17 53
163
164  # Configure active response for non inline operation. For more
information, see REAMDE.active
165  # config response: eth0 attempts 2
166
167  # Configure DAQ related options for inline operation. For more
information, see README.daq
168  #
169  # config daq: <type>
170  # config daq_dir: <dir>
171  # config daq_mode: <mode>
172  # config daq_var: <var>
173  #
174  # <type> ::= pcap | afpacket | dump | nfq | ipq | ipfw
175  # <mode> ::= read-file | passive | inline
176  # <var> ::= arbitrary <name>=<value passed to DAQ
177  # <dir> ::= path as to where to look for DAQ module so's
178
179  # Configure specific UID and GID to run snort as after dropping
privs. For more information see snort -h command line options
180  #
181  # config set_gid:
182  # config set_uid:
183
184  # Configure default snaplen. Snort defaults to MTU of in use
interface. For more information see README
185  #
186  # config snaplen:
187  #
188
189  # Configure default bpf_file to use for filtering what traffic
reaches snort. For more information see snort -h command line options
(-F)
190  #
191  # config bpf_file:
```

```
192  #
193
194  # Configure default log directory for snort to log to.  For
more information see snort -h command line options (-l)
195  #
196  # config logdir:
197
198
199  ##################################################
200  # Step #3: Configure the base detection engine.  For more
information, see  README.decode
201  ##################################################
202
203  # Configure PCRE match limitations
204  config pcre_match_limit: 3500
205  config pcre_match_limit_recursion: 1500
206
207  # Configure the detection engine  See the Snort Manual,
Configuring Snort - Includes - Config
208  config detection: search-method ac-split search-optimize max-
pattern-len 20
209
210  # Configure the event queue.  For more information, see README.
event_queue
211  config event_queue: max_queue 8 log 5 order_events content_
length
212
213  ##################################################
214  ## Configure GTP if it is to be used.
215  ## For more information, see README.GTP
216  ##################################################
217
218  # config enable_gtp
219
220  ##################################################
221  # Per packet and rule latency enforcement
```

```
222   # For more information see README.ppm
223   ################################################
224
225   # Per Packet latency configuration
226   #config ppm: max-pkt-time 250, \
227   #    fastpath-expensive-packets, \
228   #    pkt-log
229
230   # Per Rule latency configuration
231   #config ppm: max-rule-time 200, \
232   #    threshold 3, \
233   #    suspend-expensive-rules, \
234   #    suspend-timeout 20, \
235   #    rule-log alert
236
237   ################################################
238   # Configure Perf Profiling for debugging
239   # For more information see README.PerfProfiling
240   ################################################
241
242   #config profile_rules: print all, sort avg_ticks
243   #config profile_preprocs: print all, sort avg_ticks
244
245   ################################################
246   # Configure protocol aware flushing
247   # For more information see README.stream5
248   ################################################
249   config paf_max: 16000
250
251   ################################################
252   # Step #4: Configure dynamic loaded libraries.
253   # For more information, see Snort Manual, Configuring Snort -
Dynamic Modules
254   ################################################
255
256   # path to dynamic preprocessor libraries
```

```
257  dynamicpreprocessor directory /usr/lib/snort_
dynamicpreprocessor/
258
259  # path to base preprocessor engine
260  dynamicengine /usr/lib/snort_dynamicengine/libsf_engine.so
261
262  # path to dynamic rules libraries
263  dynamicdetection directory /usr/lib/snort_dynamicrules
264
265  #################################################
266  # Step #5: Configure preprocessors
267  # For more information, see the Snort Manual, Configuring
Snort - Preprocessors
268  #################################################
269
270  # GTP Control Channle Preprocessor. For more information, see
README.GTP
271  # preprocessor gtp: ports { 2123 3386 2152 }
272
273  # Inline packet normalization. For more information, see
README.normalize
274  # Does nothing in IDS mode
275  preprocessor normalize_ip4
276  preprocessor normalize_tcp: ips ecn stream
277  preprocessor normalize_icmp4
278  preprocessor normalize_ip6
279  preprocessor normalize_icmp6
280
281  # Target-based IP defragmentation.  For more inforation, see
README.frag3
282  preprocessor frag3_global: max_frags 65536
283  preprocessor frag3_engine: policy windows detect_anomalies
overlap_limit 10 min_fragment_length 100 timeout 180
284
285  # Target-Based stateful inspection/stream reassembly.  For
more inforation, see README.stream5
```

```
286  preprocessor stream5_global: track_tcp yes, \
287      track_udp yes, \
288      track_icmp no, \
289      max_tcp 262144, \
290      max_udp 131072, \
291      max_active_responses 2, \
292      min_response_seconds 5
293  preprocessor stream5_tcp: policy windows, detect_anomalies,
require_3whs 180, \
294      overlap_limit 10, small_segments 3 bytes 150, timeout 180, \
295      ports client 21 22 23 25 42 53 79 109 110 111 113 119 135
136 137 139 143 \
296          161 445 513 514 587 593 691 1433 1521 1741 2100 3306
6070 6665 6666 6667 6668 6669 \
297          7000 8181 32770 32771 32772 32773 32774 32775 32776
32777 32778 32779, \
298      ports both 80 81 311 383 443 465 563 591 593 636 901 989
992 993 994 995 1220 1414 1830 2301 2381 2809 3037 3128 3702 4343 4848
 5250 6988 7907 7000 7001 7144 7145 7510 7802 7777 7779 \
299          7801 7900 7901 7902 7903 7904 7905 7906 7908 7909 7910
7911 7912 7913 7914 7915 7916 \
300          7917 7918 7919 7920 8000 8008 8014 8028 8080 8085 8088
8090 8118 8123 8180 8243 8280 8300 8800 8888 8899 9000 9060 9080 9090
9091 9443 9999 11371 34443 34444 41080 50002 55555
301  preprocessor stream5_udp: timeout 180
302
303  # performance statistics.  For more information, see the Snort
Manual, Configuring Snort - Preprocessors - Performance Monitor
304  # preprocessor perfmonitor: time 300 file /var/snort/snort.
stats pktcnt 10000
305
306  # HTTP normalization and anomaly detection.  For more
information, see README.http_inspect
307  preprocessor http_inspect: global iis_unicode_map unicode.map
1252 compress_depth 65535 decompress_depth 65535 max_gzip_mem 104857600
308  preprocessor http_inspect_server: server default \
```

```
309        http_methods { GET POST PUT SEARCH MKCOL COPY MOVE LOCK
UNLOCK NOTIFY POLL BCOPY BDELETE BMOVE LINK UNLINK OPTIONS HEAD DELETE
TRACE TRACK CONNECT SOURCE SUBSCRIBE UNSUBSCRIBE PROPFIND PROPPATCH
BPROPFIND BPROPPATCH RPC_CONNECT PROXY_SUCCESS BITS_POST CCM_POST SMS_
POST RPC_IN_DATA RPC_OUT_DATA RPC_ECHO_DATA } \
310        chunk_length 500000 \
311        server_flow_depth 0 \
312        client_flow_depth 0 \
313        post_depth 65495 \
314        oversize_dir_length 500 \
315        max_header_length 750 \
316        max_headers 100 \
317        max_spaces 200 \
318        small_chunk_length { 10 5 } \
319        ports { 80 81 311 383 591 593 901 1220 1414 1741 1830 2301
2381 2809 3037 3128 3702 4343 4848 5250 6988 7000 7001 7144 7145 7510
7777 7779 8000 8008 8014 8028 8080 8085 8088 8090 8118 8123 8180 8181
8243 8280 8300 8800 8888 8899 9000 9060 9080 9090 9091 9443 9999 11371
34443 34444 41080 50002 55555 } \
320        non_rfc_char { 0x00 0x01 0x02 0x03 0x04 0x05 0x06 0x07 } \
321        enable_cookie \
322        extended_response_inspection \
323        inspect_gzip \
324        normalize_utf \
325        unlimited_decompress \
326        normalize_javascript \
327        apache_whitespace no \
328        ascii no \
329        bare_byte no \
330        directory no \
331        double_decode no \
332        iis_backslash no \
333        iis_delimiter no \
334        iis_unicode no \
335        multi_slash no \
336        utf_8 no \
```

```
337     u_encode yes \
338     webroot no
339
340  # ONC-RPC normalization and anomaly detection.  For more
information, see the Snort Manual, Configuring Snort - Preprocessors -
RPC Decode
341  preprocessor rpc_decode: 111 32770 32771 32772 32773 32774
32775 32776 32777 32778 32779 no_alert_multiple_requests no_alert_
large_fragments no_alert_incomplete
342
343  # Back Orifice detection.
344  preprocessor bo
345
346  # FTP / Telnet normalization and anomaly detection.  For more
information, see README.ftptelnet
347  preprocessor ftp_telnet: global inspection_type stateful
encrypted_traffic no check_encrypted
348  preprocessor ftp_telnet_protocol: telnet \
349     ayt_attack_thresh 20 \
350     normalize ports { 23 } \
351     detect_anomalies
352  preprocessor ftp_telnet_protocol: ftp server default \
353     def_max_param_len 100 \
354     ports { 21 2100 3535 } \
355     telnet_cmds yes \
356     ignore_telnet_erase_cmds yes \
357     ftp_cmds { ABOR ACCT ADAT ALLO APPE AUTH CCC CDUP } \
358     ftp_cmds { CEL CLNT CMD CONF CWD DELE ENC EPRT } \
359     ftp_cmds { EPSV ESTA ESTP FEAT HELP LANG LIST LPRT } \
360     ftp_cmds { LPSV MACB MAIL MDTM MIC MKD MLSD MLST } \
361     ftp_cmds { MODE NLST NOOP OPTS PASS PASV PBSZ PORT } \
362     ftp_cmds { PROT PWD QUIT REIN REST RETR RMD RNFR } \
363     ftp_cmds { RNTO SDUP SITE SIZE SMNT STAT STOR STOU } \
364     ftp_cmds { STRU SYST TEST TYPE USER XCUP XCRC XCWD } \
365     ftp_cmds { XMAS XMD5 XMKD XPWD XRCP XRMD XRSQ XSEM } \
366     ftp_cmds { XSEN XSHA1 XSHA256 } \
```

```
367        alt_max_param_len 0 { ABOR CCC CDUP ESTA FEAT LPSV NOOP
PASV PWD QUIT REIN STOU SYST XCUP XPWD } \
368        alt_max_param_len 200 { ALLO APPE CMD HELP NLST RETR RNFR
STOR STOU XMKD } \
369        alt_max_param_len 256 { CWD RNTO } \
370        alt_max_param_len 400 { PORT } \
371        alt_max_param_len 512 { SIZE } \
372        chk_str_fmt { ACCT ADAT ALLO APPE AUTH CEL CLNT CMD } \
373        chk_str_fmt { CONF CWD DELE ENC EPRT EPSV ESTP HELP } \
374        chk_str_fmt { LANG LIST LPRT MACB MAIL MDTM MIC MKD } \
375        chk_str_fmt { MLSD MLST MODE NLST OPTS PASS PBSZ PORT } \
376        chk_str_fmt { PROT REST RETR RMD RNFR RNTO SDUP SITE } \
377        chk_str_fmt { SIZE SMNT STAT STOR STRU TEST TYPE USER } \
378        chk_str_fmt { XCRC XCWD XMAS XMD5 XMKD XRCP XRMD XRSQ } \
379        chk_str_fmt { XSEM XSEN XSHA1 XSHA256 } \
380        cmd_validity ALLO < int [ char R int ] > \
381        cmd_validity EPSV < [ { char 12 | char A char L char L } ] > \
382        cmd_validity MACB < string > \
383        cmd_validity MDTM < [ date nnnnnnnnnnnnnn[.n[n[n]]] ]
string > \
384        cmd_validity MODE < char ASBCZ > \
385        cmd_validity PORT < host_port > \
386        cmd_validity PROT < char CSEP > \
387        cmd_validity STRU < char FRPO [ string ] > \
388        cmd_validity TYPE < { char AE [ char NTC ] | char I | char L [
 number ] } >
389  preprocessor ftp_telnet_protocol: ftp client default \
390       max_resp_len 256 \
391       bounce yes \
392       ignore_telnet_erase_cmds yes \
393       telnet_cmds yes \
394
395
396  # SMTP normalization and anomaly detection.  For more
information, see README.SMTP
397  preprocessor smtp: ports { 25 465 587 691 } \
```

```
398        inspection_type stateful \
399        b64_decode_depth 0 \
400        qp_decode_depth 0 \
401        bitenc_decode_depth 0 \
402        uu_decode_depth 0 \
403        log_mailfrom \
404        log_rcptto \
405        log_filename \
406        log_email_hdrs \
407        normalize cmds \
408        normalize_cmds { ATRN AUTH BDAT CHUNKING DATA DEBUG EHLO
EMAL ESAM ESND ESOM ETRN EVFY } \
409        normalize_cmds { EXPN HELO HELP IDENT MAIL NOOP ONEX QUEU
QUIT RCPT RSET SAML SEND SOML } \
410        normalize_cmds { STARTTLS TICK TIME TURN TURNME VERB VRFY
X-ADAT X-DRCP X-ERCP X-EXCH50 } \
411        normalize_cmds { X-EXPS X-LINK2STATE XADR XAUTH XCIR
XEXCH50 XGEN XLICENSE XQUE XSTA XTRN XUSR } \
412        max_command_line_len 512 \
413        max_header_line_len 1000 \
414        max_response_line_len 512 \
415        alt_max_command_line_len 260 { MAIL } \
416        alt_max_command_line_len 300 { RCPT } \
417        alt_max_command_line_len 500 { HELP HELO ETRN EHLO } \
418        alt_max_command_line_len 255 { EXPN VRFY ATRN SIZE BDAT
DEBUG EMAL ESAM ESND ESOM EVFY IDENT NOOP RSET } \
419        alt_max_command_line_len 246 { SEND SAML SOML AUTH TURN
ETRN DATA RSET QUIT ONEX QUEU STARTTLS TICK TIME TURNME VERB X-EXPS
X-LINK2STATE XADR XAUTH XCIR XEXCH50 XGEN XLICENSE XQUE XSTA XTRN XUSR
} \
420        valid_cmds { ATRN AUTH BDAT CHUNKING DATA DEBUG EHLO EMAL
ESAM ESND ESOM ETRN EVFY } \
421        valid_cmds { EXPN HELO HELP IDENT MAIL NOOP ONEX QUEU QUIT
RCPT RSET SAML SEND SOML } \
422        valid_cmds { STARTTLS TICK TIME TURN TURNME VERB VRFY
X-ADAT X-DRCP X-ERCP X-EXCH50 } \
```

```
423      valid_cmds { X-EXPS X-LINK2STATE XADR XAUTH XCIR XEXCH50
XGEN XLICENSE XQUE XSTA XTRN XUSR } \
424      xlink2state { enabled }
425
426  # Portscan detection.  For more information, see README.
sfportscan
427  # preprocessor sfportscan: proto  { all } memcap { 10000000 }
sense_level { low }
428
429  # ARP spoof detection.  For more information, see the Snort
Manual - Configuring Snort - Preprocessors - ARP Spoof Preprocessor
430  # preprocessor arpspoof
431  # preprocessor arpspoof_detect_host: 192.168.40.1
f0:0f:00:f0:0f:00
432
433  # SSH anomaly detection.  For more information, see README.ssh
434  preprocessor ssh: server_ports { 22 } \
435                  autodetect \
436                  max_client_bytes 19600 \
437                  max_encrypted_packets 20 \
438                  max_server_version_len 100 \
439                  enable_respoverflow enable_ssh1crc32 \
440                  enable_srvoverflow enable_protomismatch
441
442  # SMB / DCE-RPC normalization and anomaly detection.  For more
information, see README.dcerpc2
443  preprocessor dcerpc2: memcap 102400, events [co ]
444  preprocessor dcerpc2_server: default, policy WinXP, \
445      detect [smb [139,445], tcp 135, udp 135, rpc-over-http-
server 593], \
446      autodetect [tcp 1025:, udp 1025:, rpc-over-http-server
1025:], \
447      smb_max_chain 3, smb_invalid_shares ["C$", "D$", "ADMIN$"]
448
449  # DNS anomaly detection.  For more information, see README.dns
450  preprocessor dns: ports { 53 } enable_rdata_overflow
```

```
451
452  # SSL anomaly detection and traffic bypass.  For more
information, see README.ssl
453  preprocessor ssl: ports { 443 465 563 636 989 992 993 994
995 7801 7802 7900 7901 7902 7903 7904 7905 7906 7907 7908 7909 7910
7911 7912 7913 7914 7915 7916 7917 7918 7919 7920 }, trustservers,
noinspect_encrypted
454
455  # SDF sensitive data preprocessor.  For more information see
README.sensitive_data
456  preprocessor sensitive_data: alert_threshold 25
457
458  # SIP Session Initiation Protocol preprocessor.  For more
information see README.sip
459  preprocessor sip: max_sessions 40000, \
460     ports { 5060 5061 5600 }, \
461     methods { invite \
462             cancel \
463             ack \
464             bye \
465             register \
466             options \
467             refer \
468             subscribe \
469             update \
470             join \
471             info \
472             message \
473             notify \
474             benotify \
475             do \
476             qauth \
477             sprack \
478             publish \
479             service \
480             unsubscribe \
```

```
481              prack }, \
482    max_uri_len 512, \
483    max_call_id_len 80, \
484    max_requestName_len 20, \
485    max_from_len 256, \
486    max_to_len 256, \
487    max_via_len 1024, \
488    max_contact_len 512, \
489    max_content_len 2048
490
491 # IMAP preprocessor.  For more information see README.imap
492 preprocessor imap: \
493    ports { 143 } \
494    b64_decode_depth 0 \
495    qp_decode_depth 0 \
496    bitenc_decode_depth 0 \
497    uu_decode_depth 0
498
499 # POP preprocessor. For more information see README.pop
500 preprocessor pop: \
501    ports { 110 } \
502    b64_decode_depth 0 \
503    qp_decode_depth 0 \
504    bitenc_decode_depth 0 \
505    uu_decode_depth 0
506
507 # Modbus preprocessor. For more information see README.modbus
508 preprocessor modbus: ports { 502 }
509
510 # DNP3 preprocessor. For more information see README.dnp3
511 preprocessor dnp3: ports { 20000 } \
512    memcap 262144 \
513    check_crc
514
515 #
516 # Note to Debian users: this is disabled since it is an
```

```
      experimental
  517 # preprocessor. If you want to use it you have to create the
      rules files
  518 # referenced below in the /etc/snort/rules directory
  519 #
  520 # Reputation preprocessor. For more information see README.
      reputation
  521 #preprocessor reputation: \
  522 #   memcap 500, \
  523 #   priority whitelist, \
  524 #   nested_ip inner, \
  525 #   whitelist $WHITE_LIST_PATH/white_list.rules, \
  526 #   blacklist $BLACK_LIST_PATH/black_list.rules
  527
  528 ###################################################
  529 # Step #6: Configure output plugins
  530 # For more information, see Snort Manual, Configuring Snort -
      Output Modules
  531 ###################################################
  532
  533 # unified2
  534 # Recommended for most installs
  535 #output unified2: filename merged.log, limit 128, nostamp,
      mpls_event_types, vlan_event_types
  536 #output unified2: filename snort.log, limit 128, nostamp,
      mpls_event_types, vlan_event_types
  537 output unified2: filename snort.u2,limit 128
  538
  539 # Additional configuration for specific types of installs
  540 # output alert_unified2: filename snort.alert, limit 128,
      nostamp
  541 # output log_unified2: filename snort.log, limit 128, nostamp
  542
  543 # syslog
  544 # output alert_syslog: LOG_AUTH LOG_ALERT
  545
```

```
546  # pcap
547  # output log_tcpdump: tcpdump.log
548
549  # metadata reference data.  do not modify these lines
550  include classification.config
551  include reference.config
552
553
554  ##################################################
555  # Step #7: Customize your rule set
556  # For more information, see Snort Manual, Writing Snort Rules
557  #
558  # NOTE: All categories are enabled in this conf file
559  ##################################################
560
561  # Note to Debian users: The rules preinstalled in the system
562  # can be *very* out of date. For more information please read
563  # the /usr/share/doc/snort-rules-default/README.Debian file
564
565  #
566  # If you install the official VRT Sourcefire rules please
review this
567  # configuration file and re-enable (remove the comment in the
first line) those
568  # rules files that are available in your system (in the /etc/
snort/rules
569  # directory)
570
571  # site specific rules
572  include $RULE_PATH/local.rules
573
574  # The include files commented below have been disabled
575  # because they are not available in the stock Debian
576  # rules. If you install the Sourcefire VRT please make
577  # sure you re-enable them again:
578
```

```
579  #include $RULE_PATH/app-detect.rules
580  #include $RULE_PATH/attack-responses.rules
581  #include $RULE_PATH/backdoor.rules
582  #include $RULE_PATH/bad-traffic.rules
583  #include $RULE_PATH/blacklist.rules
584  #include $RULE_PATH/botnet-cnc.rules
585  #include $RULE_PATH/browser-chrome.rules
586  #include $RULE_PATH/browser-firefox.rules
587  #include $RULE_PATH/browser-ie.rules
588  #include $RULE_PATH/browser-other.rules
589  #include $RULE_PATH/browser-plugins.rules
590  #include $RULE_PATH/browser-webkit.rules
591  #include $RULE_PATH/chat.rules
592  #include $RULE_PATH/content-replace.rules
593  #include $RULE_PATH/ddos.rules
594  #include $RULE_PATH/dns.rules
595  #include $RULE_PATH/dos.rules
596  #include $RULE_PATH/experimental.rules
597  #include $RULE_PATH/exploit-kit.rules
598  #include $RULE_PATH/exploit.rules
599  #include $RULE_PATH/file-executable.rules
600  #include $RULE_PATH/file-flash.rules
601  #include $RULE_PATH/file-identify.rules
602  #include $RULE_PATH/file-image.rules
603  #include $RULE_PATH/file-multimedia.rules
604  #include $RULE_PATH/file-office.rules
605  #include $RULE_PATH/file-other.rules
606  #include $RULE_PATH/file-pdf.rules
607  #include $RULE_PATH/finger.rules
608  #include $RULE_PATH/ftp.rules
609  #include $RULE_PATH/icmp-info.rules
610  include $RULE_PATH/icmp.rules
611  #include $RULE_PATH/imap.rules
612  #include $RULE_PATH/indicator-compromise.rules
613  #include $RULE_PATH/indicator-obfuscation.rules
614  #include $RULE_PATH/indicator-shellcode.rules
```

```
615  #include $RULE_PATH/info.rules
616  #include $RULE_PATH/malware-backdoor.rules
617  #include $RULE_PATH/malware-cnc.rules
618  #include $RULE_PATH/malware-other.rules
619  #include $RULE_PATH/malware-tools.rules
620  #include $RULE_PATH/misc.rules
621  #include $RULE_PATH/multimedia.rules
622  #include $RULE_PATH/mysql.rules
623  #include $RULE_PATH/netbios.rules
624  #include $RULE_PATH/nntp.rules
625  #include $RULE_PATH/oracle.rules
626  #include $RULE_PATH/os-linux.rules
627  #include $RULE_PATH/os-other.rules
628  #include $RULE_PATH/os-solaris.rules
629  #include $RULE_PATH/os-windows.rules
630  #include $RULE_PATH/other-ids.rules
631  #include $RULE_PATH/p2p.rules
632  #include $RULE_PATH/phishing-spam.rules
633  #include $RULE_PATH/policy-multimedia.rules
634  #include $RULE_PATH/policy-other.rules
635  #include $RULE_PATH/policy.rules
636  #include $RULE_PATH/policy-social.rules
637  #include $RULE_PATH/policy-spam.rules
638  #include $RULE_PATH/pop2.rules
639  #include $RULE_PATH/pop3.rules
640  #include $RULE_PATH/protocol-finger.rules
641  #include $RULE_PATH/protocol-ftp.rules
642  #include $RULE_PATH/protocol-icmp.rules
643  #include $RULE_PATH/protocol-imap.rules
644  #include $RULE_PATH/protocol-pop.rules
645  #include $RULE_PATH/protocol-services.rules
646  #include $RULE_PATH/protocol-voip.rules
647  #include $RULE_PATH/pua-adware.rules
648  #include $RULE_PATH/pua-other.rules
649  #include $RULE_PATH/pua-p2p.rules
650  #include $RULE_PATH/pua-toolbars.rules
```

```
651  #include $RULE_PATH/rpc.rules
652  #include $RULE_PATH/rservices.rules
653  #include $RULE_PATH/scada.rules
654  #include $RULE_PATH/scan.rules
655  #include $RULE_PATH/server-apache.rules
656  #include $RULE_PATH/server-iis.rules
657  #include $RULE_PATH/server-mail.rules
658  #include $RULE_PATH/server-mssql.rules
659  #include $RULE_PATH/server-mysql.rules
660  #include $RULE_PATH/server-oracle.rules
661  #include $RULE_PATH/server-other.rules
662  #include $RULE_PATH/server-webapp.rules
663  # Note: These rules are disable by default as they are
664  # too coarse grained. Enabling them causes a large
665  # performance impact
666  #include $RULE_PATH/shellcode.rules
667  #include $RULE_PATH/smtp.rules
668  #include $RULE_PATH/snmp.rules
669  #include $RULE_PATH/specific-threats.rules
670  #include $RULE_PATH/spyware-put.rules
671  #include $RULE_PATH/sql.rules
672  #include $RULE_PATH/telnet.rules
673  #include $RULE_PATH/tftp.rules
674  #include $RULE_PATH/virus.rules
675  #include $RULE_PATH/voip.rules
676  #include $RULE_PATH/web-activex.rules
677  #include $RULE_PATH/web-attacks.rules
678  #include $RULE_PATH/web-cgi.rules
679  #include $RULE_PATH/web-client.rules
680  #include $RULE_PATH/web-coldfusion.rules
681  #include $RULE_PATH/web-frontpage.rules
682  #include $RULE_PATH/web-iis.rules
683  #include $RULE_PATH/web-misc.rules
684  #include $RULE_PATH/web-php.rules
685  #include $RULE_PATH/x11.rules
686  #include $RULE_PATH/community-sql-injection.rules
```

```
687   #include $RULE_PATH/community-web-client.rules
688   #include $RULE_PATH/community-web-dos.rules
689   #include $RULE_PATH/community-web-iis.rules
690   #include $RULE_PATH/community-web-misc.rules
691   #include $RULE_PATH/community-web-php.rules
692   #include $RULE_PATH/community-sql-injection.rules
693   #include $RULE_PATH/community-web-client.rules
694   #include $RULE_PATH/community-web-dos.rules
695   #include $RULE_PATH/community-web-iis.rules
696   #include $RULE_PATH/community-web-misc.rules
697   #include $RULE_PATH/community-web-php.rules
698
699
700   ###############################################
701   # Step #8: Customize your preprocessor and decoder alerts
702   # For more information, see README.decoder_preproc_rules
703   ###############################################
704
705   # decoder and preprocessor event rules
706   # include $PREPROC_RULE_PATH/preprocessor.rules
707   # include $PREPROC_RULE_PATH/decoder.rules
708   # include $PREPROC_RULE_PATH/sensitive-data.rules
709
710   ###############################################
711   # Step #9: Customize your Shared Object Snort Rules
712   # For more information, see http://vrt-blog.snort.org/2009/01/
using-vrt-certified-shared-object-rules.html
713   ###############################################
714
715   # dynamic library rules
716   # include $SO_RULE_PATH/bad-traffic.rules
717   # include $SO_RULE_PATH/chat.rules
718   # include $SO_RULE_PATH/dos.rules
719   # include $SO_RULE_PATH/exploit.rules
720   # include $SO_RULE_PATH/icmp.rules
721   # include $SO_RULE_PATH/imap.rules
```

```
722  # include $SO_RULE_PATH/misc.rules
723  # include $SO_RULE_PATH/multimedia.rules
724  # include $SO_RULE_PATH/netbios.rules
725  # include $SO_RULE_PATH/nntp.rules
726  # include $SO_RULE_PATH/p2p.rules
727  # include $SO_RULE_PATH/smtp.rules
728  # include $SO_RULE_PATH/snmp.rules
729  # include $SO_RULE_PATH/specific-threats.rules
730  # include $SO_RULE_PATH/web-activex.rules
731  # include $SO_RULE_PATH/web-client.rules
732  # include $SO_RULE_PATH/web-iis.rules
733  # include $SO_RULE_PATH/web-misc.rules
734
735  # Event thresholding or suppression commands. See threshold.
conf
736  include threshold.conf
```

예제 13-10에서 보는 바와 같이 snort.conf 구성 내역은 700줄이 넘은 꽤 큰 분량으로 이뤄졌다. 주요한 내용만을 설명하겠다.

41번째 줄부터 126번째 줄까지는 **네트워크 변수**를 구성하는 항목이고 127번째 줄부터 199번째 줄까지는 **디코더**를 구성하는 항목이고 200번째 줄부터 251번째 줄까지는 **기본 탐지 엔진**을 구성하는 항목이고 252번째 줄부터 265번째 줄까지는 **동적 로드 라이브러리**를 구성하는 항목이고 266번째 줄부터 528번째 줄까지는 **전처리기**를 구성하는 항목이고 529번째 줄부터 554번째 줄까지는 **출력 플러그인**을 구성하는 항목이다. 계속해서 555번째 줄부터 700번째 줄까지는 **사용자 정의 탐지 규칙**을 설정하는 항목이고 701번째 줄부터 710번째 줄까지는 **전처리기와 디코더 경보**를 설정하는 항목이고 711번째 줄부터 736번째 줄까지는 **공유 객체 탐지 규칙**을 설정하는 항목이다.

먼저 네트워크 변수 구성은 이미 예제 13-3에서 설정한 바가 있다. 일반적으로 HOME_NET 변수 이외의 모든 변수는 거의 대부분 기본 설정 그대로 사용한다. HOME_NET 변수 이외의 변수를 수정하는 과정에서 자칫 중요한 구성 내역이 깨지는 경우가 있다. 그런 만큼 수정 전에 snort.conf 사본을 미리 준비하면 만일의 사고에 대비할 수 있다(cp /etc/snort/snort.conf /root/ 등과 같은 복사 수행).

다음으로 디코더 구성 항목이다. 스노트 개발과 관련한 일이 아니라면 기본 설정 그대로 사용하도록 하자. 뒤이어 나오는 기본 탐지 엔진 구성 항목과 동적 로드 라이브러리 구성 항목도 역시 기본 설정 그대로 사용하도록 하자.

다음으로 전처리기 구성 항목이다. **스노트 동작에서 전처리기 기능은 중요**하다. 전처리기를 통해 스노트로 들어온 패킷을 재조립하고 분석하기 때문이다. 다시 말해 들어온 패킷을 TCP/IP 응용 계층 수준까지 복원해 탐지 엔진으로 보내준다. **스노트 기능에 있어 핵심적인 기능**이라고 할 수 있다. 여타의 항목처럼 스노트 개발과 관련한 일이 아니라면 기본 설정 그대로 사용하도록 하자. 뒤이어 나오는 기본 탐지 엔진 구성 항목과 동적 로드 라이브러리 구성 항목도 역시 기본 설정 그대로 사용하도록 하자.

다음으로 출력 플러그인의 구성 항목이다. snort.log.1501897005 등과 같은 출력 이벤트 로그 형식을 변경할 수 있는 항목이다. 기본 설정 그대로 사용해도 무관하다.

다음으로 사용자 정의 탐지 규칙의 설정 항목이다. 예제 8-8 등에서 이미 사용한 바와 같이 기본 탐지 규칙의 사용 여부를 주석 처리를 이용해 설정하는 항목이다.

끝으로 전처리기와 디코더 경보 설정 항목과 공유 객체 탐지 규칙 설정 항목은 스노트 개발과 관련한 일이 아니라면 기본 설정 그대로 사용하도록 하자.

끝으로 기타 탐지 규칙 문법에 대해 소개하겠다. 이전까지 소개한 탐지 규칙 문법 중에서 추가적으로 알아야 할 문법을 예제 13-2에서 나온 내용을 중심으로 간단하게 정리하면 표 13-1과 같다.

표 13-1

문법	의미
icmp_id	ICMP ID 값을 검사
icmp_seq	ICMP 순서 값을 검사
itype	ICMP 타입 값을 검사
reference	CVE 등과 같이 공격 내용에 대한 참조 정보를 제공
classtype	공격 종류를 분류하는 데 사용(각 유형은 우선 순위를 지정할 수 있다.)
rev	탐지 규칙의 갱신 버전을 표시

표 13-1에서 icmp_id · icmp_seq · itype 등과 같은 문법은 IDS 탐지에 영향이 있는 설정이다. 반면 reference · classtype · rev 등과 같은 문법은 IDS 탐지에 영향이 없는 설정이다. 다시 말해 해당 공격 유형을 좀 더 구체적으로 설명하기 위한 부가적인 설정이다.

reference 항목에는 cve 정보뿐 아니라 osvdb · arachnids · mcafee · msb · url · bugtraq · nessus 정보 등도 적을 수 있다. 해당 공격에 대한 구체적인 정보를 알고자 하는 사람에게 참조 정보를 제공하는 항목인 만큼 탐지 설정과는 아무런 관계가 없다. classtype 항목도 reference 항목처럼 공격 종류를 우선 순위에 따라 분류하는 용도로 사용하는 부가적인 설정이다. 우선 순위에 따라 공격을 분류해 정리하면 표 13-2와 같다.

표 13-2

공격 분류	의미	우선 순위
attempted-admin	관리자 권한 획득 시도	1
attempted-user	일반 사용자 권한 획득 시도	1
shellcode-detect	실행 가능한 코드 탐지	1
successful-admin	관리자 권한 획득 성공	1

공격 분류	의미	우선 순위
successful–user	일반 사용자 권한 획득 성공	1
trojan–activity	네트워크 트로이 목마 탐지	1
unsuccessful–user	일반 사용자 권한 획득 실패	1
web–application–attack	웹 애플리케이션 공격	1
attempted–dos	DoS 시도	2
attempted–recon	정보 유출 시도	2
bad–unknown	잠재적인 악성 트래픽	2
denial–of–service	DoS 탐지	2
misc–attack	사소한 공격	2
non–standard–protocol	비표준 프로토콜 또는 이벤트	2
rpc–portmap–decode	RPC 쿼리 디코드	2
successful–dos	DoS 공격	2
successful–recon–largescale	대규모 정보 유출	2
successful–recon–limited	정보 유출	2
suspicious–filename–detect	수상한 파일 이름 탐지	2
suspicious–login	수상한 사용자 로그인 탐지	2
system–call–detect	시스템 콜 탐지	2
unusual–client–port–connection	비정상적인 포트를 사용하는 경우	2
web–application–activity	잠재적으로 취약한 웹 애플리케이션 접근	2
icmp–event	일반 ICMP 이벤트	3
misc–activity	사소한 행위	3
network–scan	네트워크 스캔	3
not–suspicious	의심스러운 트래픽이 아님	3
protocol–command–decode	일반적인 프로토콜 명령 디코드	3

공격 분류	의미	우선 순위
string-detect	수상한 문자열 탐지	3
unknown	알 수 없음	3

표 13-2를 기억할 필요는 없다. 부가 정보 설정 시 필요할 때마다 참조하기 바란다.

14

IPTables 기초

모든 리눅스 배포판에서는 IPTables라는 소프트웨어 방화벽을 기본적으로 제공한다. IPTables 기능은 2001년 1월 리눅스 2.4 커널부터 제공하기 시작했다.

IPTables 방화벽에서는 6장에서 설명한 **TCP/IP 네트워크 계층과 전송 계층에 기반한 ACL 방식**을 기본적으로 제공할 뿐 아니라 **리턴 패킷 여부를 추적하는 상태 기반 감시 방식**도 제공한다. 또한 IPTables 방화벽에서는 **NAT/PAT 기능**도 제공한다. 따라서 IPTables 방화벽에서는 이러한 기능을 반영해 **필터**Filter **테이블 · 맹글**Mangle **테이블 · 로우**Raw **테이블 · NAT 테이블** 등으로 이뤄졌다. 이중에서 IPTables 방화벽의 핵심은 필터 테이블이기 때문에 이 책에서는 **Filter 테이블을 중심으로 IPTables 방화벽에 대한 구성과 사용 예 등을 설명**하겠다.

필터 테이블을 이해하기 위해서는 입력 정책Input Chain · 출력 정책Output Chain · 중계 정책Forward Chain 등과 같은 주요 용어를 이해할 필요가 있다. **입력 정책은 외부망에서 내부망으로 들어오는 패킷을 제어하는 정책**을 의미하며 **출력 정책은 반대로 내부망에서 외부망으로 나가는 패킷을 제어하는 정책**을 의미한다. 방화벽의 기본은 외부망에서 내부망으로 들어오는 패킷 제어에 있는 만큼 입력 정책이 핵심이라고 할 수 있다. 그런 만큼 이 책에서는 입력 정책을 중심으로 설명한다. 한편 **중계 정책**이란 방화벽을 중계 장비로 이용할 경우 적용하는 일련의 정책이다. 이 책에서 중계 정책은 외부 정책과 마찬가지로 논외로 한다. 본격적으로 IPTables 방화벽을 운영하기에 앞서 주요 용어를 이해하기 바란다.

우분투 계열인 주분투와 백박스 모두 IPTables 방화벽 사용과 관련해서는 예제 14-1과 예제 14-2와 같이 확인할 수 있다.

예제 14-1

```
root@xubuntu:~# ls -l /sbin | egrep "iptables"

lrwxrwxrwx 1 root root        13 12월 29  2016 iptables -> xtables-
multi
lrwxrwxrwx 1 root root        13 12월 29  2016 iptables-restore ->
xtables-multi
lrwxrwxrwx 1 root root        13 12월 29  2016 iptables-save ->
xtables-multi
```

예제 14-2

```
root@backbox:~# ls -l /sbin | egrep "iptables"

lrwxrwxrwx 1 root root        13  7월 28 09:21 iptables -> xtables-
multi
lrwxrwxrwx 1 root root        13  7월 28 09:21 iptables-restore ->
xtables-multi
lrwxrwxrwx 1 root root        13  7월 28 09:21 iptables-save ->
xtables-multi
```

이후 내용은 주분투 운영 체제만을 대상으로 진행하겠다.

현재 사용 중인 IPTables 방화벽 버전은 예제 14-3과 같이 확인할 수 있다.

예제 14-3

```
root@xubuntu:~# iptables --version

iptables v1.6.0
```

예제 14-3에서와 같이 주분투 16.04 버전에서 제공하는 IPTables 방화벽 버전은 1.6 버전이다. 버전에 따라 기능에 변화가 생길 수 있는 만큼 해당 버전을 가급적 기억하기 바란다.

IPTables 방화벽 사용에 대한 도움말은 예제 14-4와 같이 확인할 수 있다.

예제 14-4

```
root@xubuntu:~# iptables --help

iptables v1.6.0

Usage: iptables -[ACD] chain rule-specification [options]
       iptables -I chain [rulenum] rule-specification [options]
       iptables -R chain rulenum rule-specification [options]
       iptables -D chain rulenum [options]
       iptables -[LS] [chain [rulenum]] [options]
       iptables -[FZ] [chain] [options]
       iptables -[NX] chain
       iptables -E old-chain-name new-chain-name
       iptables -P chain target [options]
       iptables -h (print this help information)

Commands:
Either long or short options are allowed.
  --append  -A chain            Append to chain
  --check   -C chain            Check for the existence of a rule
  --delete  -D chain            Delete matching rule from chain
```

```
  --delete  -D chain rulenum
                                Delete rule rulenum (1 = first) from
\\chain
  --insert  -I chain [rulenum]
                                Insert in chain as rulenum (default
1=first)
  --replace -R chain rulenum
                                Replace rule rulenum (1 = first) in
chain
  --list    -L [chain [rulenum]]
                                List the rules in a chain or all chains
  --list-rules -S [chain [rulenum]]
                                Print the rules in a chain or all chains
  --flush   -F [chain]          Delete all rules in  chain or all chains
  --zero    -Z [chain [rulenum]]
                                Zero counters in chain or all chains
  --new     -N chain            Create a new user-defined chain
  --delete-chain
            -X [chain]          Delete a user-defined chain
  --policy  -P chain target
                                Change policy on chain to target
  --rename-chain
            -E old-chain new-chain
                                Change chain name, (moving any references)
Options:
    --ipv4      -4              Nothing (line is ignored by ip6tables-
restore)
    --ipv6      -6              Error (line is ignored by iptables-
restore)
[!] --protocol  -p proto        protocol: by number or name, eg. `tcp'
[!] --source    -s address[/mask][...]
                                source specification
[!] --destination -d address[/mask][...]
                                destination specification
[!] --in-interface -i input name[+]
                                network interface name ([+] for
```

```
wildcard)
 --jump -j target
                                     target for rule (may load target
extension)
  --goto       -g chain
                                     jump to chain with no return
  --match      -m match
                                     extended match (may load extension)
  --numeric    -n                    numeric output of addresses and ports
[!] --out-interface -o output name[+]
                                     network interface name ([+] for
wildcard)
  --table      -t table              table to manipulate (default: `filter')
  --verbose    -v                    verbose mode
  --wait       -w [seconds]          wait for the xtables lock
  --line-numbers                     print line numbers when listing
  --exact      -x                    expand numbers (display exact values)
[!] --fragment -f                    match second or further fragments only
  --modprobe=<command>               try to insert modules using this
command
  --set-counters PKTS BYTES          set the counter during insert/append
[!] --version   -V                   print package version.
```

예제 14-4에서 보는 바와 같이 IPTables 방화벽에서 사용하는 부가 기능에는 두 가지 형태가 있다. **완전한 형태의 부가 기능 명령어와 간략한 형태의 부가 기능 명령어이다.** 일례로 예제 14-3과 같은 완전한 형태의 부가 기능 명령어가 아닌 예제 14-5와 같은 간략한 형태의 부가 기능 명령어도 사용이 가능하다.

예제 14-5

```
root@xubuntu:~# iptables -V

iptables v1.6.0
```

예제 14-5의 결과를 보면 예제 14-3과 동일하다. 이처럼 IPTables 방화벽에서는 완

전한 형태의 부가 기능 명령어와 간략한 형태의 부가 기능 명령어를 혼용해 사용할
수 있는 구조인 만큼 예제 14-4에서 제시한 형식을 숙지하기 바란다. 이 책에서는
IPTables 방화벽의 기능을 소개하는 차원에서 가급적 완전한 형태의 부가 기능 명
령어를 사용하겠다.

IPTables 방화벽의 설정 상태는 예제 14-6과 같이 확인할 수 있다.

예제 14-6

```
root@xubuntu:~# iptables --list

Chain INPUT (policy ACCEPT)
target     prot opt source              destination

Chain FORWARD (policy ACCEPT)
target     prot opt source              destination

Chain OUTPUT (policy ACCEPT)
target     prot opt source              destination
```

예제 14-6에서 보는 바와 같이 입력 정책[Input Chain] · 중계 정책[Forward Chain] · 출력 정책
[Output Chain] 모두 **공백 상태**임을 볼 수 있다. 다시 말해 필터 테이블에는 그 어떤 정책도
없다는 의미다. 또한 기본 정책이 모두 **허용 상태**[policy ACCEPT]임도 알 수 있다.

IPTables 방화벽에 설정한 정책을 모두 초기화하고 싶다면 예제 14-7과 같이 입력
한다.

예제 14-7

```
root@xubuntu:~# iptables --flush

root@xubuntu:~#
```

간혹 리눅스 배포판에서 응용 서비스를 구축한 뒤 응용 서비스에 장애가 생기는 경

우가 있는데 이런 경우에는 우선 예제 14-6과 같이 IPTables 방화벽 상태를 확인한 뒤 예제 14-7과 같이 IPTables 방화벽 정책을 초기화하면 상당 부분 응용 서비스 장애 문제를 해결할 수 있다. 응용 서비스를 구축하는 경우라면 기억하기 바란다.

이제부터 IPTables 방화벽을 본격적으로 구성하기에 앞서 IPTables 방화벽에서 자주 사용하는 부가 기능 명령어의 의미를 설명하겠다. IPTables 방화벽의 부가 기능은 보통 복합적인 형태로 사용하기 때문에 각각의 의미를 미리 숙지할 필요가 있다.

먼저 iptables --append INPUT 명령어는 **들어오는 패킷을 대상으로 정책을 적용하겠다는 의미**다. IPTables 방화벽을 설정할 때 **가장 먼저 사용하는 명령어이며 가장 빈번하게 사용하는 명령어**이기도 하다.

다음으로 --protocol icmp 명령어는 ICMP 프로토콜을 대상으로 정책을 적용하겠다는 의미다. IPTables 방화벽에서는 ICMP 프로토콜 이외에도 IP · UDP · TCP 프로토콜 등을 제어할 수 있다. 더불어 --protocol icmp --icmp-type echo-request 명령어는 ICMP 프로토콜 요청을 대상으로 정책을 적용하겠다는 의미다. 다시 말해 ICMP 타입 8에 정책을 적용하겠다는 의미다.

다음으로 --protocol tcp --destination-port 22 명령어는 대상으로 정책을 적용하겠다는 의미다. 다시 말해 SSH 서버로 접속이 들어오는 패킷에 정책을 적용하겠다는 의미다.

다음으로 --protocol tcp --tcp-flag ALL SYN 명령어는 SYN 플래그가 담긴 TCP 프로토콜을 대상으로 정책을 적용하겠다는 의미다. 3단계 연결 설정 중 1단계에서 나타나는 플래그를 대상으로 적용하겠다는 점에서 TCP 기반의 응용 서비스 접속이나 포트 스캔 차단 등에서 흔히 사용한다. 특히 **ALL SYN이란 모든 TCP 플래그에서 오직 SYN 플래그를 설정**하겠다는 의미다. 만약 **ALL URG,PSH,FIN**과 같다면 **모든 TCP 플래그에서 URG · PSH · FIN 플래그를 동시에 설정**하겠다는 의미다. 일반적으로 표 5-4에서 설명한 TCP X-mas 스캔을 차단할 때 사용한다.

다음으로 **--match connlimit** 명령어다. **--match limit** 명령어와 더불어 흔히 임계값

설정에서 많이 사용한다. --match connlimit --connlimit-above 10 명령어는 **동일한 IP 주소로부터 동시다발적으로 11개 이상인 경우 정책을 적용하겠다는 의미**다. 다시 말해 10개를 초과한 경우에 정책을 적용하겠다는 의미다. 흔히 10개 이상이라고 알고 있는 만큼 주의해야 할 필요가 있다. 또한 --match limit --limit 5/minute 명령어는 **분당 5개인 경우 정책을 적용하겠다는 의미**다. 무차별 대입 공격이나 플러딩 공격 등을 차단할 때 **--match connlimit --connlimit-above 10** 명령어와 **--match limit --limit 5/minute** 명령어를 요긴하게 사용할 수 있는 만큼 의미와 형식을 기억하기 바란다.

--match state 명령어는 이하의 부가 설정을 통해 TCP 플래그 상태를 이용해 정책을 적용할 때 자주 사용한다. --match state --state NEW 명령어는 TCP 플래그 중 SYN 플래그가 있는 경우에 정책을 적용하겠다는 의미이고 --match state --state ESTABLISHED 명령어는 TCP 3단계 연결 수립 이후에 있는 경우에 정책을 적용하겠다는 의미이고 --match state --state RELATED 명령어는 FTP 서비스 등과 같이 통신 중 포트 번호가 변하는 경우에 정책을 적용하겠다는 의미이고 --match state --state INVALID 명령어는 연결 상태 등을 알 수 없는 경우에 정책을 적용하겠다는 의미다. 또한 **--match state --state ESTABLISHED,RELATED,INVALID** 등과 같은 형태로도 사용할 수 있다.

끝으로 **--match recent** 명령어는 출발지 IP 주소 반영과 관련한 명령어다. --match recent --update 명령어는 동적으로 출발지 IP 주소 등을 확인하고 갱신하겠다는 의미이고 --match recent --set 명령어는 새로운 출발지 IP 주소 등이 생기면 동적으로 추가하겠다는 의미다.

이상 소개한 명령어를 중심으로 15장에서는 IPTables 방화벽에서 다양하게 설정하는 예를 소개하겠다.

IPTables 방화벽 사용 일례

14장에서 설명한 IPTables 방화벽 기초 문법을 토대로 15장에서는 IPTables 방화벽 사용 일례를 설명하겠다.

먼저 ICMP 요청을 차단해 보자. 예제 9-5에서는 IDS 기능을 이용한 탐지라면 예제 15-1은 IPS 기능을 이용한 차단이라고 할 수 있다. 설정 내용은 예제 15-1과 같다.

예제 15-1

```
root@xubuntu:~# iptables --flush
root@xubuntu:~# iptables --append INPUT --protocol icmp --icmp-type
echo-request -j LOG
root@xubuntu:~# iptables --append INPUT --protocol icmp --icmp-type
echo-request -j REJECT


root@xubuntu:~# iptables --list
Chain INPUT (policy ACCEPT)
target       prot opt source               destination
LOG          icmp --  anywhere             anywhere             icmp
```

```
echo-request LOG level warning
REJECT     icmp --  anywhere                anywhere                icmp
echo-request reject-with icmp-port-unreachable

Chain FORWARD (policy ACCEPT)
target     prot opt source                destination

Chain OUTPUT (policy ACCEPT)
target     prot opt source                destination
```

예제 15-1과 같이 설정하면 외부에서 들어오는 모든 ICMP 요청을 차단한다. 설정 내용과 관련해 가장 첫 번째 줄에서 iptables --flush 명령어는 혹시 이전의 방화벽 정책이 있다면 삭제하겠다는 의미이고 두 번째 줄에서 -j LOG 명령어는 방화벽의 차단 동작 설정과 관련이 있다. 차단 정책을 적용한 뒤 해당 내용을 로그에 남기라는 의미다. 차단 정책을 언제나 로그로 남기기 위해서는 두 번째 줄에서와 같이 설정해야 한다. 세번째 줄에서 -j REJECT 명령어가 실제 방화벽 동작이다. 해당 조건을 만족하는 패킷이 들어오면 거부하라는 의미다. 이때 출발지 IP 측에 예제 15-2와 같이 **거부 사실을 통보**한다.

예제 15-2

```
root@backbox:~# hping3 192.168.10.215 --icmp

HPING 192.168.10.215 (eth0 192.168.10.215): icmp mode set, 28 headers
+ 0 data bytes
ICMP Port Unreachable from ip=192.168.10.215 name=UNKNOWN
ICMP Port Unreachable from ip=192.168.10.215 name=UNKNOWN
ICMP Port Unreachable from ip=192.168.10.215 name=UNKNOWN

이하 생략
```

공격자가 공격 대상자에게 ICMP 요청을 보내면 예제 15-2와 같이 오류가 나타난다.

공격 대상자가 거부 사실을 통보했기 때문이다.

이번에는 특정 출발지 IP 주소에서만 들어오는 ICMP 요청을 차단하기 위해서는 예제 15-3과 같이 설정한다.

예제 15-3

```
root@xubuntu:~# iptables --flush
root@xubuntu:~# iptables --append INPUT --source 192.168.10.219
--protocol icmp --icmp-type echo-request -j LOG
root@xubuntu:~# iptables --append INPUT --source 192.168.10.219
--protocol icmp --icmp-type echo-request -j DROP

root@xubuntu:~# iptables --list
Chain INPUT (policy ACCEPT)
target     prot opt source               destination
LOG        icmp --  192.168.10.219       anywhere            icmp
echo-request LOG level warning
DROP       icmp --  192.168.10.219       anywhere            icmp
echo-request

Chain FORWARD (policy ACCEPT)
target     prot opt source               destination

Chain OUTPUT (policy ACCEPT)
target     prot opt source               destination
```

예제 15-1과 달리 예제 15-3에서는 --source 192.168.10.219 명령어를 추가했다. 출발지 IP 주소가 192.168.10.219번에 해딩하는 경우에만 차단하라는 의미다. 또한 예제 15-3에서는 차단 정책으로 -j REJECT 명령어가 아닌 -j DROP 명령어를 사용했다. 폐기하라는 의미다. 거부와 폐기는 결국 차단을 의미하지만 전자에는 거부 사실을 통보하는 기능이 있지만 후자에는 폐기 사실을 통보하는 기능이 없다.

예제 15-4

```
root@backbox:~# hping3 192.168.10.215 --icmp
```

예제 15-4에서 보는 바와 같이 공격자의 운영 체제에서는 차단과 관련한 아무런 반응이 없음을 알 수 있다.

또한 IPTables 방화벽에서 차단한 내용을 실시간으로 확인하기 위해서는 예제 15-5와 같이 확인할 수 있다.

예제 15-5

```
root@xubuntu:~# cat /dev/null > /var/log/kern.log
root@xubuntu:~# tail -f /var/log/kern.log
Aug 19 11:03:14 xubuntu kernel: [ 3705.014450] IN=eth0 OUT= MA
C=00:0c:29:95:24:96:00:0c:29:fc:fe:b8:08:00 SRC=192.168.10.219
DST=192.168.10.215 LEN=28 TOS=0x00 PREC=0x00 TTL=64 ID=5750 PROTO=ICMP
TYPE=8 CODE=0 ID=51213 SEQ=51201
Aug 19 11:03:15 xubuntu kernel: [ 3706.015394] IN=eth0 OUT= MA
C=00:0c:29:95:24:96:00:0c:29:fc:fe:b8:08:00 SRC=192.168.10.219
DST=192.168.10.215 LEN=28 TOS=0x00 PREC=0x00 TTL=64 ID=32068 PROTO=ICMP
TYPE=8 CODE=0 ID=51213 SEQ=51457
Aug 19 11:03:16 xubuntu kernel: [ 3707.016269] IN=eth0 OUT= MA
C=00:0c:29:95:24:96:00:0c:29:fc:fe:b8:08:00 SRC=192.168.10.219
DST=192.168.10.215 LEN=28 TOS=0x00 PREC=0x00 TTL=64 ID=42069 PROTO=ICMP
TYPE=8 CODE=0 ID=51213 SEQ=51713

이하 생략
```

물론 예제 15-5와 같은 내용을 확인하기 위해서는 예제 15-1과 예제 15-3과 같이 -j LOG 명령어를 사전에 설정해야 한다.

만약 예제 15-3 설정을 예제 15-6처럼 설정하면 어떤 차단 정책일까?

예제 15-6

```
root@xubuntu:~# iptables --flush
root@xubuntu:~# iptables --append INPUT --source 192.168.10.215
--protocol icmp --icmp-type echo-request -j LOG
root@xubuntu:~# iptables --append INPUT --source 192.168.10.215
--protocol icmp --icmp-type echo-request -j REJECT

root@xubuntu:~# iptables --list
Chain INPUT (policy ACCEPT)
target     prot opt source              destination
LOG        icmp --  192.168.10.215      anywhere            icmp
echo-request LOG level warning
REJECT     icmp --  192.168.10.215      anywhere            icmp
echo-request reject-with icmp-port-unreachable

Chain FORWARD (policy ACCEPT)
target     prot opt source              destination

Chain OUTPUT (policy ACCEPT)
target     prot opt source              destination
```

예제 15-6의 설정 내용을 공격자의 입장에서 해석한다면 출발지 IP 주소와 목적지 IP 주소를 일치시킨 뒤 ICMP 요청을 보낸다는 의미로 해석할 수 있다. 그림 3-1에서 설명한 **랜드 공격**에 해당한다. 다시 말해 예제 15-6은 **랜드 공격 차단 정책**이라고 할 수 있다.

그러면 랜드 공격 차단 정책을 적용한 결과를 확인해 보자. 백박스 운영 체제에서 예제 15-7과 같이 ICMP 요청을 보낸다.

예제 15-7

```
root@backbox:~# hping3 192.168.10.215 --icmp
HPING 192.168.10.215 (eth0 192.168.10.215): icmp mode set, 28 headers
+ 0 data bytes
```

```
len=46 ip=192.168.10.215 ttl=64 id=30671 icmp_seq=0 rtt=6.2 ms
len=46 ip=192.168.10.215 ttl=64 id=30786 icmp_seq=1 rtt=4.8 ms
len=46 ip=192.168.10.215 ttl=64 id=30876 icmp_seq=2 rtt=2.4 ms
```

예제 15-7과 같이 정상적인 ICMP 요청과 응답이 일어난다. 곧이어 예제 15-8과 같이 ICMP 요청을 보내보자.

예제 15-8

```
root@backbox:~# hping3 192.168.10.215 -a 192.168.10.215 --icmp
HPING 192.168.10.215 (eth0 192.168.10.215): icmp mode set, 28 headers
+ 0 data bytes
```

예제 15-8과 같이 아무런 반응이 없다. 내부 동작을 좀 더 자세히 보기 위해 새로운 터미널 창을 실행한 뒤 예제 15-9에서와 같이 설정한다.

예제 15-9

```
root@backbox:~# tcpdump -e icmp[icmptype] == 8 -v
tcpdump: listening on eth0, link-type EN10MB (Ethernet), capture size
262144 bytes

10:44:39.046810 00:0c:29:fc:fe:b8 (oui Unknown) > 00:0c:29:95:24:96
(oui Unknown), ethertype IPv4 (0x0800), length 42: (tos 0x0, ttl 64,
id 48653, offset 0, flags [none], proto ICMP (1), length 28)
    192.168.10.215 > 192.168.10.215: ICMP echo request, id 28171, seq
38656, length 8
10:44:40.048634 00:0c:29:fc:fe:b8 (oui Unknown) > 00:0c:29:95:24:96
(oui Unknown), ethertype IPv4 (0x0800), length 42: (tos 0x0, ttl 64,
id 4027, offset 0, flags [none], proto ICMP (1), length 28)
    192.168.10.215 > 192.168.10.215: ICMP echo request, id 28171, seq
38912, length 8
10:44:41.051635 00:0c:29:fc:fe:b8 (oui Unknown) > 00:0c:29:95:24:96
(oui Unknown), ethertype IPv4 (0x0800), length 42: (tos 0x0, ttl 64,
```

```
id 17305, offset 0, flags [none], proto ICMP (1), length 28)
    192.168.10.215 > 192.168.10.215: ICMP echo request, id 28171, seq
 39168, length 8
^C
3 packets captured
3 packets received by filter
0 packets dropped by kernel

root@backbox:~# tcpdump -e icmp[icmptype] == 0 -v
tcpdump: listening on eth0, link-type EN10MB (Ethernet), capture size
262144 bytes
```

예제 15-9에서 보는 바와 같이 공격자는 공격 대상자에게 ICMP 요청을 보내는 것을 볼 수 있지만(tcpdump -e icmp[icmptype] == 8 -v) 공격 대상자는 공격자에게 IMCP 응답을 보내지 않는 것을 볼 수 있다(tcpdump -e icmp[icmptype] == 0 -v). 이런 결과는 당연히 예제 15-6과 같은 설정 결과다. 참고로 랜드 공격을 탐지하기 위한 IDS 설정은 예제 10-8 또는 예제 10-11과 같다.

더불어 표 3-2에서 ICMP 제어 정책은 운영 체제 자체의 기능을 이용한 경우이고 지금까지 다룬 ICMP 제어 정책은 운영 체제에서 제공하는 IPTables 방화벽 기능을 이용한 경우라는 점에서 차이가 있다. 둘 사이에 혼동이 없기 바란다.

IPTables 방화벽에서는 패킷의 길이에 따라 패킷 제어도 가능하다.

예제 15-3 내용에 -m length 명령어를 추가해 설정하면 예제 15-10과 같이 설정할 수 있다.

예제 15-10

```
root@xubuntu:~# iptables --flush
root@xubuntu:~# iptables --append INPUT --protocol icmp --icmp-type
echo-request -m length --length 1024: -j LOG
root@xubuntu:~# iptables --append INPUT --protocol icmp --icmp-type
echo-request -j LOG
```

```
root@xubuntu:~# iptables --append INPUT --protocol icmp --icmp-type
echo-request -m length --length 1024: -j REJECT
root@xubuntu:~# iptables --append INPUT --protocol icmp --icmp-type
echo-request -j ACCEPT

root@xubuntu:~# iptables --list
Chain INPUT (policy ACCEPT)
target     prot opt source               destination
LOG        icmp --  anywhere             anywhere              icmp
echo-request length 1024:65535 LOG level warning
LOG        icmp --  anywhere             anywhere              icmp
echo-request LOG level warning
REJECT     icmp --  anywhere             anywhere              icmp
echo-request length 1024:65535 reject-with icmp-port-unreachable
ACCEPT     icmp --  anywhere             anywhere              icmp
echo-request

Chain FORWARD (policy ACCEPT)
target     prot opt source               destination

Chain OUTPUT (policy ACCEPT)
target     prot opt source               destination
```

예제 15-10에서 -m length --length 1024: 명령어는 패킷의 길이가 1,024 바이트 이상을 대상으로 정책을 적용하겠다는 의미다. 예제 15-10의 경우라면 1,024 바이트 이상의 패킷이 들어오면 거부하라는 의미다. 또한 -j ACCEPT 명령어는 해당 조건을 만족하는 패킷이 들어오면 허용하라는 의미다. 설정 시 거부 정책과 허용 정책의 순서에 주의하도록 한다.

예제 15-10 설정이 끝난 뒤 예제 15-11과 같이 실시간 감시 기능을 설정한다.

예제 15-11

```
root@xubuntu:~# cat /dev/null > /var/log/kern.log
root@xubuntu:~# tail -f /var/log/kern.log
```

예제 15-10 설정이 올바르게 동작하는지 확인하기 위해 백박스 운영 체제에서는 예제 15-12와 같이 ICMP 요청을 보낸다.

예제 15-12

```
root@backbox:~# hping3 192.168.10.215 --icmp -d 995 -c 1
HPING 192.168.10.215 (eth0 192.168.10.215): icmp mode set, 28 headers
+ 995 data bytes

len=1023 ip=192.168.10.215 ttl=64 id=60875 icmp_seq=0 rtt=3.1 ms

--- 192.168.10.215 hping statistic ---
1 packets transmitted, 1 packets received, 0% packet loss
round-trip min/avg/max = 3.1/3.1/3.1 ms
```

예제 15-12에서 사용한 설정식은 ICMP 요청 패킷을 995 바이트로 설정해 한 번 보낸다는 의미다. 그런데 이때 995 바이트는 ICMP 페이로드의 길이만을 의미한다. 다시 말해 ICMP 헤더 8 바이트와 IP 헤더 20 바이트를 고려해야 한다는 의미다. 따라서 실제 전송한 ICMP 패킷 길이는 1,023 바이트에 해당한다. 예제 15-12 상단에 icmp mode set, 28 headers + 995 data bytes라는 표시가 바로 이런 의미다.

예제 15-12에 대한 주분투 운영 체제의 출력은 예제 15-13과 같다.

예제 15-13

```
root@xubuntu:~# cat /dev/null > /var/log/kern.log
root@xubuntu:~# tail -f /var/log/kern.log

Aug 20 11:48:05 xubuntu kernel: [ 4518.194477] IN=eth0 OUT= MA C=00:0c
:29:95:24:96:00:0c:29:fc:fe:b8:08:00 SRC=192.168.10.219 DST=192.168.10.
215 LEN=1023 TOS=0x00 PREC=0x00 TTL=64 ID=35373 PROTO=ICMP TYPE=8 CODE
=0 ID=52239 SEQ=0

이하 생략
```

예제 15-13을 잘 보면 **LEN=1023**이라는 내용이 보인다. 995 바이트의 ICMP 페이로드와 8 바이트의 ICMP 헤더와 20 바이트의 IP 헤더를 포함한 길이임을 알 수 있다. 또한 거부 정책의 조건과 불일치하기 때문에 허용 정책에 따라 예제 15-12와 같은 결과가 나왔음도 알 수 있다.

이번에는 예제 15-14와 같이 ICMP 요청을 보낸다.

예제 15-14

```
root@backbox:~# hping3 192.168.10.215 --icmp -d 996 -c 1
HPING 192.168.10.215 (eth0 192.168.10.215): icmp mode set, 28 headers
+ 996 data bytes

ICMP Port Unreachable from ip=192.168.10.215 name=UNKNOWN

--- 192.168.10.215 hping statistic ---
1 packets transmitted, 1 packets received, 0% packet loss
round-trip min/avg/max = 0.0/0.0/0.0 ms
```

예제 15-12와 달리 예제 15-14에서는 ICMP 요청을 차단당했다(ICMP Port Unreachable from ip=192.168.10.215 name=UNKNOWN). 996 바이트의 ICMP 페이로드와 8 바이트의 ICMP 헤더와 20 바이트의 IP 헤더를 포함한 길이가 1,024 바이트에 해당하는데 해당 길이는 예제 15-10 **-m length --length 1024:** 명령어를 통해 설정한 거부 조건에 부합하기 때문이다. 예제 15-14에 대한 주분투 운영 체제의 출력은 예제 15-15와 같다.

예제 15-15

```
root@xubuntu:~# cat /dev/null > /var/log/kern.log
root@xubuntu:~# tail -f /var/log/kern.log

Aug 20 12:22:26 xubuntu kernel: [ 6484.836927] IN=eth0 OUT= MA
C=00:0c:29:95:24:96:00:0c:29:fc:fe:b8:08:00 SRC=192.168.10.219
```

```
DST=192.168.10.215 LEN=1024 TOS=0x00 PREC=0x00 TTL=64 ID=24868
PROTO=ICMP TYPE=8 CODE=0 ID=61455 SEQ=0

이하 생략
```

예제 15-15를 잘 보면 LEN=1024라는 내용이 보인다. 예제 15-10 -m length --length 1024: 명령어를 통해 설정한 거부 조건에 부합함을 확인할 수 있다. 이처럼 패킷을 생성할 때에는 해당 헤더의 길이까지 고려해야 함도 기억하기 바란다.

이번에는 IPTables 방화벽의 기능을 전송 계층으로 확장해 다양한 기능을 확인해 보자. 먼저 예제 15-16과 같이 포트 스캔을 수행한다.

예제 15-16

```
root@backbox:~# nmap 192.168.10.215 -sT

Starting Nmap 7.50 ( https://nmap.org ) at 2017-08-20 13:38 KST
Nmap scan report for 192.168.10.215
Host is up (0.060s latency).
Not shown: 993 closed ports
PORT     STATE SERVICE
21/tcp   open  ftp
22/tcp   open  ssh
23/tcp   open  telnet
53/tcp   open  domain
80/tcp   open  http
139/tcp open  netbios-ssn
445/tcp open  microsoft-ds
MAC Address: 00:0C:29:95:24:96 (VMware)

Nmap done: 1 IP address (1 host up) scanned in 2.36 seconds


이상은 TCP 오픈 스캔 결과


root@backbox:~# nmap 192.168.10.215 -sS
```

```
Starting Nmap 7.50 ( https://nmap.org ) at 2017-08-20 13:38 KST
Nmap scan report for 192.168.10.215
Host is up (0.00043s latency).
Not shown: 993 closed ports
PORT     STATE SERVICE
21/tcp   open  ftp
22/tcp   open  ssh
23/tcp   open  telnet
53/tcp   open  domain
80/tcp   open  http
139/tcp open  netbios-ssn
445/tcp open  microsoft-ds
MAC Address: 00:0C:29:95:24:96 (VMware)

Nmap done: 1 IP address (1 host up) scanned in 16.81 seconds

이상은 TCP 할프 오픈 스캔 결과
```

예제 15-16 출력 결과에서 보는 바와 같이 SYN 플래그에 대한 아무런 제어가 없다. 그럼 이제 예제 15-1 설정식에 기반해 SYN 플래그 거부를 설정해 보겠다. 해당 설정식은 예제 15-17과 같다.

예제 15-17

```
root@xubuntu:~# iptables --flush
root@xubuntu:~# iptables --append INPUT --protocol icmp --icmp-type
echo-request -j LOG
root@xubuntu:~# iptables --append INPUT --protocol tcp --tcp-flag ALL
SYN -j LOG
root@xubuntu:~# iptables --append INPUT --protocol tcp --tcp-flag ALL
SYN -j REJECT
root@xubuntu:~# iptables --append INPUT --protocol icmp --icmp-type
echo-request -j REJECT
```

```
root@xubuntu:~# iptables --list
Chain INPUT (policy ACCEPT)
target       prot opt source                destination
LOG          icmp --  anywhere              anywhere              icmp
echo-request LOG level warning
LOG          tcp  --  anywhere              anywhere              tcp
flags:FIN,SYN,RST,PSH,ACK,URG/SYN LOG level warning
REJECT       tcp  --  anywhere              anywhere              tcp
flags:FIN,SYN,RST,PSH,ACK,URG/SYN reject-with icmp-port-unreachable
REJECT       icmp --  anywhere              anywhere              icmp
echo-request reject-with icmp-port-unreachable

Chain FORWARD (policy ACCEPT)
target       prot opt source                destination

Chain OUTPUT (policy ACCEPT)
target       prot opt source                destination
```

예제 15-17 설정식을 보면 ICMP 요청 거부 설정식과 SYN 플래그 거부 설정식의 차이점을 분명하게 구분할 수 있다. icmp --icmp-type 명령어 대신 --protocol tcp 명령어를 설정하고 --icmp-type echo-request 명령어 대신 --tcp-flag ALL SYN 명령어를 설정하면 SYN 플래그 거부 정책을 설정할 수 있다. 설정 후 다시금 예제 15-16과 같이 포트 스캔을 수행해 보면 SYN 플래그 거부 정책에 따라 포트 스캔 결과를 얻을 수 없다. 예제 15-18은 TCP 할프 오픈 스캔 결과다.

예제 15-18

```
root@backbox:~# nmap 192.168.10.215 -sS

Starting Nmap 7.50 ( https://nmap.org ) at 2017-08-20 13:50 KST
Nmap scan report for 192.168.10.215
Host is up (-0.089s latency).
All 1000 scanned ports on 192.168.10.215 are filtered
MAC Address: 00:0C:29:95:24:96 (VMware)
```

```
Nmap done: 1 IP address (1 host up) scanned in 5.62 seconds
```

예제 15-18에서 보는 바와 같이 포트 번호 현황 대신에 **All 1000 scanned ports on 192.168.10.215 are filtered**와 같은 내용을 볼 수 있다. SYN 플래그 거부는 TCP 오픈 스캔과 TCP 할프 오픈 스캔은 물론 일체의 TCP 방식 기반의 서비스에 접근할 수 없다는 의미이기도 하다. 예제 15-19와 같이 확인해 보자.

예제 15-19

```
root@backbox:~# ftp 192.168.10.215
ftp: connect: Connection refused
ftp> bye

이상은 FTP 서비스 접근 차단 화면

root@backbox:~# ssh root@192.168.10.215
ssh: connect to host 192.168.10.215 port 22: Connection refused

이상은 SSH 서비스 접근 차단 화면

root@backbox:~# telnet 192.168.10.215
Trying 192.168.10.215...
telnet: Unable to connect to remote host: Connection refused

이상은 TELNET 서비스 접근 차단 화면
```

이처럼 예제 15-17 설정을 통해 TCP 오픈 스캔과 TCP 할프 오픈 스캔을 차단할 수 있었다. 그러면 여타의 포트 스캔도 차단할 수 있을까? **--tcp-flag ALL SYN** 명령어의 속성을 이용하면 얼마든지 가능하다. --tcp-flag ALL FIN 명령어를 설정하면 FIN 스캔을 제어할 수 있고 --tcp-flag ALL URG,PSH,FIN 명령어를 설정하면 X-mas 스캔을 제어할 수 있고 --tcp-flags ALL NONE 명령어를 이용하면 Null 스캔을 제어할 수 있다. 해당 설정은 예제 15-20과 같다.

예제 15-20

```
root@xubuntu:~# iptables --flush
iptables --append INPUT --protocol tcp --tcp-flag ALL FIN -j REJECT
root@xubuntu:~# iptables --append INPUT --protocol tcp --tcp-flag ALL
FIN -j REJECT
root@xubuntu:~# iptables --append INPUT --protocol tcp --tcp-flag ALL
URG,PSH,FIN -j REJECT
iptables --append INPUT --protocol tcp --tcp-flag ALL NONE -j REJECT
root@xubuntu:~# iptables --append INPUT --protocol tcp --tcp-flag ALL
NONE -j REJECT
root@xubuntu:~# iptables --list
Chain INPUT (policy ACCEPT)
target     prot opt source               destination
REJECT     tcp  -- anywhere             anywhere                tcp
flags:FIN,SYN,RST,PSH,ACK,URG/FIN reject-with icmp-port-unreachable
REJECT     tcp  -- anywhere             anywhere                tcp
flags:FIN,SYN,RST,PSH,ACK,URG/FIN,PSH,URG reject-with icmp-port-
unreachable
REJECT     tcp  -- anywhere             anywhere                tcp
flags:FIN,SYN,RST,PSH,ACK,URG/NONE reject-with icmp-port-unreachable

Chain FORWARD (policy ACCEPT)
target     prot opt source               destination

Chain OUTPUT (policy ACCEPT)
target     prot opt source               destination
```

예제 15-20과 같이 FIN 스캔과 X-mas 스캔과 Null 스캔에 대해 거부 정책을 적용한 뒤 예제 15-21과 같이 각각의 스캔 기법을 적용해 보자.

예제 15-21

```
root@backbox:~# nmap 192.168.10.215 -p 22 -sF

Starting Nmap 7.50 ( https://nmap.org ) at 2017-08-20 14:24 KST
```

```
Nmap scan report for 192.168.10.215
Host is up (-0.18s latency).

PORT    STATE    SERVICE
22/tcp filtered ssh
MAC Address: 00:0C:29:95:24:96 (VMware)

Nmap done: 1 IP address (1 host up) scanned in 0.49 seconds
```

이상은 FIN 스캔 결과

```
root@backbox:~# nmap 192.168.10.215 -p 22 -sX

Starting Nmap 7.50 ( https://nmap.org ) at 2017-08-20 14:24 KST
Nmap scan report for 192.168.10.215
Host is up (-0.18s latency).

PORT    STATE    SERVICE
22/tcp filtered ssh
MAC Address: 00:0C:29:95:24:96 (VMware)

Nmap done: 1 IP address (1 host up) scanned in 0.50 seconds
```

이상은 X-mas 스캔 결과

```
root@backbox:~# nmap 192.168.10.215 -p 22 -sN

Starting Nmap 7.50 ( https://nmap.org ) at 2017-08-20 14:24 KST
Nmap scan report for 192.168.10.215
Host is up (-0.18s latency).

PORT    STATE    SERVICE
22/tcp filtered ssh
MAC Address: 00:0C:29:95:24:96 (VMware)

Nmap done: 1 IP address (1 host up) scanned in 0.50 seconds
```

예제 15-21 결과에서 보는 바와 같이 모두 차단당한 상태(22/tcp filtered ssh)로 나온
다. 반면에 TCP 오픈 스캔과 TCP 할프 오픈 스캔은 정상적으로 처리한다.

예제 15-22

```
root@backbox:~# nmap 192.168.10.215 -p 22 -sT

Starting Nmap 7.50 ( https://nmap.org ) at 2017-08-20 14:31 KST
Nmap scan report for 192.168.10.215
Host is up (-0.18s latency).

PORT    STATE SERVICE
22/tcp open  ssh
MAC Address: 00:0C:29:95:24:96 (VMware)

Nmap done: 1 IP address (1 host up) scanned in 0.31 seconds

이상은 TCP 오픈 스캔 결과

root@backbox:~# nmap 192.168.10.215 -p 22 -sS

Starting Nmap 7.50 ( https://nmap.org ) at 2017-08-20 14:31 KST
Nmap scan report for 192.168.10.215
Host is up (-0.18s latency).

PORT    STATE SERVICE
22/tcp open  ssh
MAC Address: 00:0C:29:95:24:96 (VMware)

Nmap done: 1 IP address (1 host up) scanned in 0.51 seconds

이상은 TCP 할프 오픈 스캔 결과
```

예제 15-22 결과는 예제 15-16 결과와 동일함을 알 수 있다.

한편 IDS에서 TCP 오픈 스캔·TCP 할프 오픈 스캔을 탐지하기 위한 설정은 예제 11-1과 같고 FIN 스캔·X-mas 스캔·Null 스캔을 탐지하기 위한 설정은 예제 11-8과 같다. 참고하기 바란다.

다음으로 SSH 서비스 제어에 대해 알아보자. SSH 서비스 거부와 관련한 IPS 설정은 예제 15-23과 같다.

예제 15-23

```
root@xubuntu:~# iptables --flush
root@xubuntu:~# iptables --append INPUT --source 192.168.10.219
--protocol tcp --destination-port 22 -j LOG
root@xubuntu:~# iptables --append INPUT --source 192.168.10.219
--protocol tcp --destination-port 22 -j REJECT

root@xubuntu:~# iptables --list
Chain INPUT (policy ACCEPT)
target     prot opt source                destination
LOG        tcp  --   192.168.10.219       anywhere            tcp
dpt:ssh LOG level warning
REJECT     tcp  --   192.168.10.219       anywhere            tcp
dpt:ssh reject-with icmp-port-unreachable

Chain FORWARD (policy ACCEPT)
target     prot opt source                destination

Chain OUTPUT (policy ACCEPT)
target     prot opt source                destination
```

예제 15-23은 **출발지 IP 주소가 192.168.10.219번(--source 192.168.10.219)**이고 **목적지 포트 번호가 22번(--destination-port 22)**인 패킷을 거부한다는 의미다. 따라서 공격자가 예제 15-24와 같이 SSH 서비스로 접속하면 거부당한다.

예제 15-24

```
root@backbox:~# ssh root@192.168.10.215
ssh: connect to host 192.168.10.215 port 22: Connection refused
```

사실 예제 15-23과 같은 설정은 예제 15-24처럼 SSH 서비스 접속 자체를 거부한다. 그렇다면 정상적인 SSH 서비스 접속은 가능하지만 SSH 서비스에 대한 무차별 대입 공격만 차단할 수는 없을까? 적당한 임계값을 설정하면 가능할 듯 싶다. 확인을 위해 예제 15-25와 같이 IPTables 방화벽의 정책 설정을 삭제한다.

예제 15-25

```
root@xubuntu:~# iptables --flush
root@xubuntu:~# iptables --list
Chain INPUT (policy ACCEPT)
target     prot opt source              destination

Chain FORWARD (policy ACCEPT)
target     prot opt source              destination

Chain OUTPUT (policy ACCEPT)
target     prot opt source              destination
```

예제 15-25와 같이 IPTables 방화벽 정책을 모두 삭제한 뒤 백박스 운영 체제에서 예제 15-26과 같이 SSH 서비스에 대한 무차별 대입 공격을 수행해 본다.

예제 15-26

```
root@backbox:~# hydra -L /root/users.txt -P /root/passwords.txt -f
192.168.10.215 ssh

Hydra v8.1 (c) 2014 by van Hauser/THC - Please do not use in military
or secret service organizations, or for illegal purposes.

Hydra (http://www.thc.org/thc-hydra) starting at 2017-08-21 09:16:08
```

```
[WARNING] Many SSH configurations limit the number of parallel tasks,
it is recommended to reduce the tasks: use -t 4
[DATA] max 16 tasks per 1 server, overall 64 tasks, 40 login tries (l:4/
p:10), ~0 tries per task
[DATA] attacking service ssh on port 22
[22][ssh] host: 192.168.10.215   login: root   password: 1234
[STATUS] attack finished for 192.168.10.215 (valid pair found)
1 of 1 target successfully completed, 1 valid password found
Hydra (http://www.thc.org/thc-hydra) finished at 2017-08-21 09:16:12
```

예제 15-26과 같이 무차별 대입 공격을 시작하면 얼마 뒤 login: root password: 1234와 같은 결과를 볼 수 있다. 이제 예제 15-23 설정식을 변형해 예제 15-26과 같은 무차별 대입 공격을 차단해 보자.

주분투 운영 체제에서 예제 15-27과 같이 설정한다.

예제 15-27

```
root@xubuntu:~# iptables --flush
root@xubuntu:~# iptables --append INPUT --source 192.168.10.219
--protocol tcp --destination-port 22 --match state --state NEW --match
recent --set
root@xubuntu:~# iptables --append INPUT --source 192.168.10.219
--protocol tcp --destination-port 22 --match state --state NEW --match
recent --update --seconds 1 --hitcount 2 -j REJECT

root@xubuntu:~# iptables --list
Chain INPUT (policy ACCEPT)
target     prot opt source                destination
           tcp  --   192.168.10.219       anywhere              tcp
dpt:ssh state NEW recent: SET name: DEFAULT side: source mask:
255.255.255.255
REJECT     tcp  --   192.168.10.219       anywhere              tcp
dpt:ssh state NEW recent: UPDATE seconds: 1 hit_count: 2 name: DEFAULT
side: source mask: 255.255.255.255 reject-with icmp-port-unreachable
```

```
Chain FORWARD (policy ACCEPT)
target     prot opt source              destination

Chain OUTPUT (policy ACCEPT)
target     prot opt source              destination
```

예제 15-27에서 설정한 --match state --state NEW 명령어와 --match recent --set 명령어와 --match recent --update 명령어의 의미는 14장에서 설명했다. 다시 한 번 설명하자면 --match state --state NEW 명령어는 TCP 플래그 중 SYN 플래그가 있는 경우에 정책을 적용하겠다는 의미이고 --match recent --set 명령어는 새로운 출발지 IP 주소 등이 생기면 동적으로 추가하겠다는 의미이고 --match recent --update 명령어는 동적으로 출발지 IP 주소 등을 확인하고 갱신하겠다는 의미이다. 이런 점에서 볼 때 예제 15-27에서 사실상 임계값 설정 --seconds 1 --hitcount 2 명령어에 해당한다. 이 경우 1초 동안 2번 이상이라는 의미다.

설정을 마친 뒤 다시 예제 15-24와 같이 SSH 서비스에 접속해 보자.

예제 15-28

```
root@backbox:~# ssh root@192.168.10.215
root@192.168.10.215's password:
Welcome to Ubuntu 16.04.3 LTS (GNU/Linux 4.4.0-92-generic i686)

이하 생략
```

예제 15-24와 달리 예제 15-28에서는 SSH 접속이 가능하다. 왜냐하면 예제 15-27에서 설정한 임계값 조건과 일치하지 않기 때문이다. 다시 말해 예제 15-27 설정에서는 예제 15-28과 같은 정상적인 SSH 서비스 접속을 허용한다. 이어서 이번에는 정상적인 SSH 서비스 접속이 아닌 다시 예제 15-26과 같이 SSH 서비스 무차별 대입 공격을 수행해 보자. 수행 결과는 예제 15-29와 같다.

예제 15-29

```
root@backbox:~# hydra -L /root/users.txt -P /root/passwords.txt -f
192.168.10.215 ssh

Hydra v8.1 (c) 2014 by van Hauser/THC - Please do not use in military
 or secret service organizations, or for illegal purposes.

Hydra (http://www.thc.org/thc-hydra) starting at 2017-08-21 09:39:27
[WARNING] Many SSH configurations limit the number of parallel tasks,
it is recommended to reduce the tasks: use -t 4
[DATA] max 16 tasks per 1 server, overall 64 tasks, 40 login tries (l:4
/p:10), ~0 tries per task
[DATA] attacking service ssh on port 22
[STATUS] 134.00 tries/min, 134 tries in 00:01h, 4294967202 todo in
1193046:28h, 16 active
The session file ./hydra.restore was written. Type "hydra -R" to resume
session.
The session file ./hydra.restore was written. Type "hydra -R" to resume
session.
The session file ./hydra.restore was written. Type "hydra -R" to resume
session.
[STATUS] 54.33 tries/min, 163 tries in 00:03h, 4294967173 todo in
1193046:27h, 16 active
The session file ./hydra.restore was written. Type "hydra -R" to resume
 session.The session file ./hydra.restore was written. Type "hydra -R"
to resume session.
```

예제 15-29의 결과를 예제 15-26의 결과와 비교해 보면 인증 정보가 없다. 예제 15-27의 차단 정책에 따라 차단당했기 때문이다.

이제 예제 15-27 설정식을 운영 체제를 재시작해도 사용할 수 있게 설정해 보겠다. 예제 15-30과 같이 현재 설정 상태를 저장한다.

예제 15-30

```
root@xubuntu:~# sh -c "iptables-save > /etc/iptables.rules"
```

곧이어 예제 15-31과 같이 추가한다.

예제 15-31

```
root@xubuntu:~# cat >> /etc/network/interfaces

pre-up iptables-restore < /etc/iptables.rules
post-down iptables-save -c > /etc/iptables.rules
^C
```

이제 주분투 운영 체제를 재시작한 뒤 곧바로 예제 15-32와 같이 설정 상태를 확인한다.

예제 15-32

```
root@xubuntu:~# iptables --list
Chain INPUT (policy ACCEPT)
target      prot opt source            destination
            tcp  --  192.168.10.219    anywhere    tcp   dpt:ssh state
NEW recent: SET name: DEFAULT side: source mask:
255.255.255.255
REJECT     tcp  --  192.168.10.219    anywhere    tcp   dpt:ssh state
NEW recent: UPDATE seconds: 1 hit_count: 2 name: DEFAULT
side: source mask: 255.255.255.255 reject-with icmp-port-unreachable

Chain FORWARD (policy ACCEPT)
target      prot opt source            destination

Chain OUTPUT (policy ACCEPT)
target      prot opt source            destination

root@xubuntu:~# cat /etc/iptables.rules
# Generated by iptables-save v1.6.0 on Mon Aug 21 10:09:52 2017
*filter
:INPUT ACCEPT [354:36271]
:FORWARD ACCEPT [0:0]
```

```
:OUTPUT ACCEPT [442:50920]
[568:29536] -A INPUT -s 192.168.10.219/32 -p tcp -m tcp --dport 22 -m
state --state NEW -m recent --set --name DEFAULT --mask 255.255.255.255
--rsource
[558:29016] -A INPUT -s 192.168.10.219/32 -p tcp -m tcp --dport 22 -m
state --state NEW -m recent --update --seconds 1 --hitcount 2 --name
DEFAULT --mask 255.255.255.255 --rsource -j REJECT --reject-with icmp-
port-unreachable
COMMIT
# Completed on Mon Aug 21 10:09:52 2017
```

예제 15-32에서 보는 바와 같이 운영 체제를 재시작한 뒤 정책 설정 상태를 보면 예제 15-27에서 설정한 상태 그대로 올라옴을 알 수 있다.

끝으로 IPTables 방화벽의 로깅 기능에 대해 설명하겠다.

예제 15-1에서 설정한 내용 중 로그 기록과 관련해 예제 15-33과 같은 설정이 있었다.

예제 15-33

```
iptables --append INPUT --protocol icmp --icmp-type echo-request -j LOG
```

해당 정책을 적용하면서 로그 기록을 남기라는 의미다. 여기에 추가적으로 예제 15-34와 같이 설정할 수 있다.

예제 15-34

```
iptables --append INPUT --protocol icmp --icmp-type echo-request -j
LOG --log-prefix "ICMP Request Reject"
```

예제 15-34에서 사용한 --log-prefix 명령어는 로그 출력 시 해당 문자열을 표시하라는 의미다. 마치 예제 9-12 등에서 사용한 msg 명령어와 같은 기능이라고 할 수 있다. 예제 15-34와 같이 설정한 뒤 출력 로그를 확인하면 예제 15-35와 같다.

예제 15-35

```
root@xubuntu:~# cat /dev/null > /var/log/kern.log
root@xubuntu:~# tail -f /var/log/kern.log

Aug 21 10:51:11 xubuntu kernel: [ 1621.500952] ICMP Request
RejectIN=eth0 OUT= MAC=00:0c:29:95:24:96:00:50:56:c0:00:08:08:00
SRC=192.168.10.1 DST=192.168.10.215 LEN=60 TOS=0x00 PREC=0x00 TTL=64
ID=1301 PROTO=ICMP TYPE=8 CODE=0 ID=1 SEQ=1

이하 생략
```

예제 15-35 출력 결과에서 ICMP Request Reject라는 내용을 볼 수 있다.

또한 예제 15-34 설정에 예제 15-36과 같은 추가적인 설정도 가능하다.

예제 15-36

```
iptables --append INPUT --protocol icmp --icmp-type echo-request -j
LOG --log-prefix "ICMP Request Reject" --log-ip-options
```

예제 15-36에서 사용한 --log-ip-options 명령어는 그림 2-1에서 볼 수 있는 IP Options 항목까지 로그에 기록하라는 의미다. 만약 그림 4-2에서 볼 수 있는 TCP Options 항목까지 로그에 기록할 경우가 있다면 --log-tcp-options 명령어를 사용한다. 이와 관련한 사용 예는 예제 15-37과 같다.

예제 15-37

```
iptables --append INPUT --protocol tcp --destination-port 22 -j LOG
--log-ip-options --log-tcp-options
```

예제 15-37에서는 --log-prefix 명령어가 없이 --log-ip-options 명령어와 --log-tcp-options 명령어를 사용했다.

16

반야드2 설치와 활용

지금까지 일련의 실습을 통해 다양한 탐지를 수행했다. 탐지한 내용은 예제 9-14에 서 언급한 바와 같이 /var/log/snort/ 위치에 차곡차곡 쌓이기 때문에 필요할 때마다 해당 로그를 확인할 수 있다. 그러나 해당 로그를 DBMS에 저장할 수도 있다. 스노 트 개발자인 마틴 로시가 개발한 반야드2Barnyard2를 이용하면 **스노트가 탐지한 로그를 DBMS와 연동해 저장**할 수 있다.

이번 장에서는 MySQL을 이용해 이러한 작업을 진행해 보겠다. 설치와 설정 과정이 생각보다 복잡하다. 그런 만큼 작업에 임할 때 최대한 집중하기 바란다.

먼저 소프트웨어 빌드에 필요한 개발 도구를 예제 16-1처럼 설치한다.

예제 16-1

```
root@xubuntu:~# apt-get install build-essential

패키지 목록을 읽는 중입니다... 완료
의존성 트리를 만드는 중입니다
상태 정보를 읽는 중입니다... 완료
```

```
The following additional packages will be installed:
  dpkg-dev fakeroot g++ g++-5 libalgorithm-diff-perl libalgorithm-
diff-xs-perl libalgorithm-merge-perl libfakeroot
  libstdc++-5-dev
제안하는 패키지:
  debian-keyring g++-multilib g++-5-multilib gcc-5-doc libstdc++6-5-
dbg libstdc++-5-doc
다음 새 패키지를 설치할 것입니다:
  build-essential dpkg-dev fakeroot g++ g++-5 libalgorithm-diff-perl
libalgorithm-diff-xs-perl
  libalgorithm-merge-perl libfakeroot libstdc++-5-dev
0개 업그레이드, 10개 새로 설치, 0개 제거 및 0개 업그레이드 안 함.
10.5 M바이트 아카이브를 받아야 합니다.
이 작업 후 41.4 M바이트의 디스크 공간을 더 사용하게 됩니다.
계속 하시겠습니까? [Y/n] y
```

다음으로 예제 16-2와 같이 필수 패키지를 설치한다.

예제 16-2

```
root@xubuntu:~# apt-get install libpcap-dev libpcre3-dev libdumbnet-
dev

패키지 목록을 읽는 중입니다... 완료
의존성 트리를 만드는 중입니다
상태 정보를 읽는 중입니다... 완료
The following additional packages will be installed:
  libpcap0.8-dev libpcre32-3 libpcrecpp0v5
다음 새 패키지를 설치할 것입니다:
  libdumbnet-dev libpcap-dev libpcap0.8-dev libpcre3-dev libpcre32-3
libpcrecpp0v5
0개 업그레이드, 6개 새로 설치, 0개 제거 및 0개 업그레이드 안 함.
955 k바이트 아카이브를 받아야 합니다.
이 작업 후 3,654 k바이트의 디스크 공간을 더 사용하게 됩니다.
계속 하시겠습니까? [Y/n] y
```

다음으로 MySQL 설치와 함께 MySQL에서 사용할 패키지를 예제 16-3과 같이 설치한다.

예제 16-3

```
root@xubuntu:~# apt-get install mysql-server libmysqlclient-dev mysql-
client autoconf libtool

패키지 목록을 읽는 중입니다... 완료
의존성 트리를 만드는 중입니다
상태 정보를 읽는 중입니다... 완료
mysql-client is already the newest version (5.7.19-0ubuntu0.16.04.1).
mysql-server is already the newest version (5.7.19-0ubuntu0.16.04.1).
The following additional packages will be installed:
  automake autotools-dev libltdl-dev m4 zlib1g-dev
제안하는 패키지:
  autoconf-archive gnu-standards autoconf-doc libtool-doc gfortran |
fortran95-compiler gcj-jdk
다음 새 패키지를 설치할 것입니다:
  autoconf automake autotools-dev libltdl-dev libmysqlclient-dev
libtool m4 zlib1g-dev
0개 업그레이드, 8개 새로 설치, 0개 제거 및 0개 업그레이드 안 함.
2,741 k바이트 아카이브를 받아야 합니다.
이 작업 후 12.7 M바이트의 디스크 공간을 더 사용하게 됩니다.
계속 하시겠습니까? [Y/n] y
```

필자는 이미 주분투 운영 체제에서 MySQL을 사용하는 중이기 때문에 예제 16-3과 같이 mysql-client is already the newest version 등과 같은 내용이 나온다. MySQL을 처음 설치하는 경우라면 MySQL 설치 중 그림 16-1과 그림 16-2와 같이 MySQL 관리자의 비밀 번호 입력을 요구 받는다. 적당한 비밀 번호를 입력하면 이후 설치 과정을 계속 진행한다.

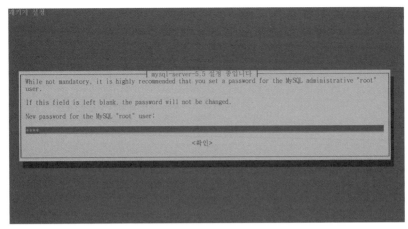

그림 16-1

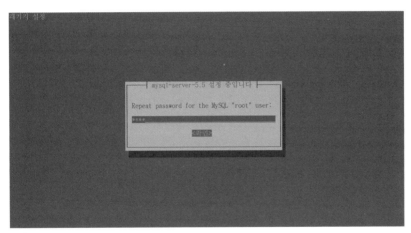

그림 16-2

다음으로 예제 16-4는 daq 라이브러리와 관련된 필수 패키지 설치 과정이다.

예제 16-4

```
root@xubuntu:~# apt-get install bison flex

패키지 목록을 읽는 중입니다... 완료
의존성 트리를 만드는 중입니다
상태 정보를 읽는 중입니다... 완료
```

```
The following additional packages will be installed:
  libbison-dev libfl-dev
제안하는 패키지:
  bison-doc
다음 새 패키지를 설치할 것입니다:
  bison flex libbison-dev libfl-dev
0개 업그레이드, 4개 새로 설치, 0개 제거 및 0개 업그레이드 안 함.
890 k바이트 아카이브를 받아야 합니다.
이 작업 후 2,705 k바이트의 디스크 공간을 더 사용하게 됩니다.
계속 하시겠습니까? [Y/n] y
```

다음으로 설치 과정에서 생기는 소스 코드를 특정한 위치에 저장하기 위해 예제 16-5와 같이 snort_source라는 임의의 디렉토리를 생성한다. 생성한 해당 디렉토리에서 **daq와 반야드2를 설치**하겠다.

예제 16-5

```
root@xubuntu:~# mkdir snort_source
root@xubuntu:~# cd snort_source
root@xubuntu:~/snort_source#
```

예제 16-5에서와 같이 생성한 위치로 이동한 뒤 **wget** 명령어를 이용해 예제 16-6과 같이 **daq 라이브러리**를 설치한다. daq 라이브러리를 이용하면 **데이터 수집 등을 보다 용이하게 처리**할 수 있다. 또한 해당 daq 라이브러리 버전은 이후 달라질 수 있는 내용인 만큼 다운로드 받기 전에 해당 버전을 스노트 사이트에서 확인하기 바란다.

예제 16-6

```
root@xubuntu:~/snort_source# wget https://snort.org/downloads/snort/
daq-2.0.6.tar.gz

--2017-08-16 11:50:48--  https://snort.org/downloads/snort/daq-
2.0.6.tar.gz
```

```
Resolving snort.org (snort.org)... 104.16.66.75, 104.16.65.75,
104.16.64.75, ...
접속 snort.org (snort.org)|104.16.66.75|:443... 접속됨.
HTTP request sent, awaiting response... 302 Found
Location: https://s3.amazonaws.com/snort-org-site/production/release_
files/files/000/004/766/original/daq-2.0.6.tar.gz?AWSAccessKeyId=AKIAI
XACIED2SPMSC7GA&Expires=1502855455&Signature=X8TUe3UMqt%2BTZx9x%2B5vp9
239Fkg%3D [following]
--2017-08-16 11:50:51--  https://s3.amazonaws.com/snort-org-site/
production/release_files/files/000/004/766/original/daq-2.0.6.tar.gz?A
WSAccessKeyId=AKIAIXACIED2SPMSC7GA&Expires=1502855455&Signature=X8TUe3
UMqt%2BTZx9x%2B5vp9239Fkg%3D
Resolving s3.amazonaws.com (s3.amazonaws.com)... 54.231.73.10
접속 s3.amazonaws.com (s3.amazonaws.com)|54.231.73.10|:443... 접속됨.
HTTP request sent, awaiting response... 200 OK
Length: 514687 (503K) [binary/octet-stream]
Saving to: 'daq-2.0.6.tar.gz'

daq-2.0.6.tar.gz            100%[================================
============>] 502.62K    199KB/s    in 2.5s

2017-08-16 11:50:56 (199 KB/s) - 'daq-2.0.6.tar.gz' saved
[514687/514687]
```

다음으로 예제 16-7과 같이 다운로드 받은 daq 라이브러리를 압축 해제한다.

예제 16-7

```
root@xubuntu:~/snort_source# tar -xvzf daq-2.0.6.tar.gz

daq-2.0.6/
daq-2.0.6/ChangeLog
daq-2.0.6/missing

이하 생략
```

예제 16-7과 같이 압축 해제한 뒤 예제 16-8과 같이 해당 경로로 이동한다.

예제 16-8

```
root@xubuntu:~/snort_source# cd daq-2.0.6
root@xubuntu:~/snort_source/daq-2.0.6#
```

해당 경로로 이동한 뒤 예제 16-9와 같이 컴파일을 진행한다. 참고로 **&&**는 두 개 이
상의 명령어를 동시에 실행할 때 사용하는 기능이다.

예제 16-9

```
root@xubuntu:~/snort_source/daq-2.0.6# ./configure && make && make
install

이하 생략
```

컴파일 작업이 끝나면 다시 원래의 경로로 돌아와 예제 16-10과 같이 sid-msg.map
파일을 생성한다. sid-msg.map 파일은 **각 sid에 해당하는 메시지를 저장할 때 사용**한다.

예제 16-10

```
root@xubuntu:~/snort_source/daq-2.0.6# cd
root@xubuntu:~# touch /etc/snort/sid-msg.map
```

다음으로 예제 16-11과 같이 스노트 구성 내역을 확인한다.

예제 16-11

```
root@xubuntu:~# cat /etc/snort/snort.conf -n | egrep "output unified2"

535  #output unified2: filename merged.log, limit 128, nostamp, mpls_
event_types, vlan_event_types
536  output unified2: filename snort.log, limit 128, nostamp, mpls_
event_types, vlan_event_types
```

예제 16-11에서 보는 바와 같이 536번째 줄에 주석 처리가 없다. **나노 편집기** 등을 이용해 해당 줄을 주석으로 처리한 뒤 그 바로 밑줄에 output unified2: filename snort.u2, limit 128이라는 내용을 추가한다. 다시 말해 예제 16-12와 같은 내용이 나와야 한다.

예제 16-12

```
root@xubuntu:~# cat /etc/snort/snort.conf -n | egrep "output unified2"

535  #output unified2: filename merged.log, limit 128, nostamp, mpls_
event_types, vlan_event_types
536  #output unified2: filename snort.log, limit 128, nostamp, mpls_
event_types, vlan_event_types
537  output unified2: filename snort.u2, limit 128
```

참고로 예제 16-12와 같은 설정은 **스노트의 로그 메시지 출력 형태를 지정**하는 내용과 관련이 있다.

이제 다시 snort_source 위치로 이동한 뒤 예제 16-13처럼 **wget** 명령어를 이용해 **반야드2를 설치**한다.

예제 16-13

```
root@xubuntu:~# cd snort_source
root@xubuntu:~/snort_source# wget https://github.com/firnsy/barnyard2/
archive/master.tar.gz -O barnyard2-Master.tar.gz

--2017-08-16 12:38:08--  https://github.com/firnsy/barnyard2/archive/
master.tar.gz
Resolving github.com (github.com)... 192.30.255.112, 192.30.255.113
접속 github.com (github.com)|192.30.255.112|:443... 접속됨.
HTTP request sent, awaiting response... 302 Found
Location: https://codeload.github.com/firnsy/barnyard2/tar.gz/master
[following]
--2017-08-16 12:38:10--  https://codeload.github.com/firnsy/barnyard2/
```

```
tar.gz/master
Resolving codeload.github.com (codeload.github.com)... 192.30.255.120,
192.30.255.121
접속 codeload.github.com (codeload.github.com)|192.30.255.120|:443...
접속됨.
HTTP request sent, awaiting response... 200 OK
Length: unspecified [application/x-gzip]
Saving to: 'barnyard2-Master.tar.gz'

barnyard2-Master.tar.gz
[          <=>
 ] 433.73K    238KB/s     in 1.8s

2017-08-16 12:38:13 (238 KB/s) - 'barnyard2-Master.tar.gz' saved
[444140]
```

예제 16-6과 같이 예제 16-13에서도 설치 시 버전을 확인하기 바란다.

다음으로 예제 16-14와 같이 다운로드 받은 **반야드2를 압축 해제**한다.

예제 16-14

```
root@xubuntu:~/snort_source# tar zxvf barnyard2-Master.tar.gz

barnyard2-master/
barnyard2-master/.gitignore
barnyard2-master/COPYING
```

다음으로 예제 16-15와 같이 일련의 작업을 순서대로 진행한다.

예제 16-15

```
root@xubuntu:~/snort_source# cd barnyard2-master

root@xubuntu:~/snort_source/barnyard2-master# autoreconf -fvi -I ./m4
```

```
autoreconf: Entering directory `.'
autoreconf: configure.ac: not using Gettext
autoreconf: running: aclocal -I ./m4 --force -I m4
autoreconf: configure.ac: tracing
autoreconf: running: libtoolize --copy --force

이하 생략

root@xubuntu:~/snort_source/barnyard2-master# ln -s /usr/include/
dumbnet.h /usr/include/dnet.h

root@xubuntu:~/snort_source/barnyard2-master# ldconfig
```

다음으로 예제 16-16과 같이 사용하는 운영 체제의 비트 체계를 확인한다.

예제 16-16

```
root@xubuntu:~/snort_source/barnyard2-master# getconf LONG_BIT

32
```

예제 16-16에서 보는 바와 같이 현재 사용하는 주분투 운영 체제가 32 비트 체계임을 알 수 있다.

표 16-1

비트	명령어
32 비트	./configure --with-mysql --with-mysql-libraries=/usr/lib/i386-linux-gnu
64 비트	./configure --with-mysql --with-mysql-libraries=/usr/lib/x86_64-linux-gnu

표 16-1을 참고해 예제 16-17과 같이 MySQL 라이브러리를 설정한다. 이 경우 32 비트에 해당하는 명령어를 입력한다.

예제 16-17

```
root@xubuntu:~/snort_source/barnyard2-master# ./configure --with-mysql
--with-mysql-libraries=/usr/lib/i386-linux-gnu

checking for a BSD-compatible install... /usr/bin/install -c
checking whether build environment is sane... yes
checking for a thread-safe mkdir -p... /bin/mkdir -p

이하 생략
```

다음으로 예제 16-18과 같이 컴파일 작업을 수행한다.

예제 16-18

```
root@xubuntu:~/snort_source/barnyard2-master# make && make install

이하 생략
```

컴파일 작업이 끝났으면 예제 16-19와 같이 반야드2 설치 성공 여부를 확인한다.

예제 16-19

```
root@xubuntu:~/snort_source/barnyard2-master# cd

root@xubuntu:~# /usr/local/bin/barnyard2 -V

  _____   -*> Barnyard2 <*-
 / ,,_  \  Version 2.1.14 (Build 337)
 |o"  )~|  By Ian Firns (SecurixLive): http://www.securixlive.com/
 + '''' +  (C) Copyright 2008-2013 Ian Firns <firnsy@securixlive.com>
```

예제 16-19와 같은 화면이 나오면 반야드2 설치가 성공적으로 끝났다. 이제 다시
반야드2 설정이 필요하다.

예제 16-20과 같이 일련의 작업을 순서대로 진행한다.

예제 16-20

```
root@xubuntu:~# cd snort_source/barnyard2-master/

root@xubuntu:~/snort_source/barnyard2-master# cp etc/barnyard2.conf /
etc/snort/

root@xubuntu:~/snort_source/barnyard2-master# mkdir /var/log/barnyard2

root@xubuntu:~/snort_source/barnyard2-master# chown snort.snort /var/
log/barnyard2

root@xubuntu:~/snort_source/barnyard2-master# touch /var/log/snort/
barnyard2.waldo

root@xubuntu:~/snort_source/barnyard2-master# chown snort.snort /var/
log/snort/barnyard2.waldo

root@xubuntu:~/snort_source/barnyard2-master# cd

root@xubuntu:~#
```

예제 16-20에서 보는 바와 같이 반야드2의 정상적인 실행을 위해 필수적인 구성 파
일을 복사하고 waldo 파일 등을 생성했다. waldo 파일은 반야드2가 마지막으로 처
리한 이벤트의 위치를 알려준다.

다음으로 MySQL에서 필요한 일련의 작업이 필요하다. 예제 16-21과 같이 MySQL
에 접속한다.

예제 16-21

```
root@xubuntu:~# mysql -u root -p
Enter password:
```

```
Welcome to the MySQL monitor.  Commands end with ; or \g.
Your MySQL connection id is 4
Server version: 5.7.19-0ubuntu0.16.04.1 (Ubuntu)

Copyright (c) 2000, 2017, Oracle and/or its affiliates. All rights
reserved.

Oracle is a registered trademark of Oracle Corporation and/or its
affiliates. Other names may be trademarks of their respective
owners.

Type 'help;' or '\h' for help. Type '\c' to clear the current input
statement.

mysql>
```

다음으로 반야드2에서 출력한 이벤트 결과를 저장할 데이터베이스를 예제 16-22와
같이 생성한다.

예제 16-22

```
mysql> create database snort;
Query OK, 1 row affected (0.19 sec)

mysql> use snort;
Database changed

mysql> source ~/snort_source/barnyard2-master/schemas/create_mysql;
Query OK, 0 rows affected (0.56 sec)
Query OK, 1 row affected (0.19 sec)
Query OK, 0 rows affected (0.08 sec)

이하 생략

mysql> create user 'snort'@'localhost' identified by '1234';
Query OK, 0 rows affected (0.22 sec)
```

```
mysql> grant create, insert, select, delete, update on snort.* to
'snort'@'localhost';
Query OK, 0 rows affected (0.02 sec)

mysql> exit
Bye
root@xubuntu:~#
```

예제 16-22에서 보는 바와 같이 **사용자 계정과 데이터베이스 명칭을 snort로 생성**하고
비밀 번호를 1234로 설정했다.

다음으로 예제 16-23과 같이 확인한다.

예제 16-23

```
root@xubuntu:~# cat /etc/snort/barnyard2.conf -n | egrep "oracle"

355  #output database: log, oracle, dbname=snort user=snort
password=test
```

355번째 줄 바로 밑에 예제 16-22에서 생성한 일련의 정보를 추가해야 한다. 추가
할 정보는 예제 16-24와 같다.

예제 16-24

```
output database: log,mysql,user=snort password=1234 dbname=snort
host=localhost sensor name=sensor01
```

나노 편집기 등을 이용해 예제 16-24를 추가한 뒤 수정 내용을 확인하면 예제
16-25와 같다.

예제 16-25

```
root@xubuntu:~# cat /etc/snort/barnyard2.conf -n | egrep "output
```

```
database"

351  #output database: log, mysql, user=root password=test dbname=db
host=localhost
352  #output database: alert, postgresql, user=snort dbname=snort
353  #output database: log, odbc, user=snort dbname=snort
354  #output database: log, mssql, dbname=snort user=snort
password=test
355  #output database: log, oracle, dbname=snort user=snort
password=test
357  output database: log,mysql,user=snort password=1234 dbname=snort
host=localhost sensor name=sensor01
```

예제 16-25를 보면 357번째 줄에 새롭게 추가한 내용을 확인할 수 있다. 이때 추가한 내용 중 비밀 번호 항목이 평문으로 나타나기 때문에 보안에 취약할 수 있다. 따라서 예제 16-26처럼 접근 권한을 변경한다.

예제 16-26

```
root@xubuntu:~# chmod o-r /etc/snort/barnyard2.conf
```

여기까지가 반야드2 설정 과정이다. 이제 탐지 로그를 MySQL에 저장하는지를 확인하는 과정이 필요하다.

명확한 실습 결과를 확인하기 위해 예제 16-27과 같이 기존의 탐지 로그를 모두 삭제한다.

예제 16-27

```
root@xubuntu:~# cd /var/log/snort/

root@xubuntu:/var/log/snort# rm -rf snort.log.*
```

이어서 예제 16-28과 같이 ICMP 요청을 탐지하기 위한 규칙을 설정한다. 설정식은 예제 16-28과 같다. 예제 16-28을 보면 OTN 영역을 (sid:1000001; rev:1;)과 같이 설정했다. MySQL에 탐지 로그를 저장하기 위해서는 OTN 영역에 sid와 rev 값을 반드시 설정해야 한다.

예제 16-28

```
root@xubuntu:/var/log/snort# cat /etc/snort/rules/local.rules

alert icmp any any -> 192.168.10.215 any (sid:1000001; rev:1;)
```

이제 반야드2를 실행해 MySQL에 탐지 로그를 저장해 보자.

반야드2에는 연속 처리 방식과 일괄 처리 방식이 있다. 먼저 연속 처리 방식부터 확인해 보겠다. 예제 16-29는 연속 처리 방식을 실행한 경우다.

예제 16-29

```
root@xubuntu:~# barnyard2 -c /etc/snort/barnyard2.conf -d /var/log/
snort -f snort.u2 -w /var/log/snort/barnyard2.waldo -g snort -u snort

Running in Continuous mode

        --== Initializing Barnyard2 ==--
Initializing Input Plugins!
Initializing Output Plugins!
Parsing config file "/etc/snort/barnyard2.conf"

+[ Signature Suppress list ]+
---------------------------
+[No entry in Signature Suppress List]+
---------------------------
+[ Signature Suppress list ]+

Barnyard2 spooler: Event cache size set to [2048]
Log directory = /var/log/barnyard2
```

```
INFO database: Defaulting Reconnect/Transaction Error limit to 10
INFO database: Defaulting Reconnect sleep time to 5 second

[CacheSynchronize()],INFO: No system was found in cache (from signature
map file), will not process or synchronize informations found in the
database

database: compiled support for (mysql)
database: configured to use mysql
database: schema version = 107
database:           host = localhost
database:           user = snort
database:  database name = snort
database:    sensor name = xubuntu:NULL
database:      sensor id = 1
database:     sensor cid = 1
database:  data encoding = hex
database:   detail level = full
database:     ignore_bpf = no
database: using the "log" facility


        --== Initialization Complete ==--


  _____   -*> Barnyard2 <*-
 / ,,_  \  Version 2.1.14 (Build 337)
 |o"  )~|  By Ian Firns (SecurixLive): http://www.securixlive.com/
 + '''' +  (C) Copyright 2008-2013 Ian Firns <firnsy@securixlive.com>


Using waldo file '/var/log/snort/barnyard2.waldo':
    spool directory = /var/log/snort
    spool filebase  = snort.u2
    time_stamp      = 1502938096
    record_idx      = 2
Opened spool file '/var/log/snort/snort.u2.1503839852'
Waiting for new data
```

예제 16-29와 같이 해당 명령어를 입력하면 반야드2가 새로운 이벤트가 들어오기를 기다리는 모습을 볼 수 있다(Waiting for new data 부분).

이때 예제 16-29에서 사용한 부가 설정의 내용은 표 16-2와 같다.

표 16-2

부가 설정	설명
-c [path]	설정 파일의 경로
-d [path]	스노트 출력 디렉토리까지의 경로
-f [file name]	출력 디렉토리 안에서 검색할 파일의 이름
-w [path]	waldo 파일의 경로
-u [user]	실행 사용자 지정
-g [user]	실행 그룹 지정

다음으로 예제 16-30과 같이 스노트를 구동한다. 이때 예제 9-6과 달리 **-A console 부분을 생략**해야 한다. 기존에 사용한 구동 명령어와 혼동이 없기 바란다.

예제 16-30

```
root@xubuntu:~# snort -q -u snort -g snort -c /etc/snort/snort.conf
```

예제 16-30과 같이 스노트를 구동한 뒤 백박스 운영 체제에서 예제 9-2와 같이 ICMP 요청을 보낸다. 그런데 실시간으로 이벤트를 출력하지 않는다. 이것은 어떤 의미인가? 스노트의 주요한 기능은 탐지다. 그런데 지금까지 스노트는 탐지 기능과 동시에 출력 기능까지 수행했다. 다시 말해 탐지와 출력이라는 두 가지 기능을 수행했다. 그런 만큼 스노트에게는 부하가 생기는 작업이었다. 그러나 이제 반야드2가 실시간 이벤트 출력을 수행함으로써 스노트는 오직 탐지 기능에만 전념하기 때문에 그만큼 부하를 해소시킬 수 있다.

예제 16-31은 백박스 운영 체제로부터 ICMP 요청을 받자마자 반야드2에서 실시간 이벤트를 출력하는 모습이다.

예제 16-31

```
08/27-22:17:34.080317  [**] [1:1000001:1] Snort Alert [1:1000001:1]
[**] [Classification ID: 0] [Priority ID: 0] {ICMP} 192.168.10.219 ->
192.168.10.215
08/27-22:17:35.104649  [**] [1:1000001:1] Snort Alert [1:1000001:1]
[**] [Classification ID: 0] [Priority ID: 0] {ICMP} 192.168.10.219 ->
192.168.10.215
08/27-22:17:36.128377  [**] [1:1000001:1] Snort Alert [1:1000001:1]
[**] [Classification ID: 0] [Priority ID: 0] {ICMP} 192.168.10.219 ->
192.168.10.215
08/27-22:17:37.204384  [**] [1:1000001:1] Snort Alert [1:1000001:1]
[**] [Classification ID: 0] [Priority ID: 0] {ICMP} 192.168.10.219 ->
192.168.10.215
08/27-22:17:38.203188  [**] [1:1000001:1] Snort Alert [1:1000001:1]
[**] [Classification ID: 0] [Priority ID: 0] {ICMP} 192.168.10.219 ->
192.168.10.215
08/27-22:17:39.233056  [**] [1:1000001:1] Snort Alert [1:1000001:1]
[**] [Classification ID: 0] [Priority ID: 0] {ICMP} 192.168.10.219 ->
192.168.10.215
08/27-22:17:40.256879  [**] [1:1000001:1] Snort Alert [1:1000001:1]
[**] [Classification ID: 0] [Priority ID: 0] {ICMP} 192.168.10.219 ->
192.168.10.215
08/27-22:17:41.262180  [**] [1:1000001:1] Snort Alert [1:1000001:1]
[**] [Classification ID: 0] [Priority ID: 0] {ICMP} 192.168.10.219 ->
192.168.10.215
08/27-22:17:42.269451  [**] [1:1000001:1] Snort Alert [1:1000001:1]
[**] [Classification ID: 0] [Priority ID: 0] {ICMP} 192.168.10.219 ->
192.168.10.215
08/27-22:17:43.278789  [**] [1:1000001:1] Snort Alert [1:1000001:1]
[**] [Classification ID: 0] [Priority ID: 0] {ICMP} 192.168.10.219 ->
192.168.10.215
```

연속 처리 방식에는 두 가지가 있다.

먼저 반야드2 동작을 유지한 상태에서 스노트를 중지한 뒤 재실행할 경우 새로운 스풀 파일을 생성해 이벤트를 기록하는 방식이 있고 스노트 동작을 유지한 상태에서 반야드2를 중지한 뒤 재실행할 경우 기존 스풀 파일에 발생한 이벤트를 이어서 기록하는 방식이 있다.

이제 전자의 방식부터 확인해 보자. CTRL + C 키를 동시에 눌러 스노트를 중지한다. 물론 반야드2는 계속 동작 중이다. 그럼 예제 16-30과 같이 스노트를 재실행하면 예제 16-32와 같이 새로운 스풀 파일을 생성해 이벤트를 기록한다.

예제 16-32

```
Opened spool file '/var/log/snort/snort.u2.1503849990'
Waiting for new data
08/28-01:06:31.490332  [**] [1:1000001:1] Snort Alert [1:1000001:1]
[**] [Classification ID: 0] [Priority ID: 0] {ICMP} 192.168.10.219 ->
192.168.10.215
08/28-01:06:32.506715  [**] [1:1000001:1] Snort Alert [1:1000001:1]
[**] [Classification ID: 0] [Priority ID: 0] {ICMP} 192.168.10.219 ->
192.168.10.215
08/28-01:06:33.508469  [**] [1:1000001:1] Snort Alert [1:1000001:1]
[**] [Classification ID: 0] [Priority ID: 0] {ICMP} 192.168.10.219 ->
192.168.10.215
08/28-01:06:34.521276  [**] [1:1000001:1] Snort Alert [1:1000001:1]
[**] [Classification ID: 0] [Priority ID: 0] {ICMP} 192.168.10.219 ->
192.168.10.215
Closing spool file '/var/log/snort/snort.u2.1503849990'. Read 8 records
Opened spool file '/var/log/snort/snort.u2.1503849998'
Waiting for new data
08/28-01:06:39.530042  [**] [1:1000001:1] Snort Alert [1:1000001:1]
[**] [Classification ID: 0] [Priority ID: 0] {ICMP} 192.168.10.219 ->
192.168.10.215
08/28-01:06:40.540184  [**] [1:1000001:1] Snort Alert [1:1000001:1]
[**] [Classification ID: 0] [Priority ID: 0] {ICMP} 192.168.10.219 ->
```

```
192.168.10.215
08/28-01:06:41.561383  [**] [1:1000001:1] Snort Alert [1:1000001:1]
[**] [Classification ID: 0] [Priority ID: 0] {ICMP} 192.168.10.219 ->
192.168.10.215
08/28-01:06:42.563547  [**] [1:1000001:1] Snort Alert [1:1000001:1]
[**] [Classification ID: 0] [Priority ID: 0] {ICMP} 192.168.10.219 ->
192.168.10.215
```

이번에는 후자의 방식을 확인해 보자. 스노트 실행을 유지한 채 반야드2 실행을 중지한 뒤 예제 16-29에서와 같이 반야드2를 재실행한다. 이런 경우 반야드2는 예제 16-33에서와 같이 이전 스풀 파일에 발생한 이벤트를 이어서 기록한다. 이때 스노트 실행을 유지한 상태이기 때문에 반야드2를 중지한 시점부터 스노트가 탐지한 이벤트를 출력한 뒤 이벤트를 이어서 기록한다.

예제 16-33

```
Opened spool file '/var/log/snort/snort.u2.1503850306'
08/28-01:11:58.020999  [**] [1:1000001:1] Snort Alert [1:1000001:1]
[**] [Classification ID: 0] [Priority ID: 0] {ICMP} 192.168.10.219 ->
192.168.10.215
08/28-01:11:59.026383  [**] [1:1000001:1] Snort Alert [1:1000001:1]
[**] [Classification ID: 0] [Priority ID: 0] {ICMP} 192.168.10.219 ->
192.168.10.215
08/28-01:12:00.024658  [**] [1:1000001:1] Snort Alert [1:1000001:1]
[**] [Classification ID: 0] [Priority ID: 0] {ICMP} 192.168.10.219 ->
192.168.10.215
08/28-01:12:01.030040  [**] [1:1000001:1] Snort Alert [1:1000001:1]
[**] [Classification ID: 0] [Priority ID: 0] {ICMP} 192.168.10.219 ->
192.168.10.215
Waiting for new data
08/28-01:12:02.032565  [**] [1:1000001:1] Snort Alert [1:1000001:1]
[**] [Classification ID: 0] [Priority ID: 0] {ICMP} 192.168.10.219 ->
192.168.10.215
08/28-01:12:03.034799  [**] [1:1000001:1] Snort Alert [1:1000001:1]
[**] [Classification ID: 0] [Priority ID: 0] {ICMP} 192.168.10.219 ->
```

```
192.168.10.215
08/28-01:12:04.039501  [**] [1:1000001:1] Snort Alert [1:1000001:1]
[**] [Classification ID: 0] [Priority ID: 0] {ICMP} 192.168.10.219 ->
192.168.10.215
08/28-01:12:05.041541  [**] [1:1000001:1] Snort Alert [1:1000001:1]
[**] [Classification ID: 0] [Priority ID: 0] {ICMP} 192.168.10.219 ->
192.168.10.215
```

조금 더 자세히 확인해 보자. 스노트와 마찬가지로 CTRL + C 키를 동시에 눌러 반야 드2 실행을 중지하면 예제 16-34와 같이 출력한다. 처음 snort.u2.1503850306 파 일이 저장한 이벤트 수는 19이다.

예제 16-34

```
===============================================================
Record Totals:
    Records:        38
    Events:         19 (50.000%)
    Packets:        19 (50.000%)
    Unknown:         0 (0.000%)
    Suppressed:      0 (0.000%)
===============================================================
Packet breakdown by protocol (includes rebuilt packets):
        ETH: 19          (100.000%)
    ETHdisc: 0           (0.000%)
       VLAN: 0           (0.000%)
       IPV6: 0           (0.000%)
    IP6 EXT: 0           (0.000%)
    IP6opts: 0           (0.000%)
    IP6disc: 0           (0.000%)
        IP4: 19          (100.000%)
    IP4disc: 0           (0.000%)
      TCP 6: 0           (0.000%)
      UDP 6: 0           (0.000%)
      ICMP6: 0           (0.000%)
```

```
    ICMP-IP: 0              (0.000%)
        TCP: 0              (0.000%)
        UDP: 0              (0.000%)
       ICMP: 19             (100.000%)
    TCPdisc: 0              (0.000%)
    UDPdisc: 0              (0.000%)
    ICMPdis: 0              (0.000%)
       FRAG: 0              (0.000%)
     FRAG 6: 0              (0.000%)
        ARP: 0              (0.000%)
      EAPOL: 0              (0.000%)
    ETHLOOP: 0              (0.000%)
        IPX: 0              (0.000%)
      OTHER: 0              (0.000%)
    DISCARD: 0              (0.000%)
  InvChkSum: 0              (0.000%)
     S5 G 1: 0              (0.000%)
     S5 G 2: 0              (0.000%)
      Total: 19
===============================================================
Closing spool file '/var/log/snort/snort.u2.1503850306'. Read 38
records
```

반야드2를 재실행한 뒤 이벤트를 출력하면 다시금 반야드2가 중지된다. 이번에는
예제 16-35와 같이 snort.u2.1503850306 파일이 저장한 이벤트 수가 27로 증가
했다.

예제 16-35

```
===============================================================
Record Totals:
    Records:        54
    Events:         27 (50.000%)
    Packets:        27 (50.000%)
    Unknown:         0 (0.000%)
```

```
     Suppressed:            0 (0.000%)
===============================================================
Packet breakdown by protocol (includes rebuilt packets):
        ETH: 27            (100.000%)
    ETHdisc: 0             (0.000%)
       VLAN: 0             (0.000%)
       IPV6: 0             (0.000%)
    IP6 EXT: 0             (0.000%)
    IP6opts: 0             (0.000%)
    IP6disc: 0             (0.000%)
        IP4: 27            (100.000%)
    IP4disc: 0             (0.000%)
      TCP 6: 0             (0.000%)
      UDP 6: 0             (0.000%)
      ICMP6: 0             (0.000%)
    ICMP-IP: 0             (0.000%)
        TCP: 0             (0.000%)
        UDP: 0             (0.000%)
       ICMP: 27            (100.000%)
    TCPdisc: 0             (0.000%)
    UDPdisc: 0             (0.000%)
    ICMPdis: 0             (0.000%)
       FRAG: 0             (0.000%)
     FRAG 6: 0             (0.000%)
        ARP: 0             (0.000%)
      EAPOL: 0             (0.000%)
    ETHLOOP: 0             (0.000%)
        IPX: 0             (0.000%)
      OTHER: 0             (0.000%)
    DISCARD: 0             (0.000%)
  InvChkSum: 0             (0.000%)
     S5 G 1: 0             (0.000%)
     S5 G 2: 0             (0.000%)
      Total: 27
===============================================================
Closing spool file '/var/log/snort/snort.u2.1503850306'. Read 54 records
```

이제 예제 16-36과 같이 명령어를 입력해 반야드2가 MySQL에 탐지 로그를 저장했는지 확인해 보자.

예제 16-36

```
root@xubuntu:~# mysql -u snort -p -D snort -e "select count(*) from
event"
Enter password:
+----------+
| count(*) |
+----------+
|       27 |
+----------+
```

예제 16-35에서 확인한 이벤트 수를 그대로 출력한 것을 볼 수 있다.

다음으로 일괄 처리 방식을 설명하겠다. 일괄 처리 방식은 연속 처리 방식으로 생성한 스풀 파일을 지정해 사용하는 방식이다. 부가 설정은 -o 하나이기 때문에 연속 처리 방식보다 훨씬 사용하기 쉽다. 일괄 처리 방식의 사용 방법은 예제 16-37과 같다.

예제 16-37

```
root@xubuntu:~#barnyard2 -c /etc/snort/barnyard2.conf -o /var/log/
snort/snort.u2.1504168361
Running in Batch mode

        --== Initializing Barnyard2 ==--
Initializing Input Plugins!
Initializing Output Plugins!
Parsing config file "/etc/snort/barnyard2.conf"


+[ Signature Suppress list ]+
--------------------------
```

```
+[No entry in Signature Suppress List]+
---------------------------
+[ Signature Suppress list ]+

Barnyard2 spooler: Event cache size set to [2048]
Log directory = /var/log/barnyard2
INFO database: Defaulting Reconnect/Transaction Error limit to 10
INFO database: Defaulting Reconnect sleep time to 5 second

[CacheSynchronize()],INFO: No system was found in cache (from signature
 map file), will not process or synchronize informations found in the
database

database: compiled support for (mysql)
database: configured to use mysql
database: schema version = 107
database:              host = localhost
database:              user = snort
database:   database name = snort
database:    sensor name = xubuntu:NULL
database:        sensor id = 1
database:       sensor cid = 3809
database:   data encoding = hex
database:    detail level = full
database:       ignore_bpf = no
database: using the "log" facility


        --== Initialization Complete ==--


  _____     -*> Barnyard2 <*-
 / ,,_  \   Version 2.1.14 (Build 337)
 |o"  )~|   By Ian Firns (SecurixLive): http://www.securixlive.com/
 + '''' +   (C) Copyright 2008-2013 Ian Firns <firnsy@securixlive.com>

Processing 1 files...
Opened spool file '/var/log/snort/snort.u2.1504168361'
```

```
08/31-17:32:58.129800  [**] [1:1000001:1] Snort Alert [1:1000001:1]
[**] [Classification ID: 0] [Priority ID: 0] {ICMP} 192.168.10.219 ->
192.168.10.215
08/31-17:32:59.159851  [**] [1:1000001:1] Snort Alert [1:1000001:1]
[**] [Classification ID: 0] [Priority ID: 0] {ICMP} 192.168.10.219 ->
192.168.10.215
08/31-17:33:00.183556  [**] [1:1000001:1] Snort Alert [1:1000001:1]
[**] [Classification ID: 0] [Priority ID: 0] {ICMP} 192.168.10.219 ->
192.168.10.215
08/31-17:33:01.208111  [**] [1:1000001:1] Snort Alert [1:1000001:1]
[**] [Classification ID: 0] [Priority ID: 0] {ICMP} 192.168.10.219 ->
192.168.10.215
08/31-17:33:02.231529  [**] [1:1000001:1] Snort Alert [1:1000001:1]
[**] [Classification ID: 0] [Priority ID: 0] {ICMP} 192.168.10.219 ->
192.168.10.215
Closing spool file '/var/log/snort/snort.u2.1504168361'. Read 10
records

================================================================
Record Totals:
   Records:           10
   Events:             5 (50.000%)
   Packets:            5 (50.000%)
   Unknown:            0 (0.000%)
   Suppressed:         0 (0.000%)

================================================================
Packet breakdown by protocol (includes rebuilt packets):
      ETH: 5          (100.000%)
   ETHdisc: 0         (0.000%)
     VLAN: 0          (0.000%)
     IPV6: 0          (0.000%)
   IP6 EXT: 0         (0.000%)
   IP6opts: 0         (0.000%)
   IP6disc: 0         (0.000%)
      IP4: 5          (100.000%)
   IP4disc: 0         (0.000%)
    TCP 6: 0          (0.000%)
```

```
       UDP 6: 0           (0.000%)
       ICMP6: 0           (0.000%)
     ICMP-IP: 0           (0.000%)
         TCP: 0           (0.000%)
         UDP: 0           (0.000%)
        ICMP: 5         (100.000%)
     TCPdisc: 0           (0.000%)
     UDPdisc: 0           (0.000%)
     ICMPdis: 0           (0.000%)
        FRAG: 0           (0.000%)
      FRAG 6: 0           (0.000%)
         ARP: 0           (0.000%)
       EAPOL: 0           (0.000%)
     ETHLOOP: 0           (0.000%)
         IPX: 0           (0.000%)
       OTHER: 0           (0.000%)
     DISCARD: 0           (0.000%)
   InvChkSum: 0           (0.000%)
      S5 G 1: 0           (0.000%)
      S5 G 2: 0           (0.000%)
       Total: 5
===============================================================
```

예제 16-37과 같이 명령어를 실행하면 일괄 처리 방식을 실행하면서 −o 옵션으로
지정한 파일을 처리한 다음 종료한다. 예제 16-38과 같이 일괄 처리 방식을 사용할
때 스노트가 계속 구동 중일 경우 이벤트를 추가 탐지하면 스풀 파일의 이벤트 수를
증가시킨다.

예제 16-38

```
root@xubuntu:~#barnyard2 -c /etc/snort/barnyard2.conf -o /var/log/
snort/snort.u2.1504168361
Running in Batch mode

       --== Initializing Barnyard2 ==--
```

```
Initializing Input Plugins!
Initializing Output Plugins!
Parsing config file "/etc/snort/barnyard2.conf"


+[ Signature Suppress list ]+
---------------------------
+[No entry in Signature Suppress List]+
---------------------------
+[ Signature Suppress list ]+

Barnyard2 spooler: Event cache size set to [2048]
Log directory = /var/log/barnyard2
INFO database: Defaulting Reconnect/Transaction Error limit to 10
INFO database: Defaulting Reconnect sleep time to 5 second

[CacheSynchronize()],INFO: No system was found in cache (from signature
 map file), will not process or synchronize informations found in the
database

database: compiled support for (mysql)
database: configured to use mysql
database: schema version = 107
database:           host = localhost
database:           user = snort
database:   database name = snort
database:     sensor name = xubuntu:NULL
database:       sensor id = 1
database:      sensor cid = 3809
database:   data encoding = hex
database:    detail level = full
database:      ignore_bpf = no
database: using the "log" facility

      --== Initialization Complete ==--
```

```
 _____    -*> Barnyard2 <*-
/ ,,_  \   Version 2.1.14 (Build 337)
|o"  )~|   By Ian Firns (SecurixLive): http://www.securixlive.com/
+ '''' +   (C) Copyright 2008-2013 Ian Firns <firnsy@securixlive.com>


Processing 1 files...
Opened spool file '/var/log/snort/snort.u2.1504168361'
08/31-17:32:58.129800  [**] [1:1000001:1] Snort Alert [1:1000001:1]
[**] [Classification ID: 0] [Priority ID: 0] {ICMP} 192.168.10.219 ->
192.168.10.215
08/31-17:32:59.159851  [**] [1:1000001:1] Snort Alert [1:1000001:1]
[**] [Classification ID: 0] [Priority ID: 0] {ICMP} 192.168.10.219 ->
192.168.10.215
08/31-17:33:00.183556  [**] [1:1000001:1] Snort Alert [1:1000001:1]
[**] [Classification ID: 0] [Priority ID: 0] {ICMP} 192.168.10.219 ->
192.168.10.215
08/31-17:33:01.208111  [**] [1:1000001:1] Snort Alert [1:1000001:1]
[**] [Classification ID: 0] [Priority ID: 0] {ICMP} 192.168.10.219 ->
192.168.10.215
08/31-17:33:02.231529  [**] [1:1000001:1] Snort Alert [1:1000001:1]
[**] [Classification ID: 0] [Priority ID: 0] {ICMP} 192.168.10.219 ->
192.168.10.215
08/31-17:33:03.255254  [**] [1:1000001:1] Snort Alert [1:1000001:1]
[**] [Classification ID: 0] [Priority ID: 0] {ICMP} 192.168.10.219 ->
192.168.10.215
08/31-17:33:04.282184  [**] [1:1000001:1] Snort Alert [1:1000001:1]
[**] [Classification ID: 0] [Priority ID: 0] {ICMP} 192.168.10.219 ->
192.168.10.215
08/31-17:33:05.282582  [**] [1:1000001:1] Snort Alert [1:1000001:1]
[**] [Classification ID: 0] [Priority ID: 0] {ICMP} 192.168.10.219 ->
192.168.10.215
08/31-17:33:06.294972  [**] [1:1000001:1] Snort Alert [1:1000001:1]
[**] [Classification ID: 0] [Priority ID: 0] {ICMP} 192.168.10.219 ->
192.168.10.215
08/31-17:33:07.318947  [**] [1:1000001:1] Snort Alert [1:1000001:1]
[**] [Classification ID: 0] [Priority ID: 0] {ICMP} 192.168.10.219 ->
```

```
192.168.10.215
08/31-17:33:08.342747  [**] [1:1000001:1] Snort Alert [1:1000001:1]
[**] [Classification ID: 0] [Priority ID: 0] {ICMP} 192.168.10.219 ->
192.168.10.215
08/31-17:33:09.366675  [**] [1:1000001:1] Snort Alert [1:1000001:1]
[**] [Classification ID: 0] [Priority ID: 0] {ICMP} 192.168.10.219 ->
192.168.10.215
08/31-17:33:10.390585  [**] [1:1000001:1] Snort Alert [1:1000001:1]
[**] [Classification ID: 0] [Priority ID: 0] {ICMP} 192.168.10.219 ->
192.168.10.215
08/31-17:33:11.414801  [**] [1:1000001:1] Snort Alert [1:1000001:1]
[**] [Classification ID: 0] [Priority ID: 0] {ICMP} 192.168.10.219 ->
192.168.10.215
08/31-17:33:12.438658  [**] [1:1000001:1] Snort Alert [1:1000001:1]
[**] [Classification ID: 0] [Priority ID: 0] {ICMP} 192.168.10.219 ->
192.168.10.215
Closing spool file '/var/log/snort/snort.u2.1504168361'. Read 30
records
==================================================================
Record Totals:
    Records:         30
    Events:          15 (50.000%)
    Packets:         15 (50.000%)
    Unknown:          0 (0.000%)
    Suppressed:       0 (0.000%)
==================================================================
Packet breakdown by protocol (includes rebuilt packets):
       ETH: 15         (100.000%)
   ETHdisc: 0          (0.000%)
      VLAN: 0          (0.000%)
      IPV6: 0          (0.000%)
   IP6 EXT: 0          (0.000%)
   IP6opts: 0          (0.000%)
   IP6disc: 0          (0.000%)
       IP4: 15         (100.000%)
   IP4disc: 0          (0.000%)
```

```
        TCP 6: 0              (0.000%)
        UDP 6: 0              (0.000%)
        ICMP6: 0              (0.000%)
      ICMP-IP: 0              (0.000%)
          TCP: 0              (0.000%)
          UDP: 0              (0.000%)
         ICMP: 15             (100.000%)
      TCPdisc: 0              (0.000%)
      UDPdisc: 0              (0.000%)
      ICMPdis: 0              (0.000%)
         FRAG: 0              (0.000%)
       FRAG 6: 0              (0.000%)
          ARP: 0              (0.000%)
        EAPOL: 0              (0.000%)
      ETHLOOP: 0              (0.000%)
          IPX: 0              (0.000%)
        OTHER: 0              (0.000%)
      DISCARD: 0              (0.000%)
    InvChkSum: 0              (0.000%)
       S5 G 1: 0              (0.000%)
       S5 G 2: 0              (0.000%)
        Total: 15
===============================================================
```

끝으로 예제 16-39와 같이 명령어를 입력해 반야드2가 MySQL에 탐지 로그를 저장했는지 확인해 보자.

예제 16-38에서 출력한 이벤트를 추가로 저장한 것을 확인할 수 있다. 그런데 일괄처리 방식에서는 예제 16-37에서 출력한 5까지 포함해 총 20을 저장했다. 일괄 처리 방식은 실행과 동시에 읽어들이는 이벤트를 MySQL에 중복으로 저장한다는 것을 알 수가 있다.

예제 16-39

```
root@xubuntu:~# mysql -u snort -p -D snort -e "select count(*) from
```

```
event"
Enter password:
+----------+
| count(*) |
+----------+
|       47 |
+----------+
```

이상으로 반야드2 설치와 설정 그리고 사용 예 등에 대한 설명을 마치겠다.

중국 편 ❻

세계 주요 국가의 정보 기관

중국은 등소평部小平 정권 이후 시장 경제 체제를 적극 수용하면서 사실상 자본주의 체제에 완전히 편입한 국가다. 물론 체제가 변했다 해도 모든 국가 권력은 여전히 공산당이 장악한 상태다. 다시 말해 자본주의 국가에서 사회주의 사상을 통치 이념으로 표방하는 국가가 바로 중국이다. 이런 점에서 볼 때, 중국은 일당 독재 기반의 국가 자본주의State Capitalism 체제라고 할 수 있다.

중국에서 국가 권력의 핵심은 공공 안전부公共安全部와 **국가 안전부**國家安全部가 담당한다. 공공 안전부가 치안 기관에 해당한다면, 국가 안전부는 보안 기관에 해당한다. 일당 독재 국가인 만큼 국가 안전부 역시 막강한 권력을 중앙 집권적으로 행사한다. 다시 말해 국내·외 정보는 물론 군사 정보와 방첩 그리고 공작에 이르기까지 모든 국가 정보 기능을 총괄한다.

국가 안전부는 국민당·공산당 내전國共內戰 시기를 경험하면서 생겼다. 당시 장개석蔣介石이 지도하는 국민당에는 두 개의 비밀 기관이 있었다. 중앙 집행 위원회 소속의 조사 통계국과 군사 위원회 소속의 조사 통계국이었다. 모택동毛澤東도 이에 대항해 공산당에 중앙 사회부中央社會部를 창설했다. 이후 공산당이 내전에서 승리하자 중앙 사회부를 중앙 조사부中央調査部로 개편했다. 그러나 문화 혁명 과정에서 중앙 조사부는 해체 당하는 비운을 경험했다. 이후 공공 안전부의 병력과 인민 해방군의 병력을 통합해 오늘날 국가 안전부로 재탄생했다.

미국과 패권 경쟁을 벌이는 중국의 국가 안전부는 미국의 **중앙 정보국**^{CIA}과 비교해도 손색이 없다고 할 만큼 세계 최고 수준의 정보 기관으로 평가 받는다. 규모면에서 볼 때 중국은 미국과 러시아 다음으로 세계 3위라고 한다.

국가 안전부 요원은 전 세계 주요 국가에 광범위하게 침투해 군사 · 산업 정보를 수집하는데 활동 요원이 4만 명 이상으로 알려졌다. 특히 북한이나 러시아처럼 미인계를 자주 구사하는 기관으로도 유명하다. 참고로 이른바 중국 4대 미녀 중 서시^{西施}와 초선^{貂蟬} 모두 미모와 지성을 매개로 활약했던 고대 중국의 공작원이었다.

그런데 최근 국가 안전부를 개혁하려는 경향이 있는 듯하다. 2013년 공산당 정치국 산하에 **국가 안전 위원회**^{國家安全委員會}를 설치했다. 이에 따라 지금까지 국무원^{國務院} 산하의 국가 안전부가 수행하던 업무뿐 아니라 외교 · 치안 · 보안 · 사법 분야의 업무를 국가 안전 위원회로 이관했다. 또한 2016년 국가 안전부를 러시아의 정보 기관처럼 국외 정보 담당인 **국가 반간첩 총국**과 국내 정보 담당인 **국가 정보 총서**로 분리하려는 작업을 검토했던 것으로 전한다. 이러한 일련의 과정을 볼 때 향후 국가 안전부보다는 국가 안전 위원회의 위상이 점차 높아질 전망이다.

한편 **신화사**^{新華社}는 중국의 관영 매체로 널리 알려졌는데 실제로는 정보 기관으로 알려졌다. 조선의 익문사^{益聞社}와 같이 통신사를 가장한 정보 기관이다. 국가 안전부 요원이 보통 신화사를 통해 신분을 위장하는 것으로 알려졌다.

이밖에도 인민 해방군^{人民解放軍} 산하 총참모부^{總參謀部}의 제2 · 3 · 4부와 총정치부^{總政治部}의 연락부 · 보위부 등에서도 첩보와 방첩 임무를 수행한다. 제2부는 군 정보 활동을 총괄하는 부서인데, 정보 수집 분량이나 분석 능력은 국가 안전부보다 탁월하다는 평가를 받는다고 한다. 제3부는 미국의 **국가 안보국**^{NSA}에 해당하는 부서이고, 제4부는 미국의 **사이버 사령부**^{USCYBERCOM}에 해당하는 부서라고 한다. 또한 연락부는 대만 · 주중 외국 대사관 · 베트남 등에 대한 첩보 수집과 선전 · 선동 활동 등을 담당하는 부서이고, 보위부는 군 방첩 활동을 담당하는 부서라고 한다.

17

FWSnort 설치와 활용

6장에서 IDS와 IPS(방화벽)는 실과 바늘의 관계와 같기 때문에 IDS와 IPS는 상호 연동해 사용할 수 있는 장비라고 설명했다. 이처럼 IDS와 IPS는 상호 밀접한 장비다. 그렇다면 IDS와 IPS 모두 외부망에서 내부망으로 들어오는 패킷을 제어하는 장비인 만큼 설정식에서도 일정한 연관성을 발견할 수 있을까?

먼저 외부에서 들어오는 SYN 플래그를 탐지하기 위한 스노트의 설정식은 예제 17-1과 같다.

예제 17-1

```
alert tcp any any -> 192.168.10.215 22 (flags:S;sid:1000001;)
```

다음으로 외부에서 들어오는 SYN 플래그를 거부하기 위한 IPTables 방화벽의 설정식은 예제 17-2와 같다.

```
iptables --append INPUT --destination 192.168.10.215 --protocol tcp
--tcp-flag ALL SYN -j REJECT
```

스노트에서는 flags:S라고 표현하고 IPTables 방화벽에서는 --tcp-flag ALL SYN이라고 표현했을 뿐 예제 17-2 설정식에는 예제 17-1에서 설정한 내용을 모두 반영했다.

그런데 이왕이면 예제 17-1과 같은 탐지식을 이용해 차단식으로는 사용할 수 없을까? FWSnort 도구를 이용하면 이와 같이 스노트 탐지식을 IPTables 방화벽에서 적용할 수 있다. 물론 탐지식을 차단식으로 이용하기 위해서는 그에 따른 적절한 설정이 있어야 한다. FWSnort 도구에 대한 자세한 설명은 다음 사이트를 참조하기 바란다.

```
www.cipherdyne.org/fwsnort
```

FWSnort 도구 활용과 관련해 해당 사이트의 예시 내용을 확인해 보자.

먼저 예제 17-3에서 web-attacks.rules 탐지 규칙 중 sid:1341에 해당하는 탐지 규칙을 보자.

예제 17-3

```
root@xubuntu:~# cat /etc/snort/rules/web-attacks.rules

이하 생략

alert tcp $EXTERNAL_NET any -> $HTTP_SERVERS $HTTP_PORTS
(msg:"WEB-ATTACKS /usr/bin/gcc command attempt";flow:to_
server,established;content:"/usr/bin/gcc";nocase;classtype:web-
application-attack;sid:1341;rev:5;)
```

```
이하 생략
```

FWSnort 도구를 이용해 예제 17-3 탐지식을 차단식으로 이용하기 위해 예제 17-4 와 같이 설정할 수 있다.

예제 17-4

```
iptables --append FWSNORT_INPUT_ESTAB --protocol tcp --destination-
port 80 --match string --string "/usr/bin/gcc" --algo bm --match
comment --comment "sid:1341;msg:WEB-ATTACKS /usr/bin/gcc command
attempt;classtype:web-application-attack;rev:5;FWS:1.0.2;" -j LOG
--log-prefix "sid1341"--log-ip-options --log-tcp-options
```

예제 17-4에서 **--match string --string "/usr/bin/gcc" --algo bm** 명령어는 **페이로드 영역에서 /usr/bin/gcc라는 문자열을 BM이라는 알고리즘을 이용해 검색하겠다는 의미다.** 탐지식에 있는 content:"/usr/bin/gcc" 내용을 차단식으로 변경한 내용이다. 만약 헥사 코드를 검색한다면 **--match string --hex-string "01 23 45" --algo bm** 명령어와 같이 사용할 수 있다. 또한 **--match comment** 명령어를 이용하면 예제 17-4와 같이 탐지식의 내용을 반영할 수 있다.

이와 같이 예제 17-3과 예제 17-4를 통해 FWSnort 도구는 스노트의 탐지식을 활용해 IPTables 방화벽의 차단식에 적용하는 기능임을 알 수 있다.

FWSnort 도구의 기능을 이해했다면 FWSnort 도구를 설치해 보자. 이때 FWSnort 도구를 설치하기 전에 반드시 해야 할 일이 있다. 바로 예제 8-8에서 설정한 모든 주석을 해제하는 일이다. 모든 주석을 해제한 상태는 예제 17-5와 같다.

예제 17-5

```
root@xubuntu:~# cat /etc/snort/snort.conf -n | grep "include $RULE_
PATH"

이하 생략
```

```
571   include $RULE_PATH/local.rules
573   # The include files commented below have been disabled
578   include $RULE_PATH/app-detect.rules


이하 생략


694   include $RULE_PATH/community-web-iis.rules
695   include $RULE_PATH/community-web-misc.rules
696   include $RULE_PATH/community-web-php.rules


이하 생략
```

예제 17-5와 같이 모든 주석을 해제했으면 설치 작업에 들어간다.

데비안/우분투 환경에서는 스노트 설치 과정처럼 FWSnort 설치도 아주 간단하다. 설치는 예제 17-6과 같다.

예제 17-6

```
root@xubuntu:~# apt-get install fwsnort

패키지 목록을 읽는 중입니다... 완료
의존성 트리를 만드는 중입니다
상태 정보를 읽는 중입니다... 완료
The following additional packages will be installed:
  libiptables-parse-perl libnet-rawip-perl libnetaddr-ip-perl
다음 새 패키지를 설치할 것입니다:
  fwsnort libiptables-parse-perl libnet-rawip-perl libnetaddr-ip-perl
0개 업그레이드, 4개 새로 설치, 0개 제거 및 0개 업그레이드 안 함.
206 k바이트 아카이브를 받아야 합니다.
이 작업 후 856 k바이트의 디스크 공간을 더 사용하게 됩니다.
계속 하시겠습니까? [Y/n] y
```

예제 17-6과 같이 FWSnort 도구를 설치한 뒤 도움말은 예제 17-7과 같이 확인할 수 있다.

예제 17-7

```
root@xubuntu:~# fwsnort -h

fwsnort v1.6.5
[+] By Michael Rash <mbr@cipherdyne.org>, http://www.cipherdyne.org/

Usage: fwsnort [options]

Options:
    --strict                    - Make snort parser very strict about
                                  which options it will translate into
                                  iptables rules.
    --ipt-script=<script>       - Print iptables script to <script>
                                  instead of the default location at
                                  /var/lib/fwsnort/fwsnort.sh
    --ipt-apply                 - Execute the fwsnort.sh script.
    --ipt-exec                  - Synonym for --ipt-apply.
    --ipt-revert                - Revert to a version of the iptables
                                  policy without any fwsnort rules.
    --ipt-reject                - Add a protocol dependent REJECT rule
                                  (tcp resets for tcp or icmp port
                                  unreachable for udp messages) for
                                  every logging rule.
    --ipt-drop                  - Add a DROP rule for every logging rule.
    --ipt-list                  - List all rules in fwsnort chains.
    --List                      - Synonym for --ipt-list.
    --ipt-flush                 - Flush all rules in fwsnort chains.
    --Flush                     - Synonym for --ipt-flush.
    --ipt-file=<file>           - Read iptables policy from a file.
    --ipt-log-tcp-seq           - Add the --log-tcp-sequence iptables
                                  command line argument to LOG rules.
    --snort-sid=<sid>           - Generate an equivalent iptables rule
                                  for the specific snort id <sid> (also
                                  supports a comma separate list of sids.)
    --exclude-sid=<sid>         - Exclude a list of sids from translation.
    --snort-conf=<file>         - Read Snort specific variables out of
```

```
                                 existing snort.conf file.
  --snort-rdir=<dir>           - Specify path to Snort rules directory.
                                 This can be a list of directories separated
                                 by commas.
  --snort-rfile=<file>         - Translate a single rules file (or a set of
                                 them separated by commas).
  --ipt-check-capabilities     - Check iptables capabilities and exit.
  --no-ipt-comments            - Do not add Snort "msg" fields to iptables
                                 rules with the iptables comment match.
  --ipt-sync                   - Only add iptables rules for signatures that
                                 are not already blocked by iptables.
  --no-ipt-log                 - Do not generate iptables log rules
                                 (can only be used with --ipt-drop).
  --no-ipt-test                - Do not run any checks for availability
                                 of iptables modules (string, LOG,
                                 ttl, etc.).
  --no-ipt-jumps               - Do not jump packets from built-in
                                 iptables INPUT or FORWARD chains to
                                 chains created by fwsnort.
  --no-ipt-rule-nums           - For each iptables rule, add the rule
                                 number in the fwsnort chain to the
                                 logging prefix.  This option disables
                                 this behavior.
  --no-ipt-INPUT               - Exclude INPUT chain processing.
  --no-ipt-OUTPUT              - Exclude OUTPUT chain processing.
  --no-ipt-FORWARD             - Exclude FORWARD chain processing.
  --no-fast-pattern-order      - Do not reorder patterns based on length,
                                 and ignore the 'fast_pattern' keyword
  --no-log-ip-opts             - Do not add --log-ip-options to LOG
                                 rules.
  --no-log-tcp-opts            - Do not add --log-tcp-options to LOG
                                 rules.
  --no-addresses               - Do not look at addresses assigned to
                                 local interfaces (useful for running
                                 fwsnort on a bridge).
  --no-exclude-lo              - Do not exclude the loopback interface
```

```
                                    from fwsnort rules.
    --restrict-intf=<intf>        - Restrict fwsnort rules to a specified
                                    interface (e.g. "eth0").
    -6, --ip6tables               - Enable ip6tables mode to build an fwsnort
                                    policy via ip6tables instead of iptables.
    --Home-net=<net/mask>         - Manually specify the Home network
                                    (CIDR or standard notation).
    --External-net=<net/mask>     - Manually specify the external network
                                    (CIDR or standard notation).
    --update-rules                - Download latest rules from Emerging Threats
                                    (http://www.emergingthreats.net).
    --rules-url=<url>             - Specify the URL to use for updating the
                                    Emerging Threats rule set - the default is:
                                    http://rules.emergingthreats.net/open/
snort-2.9.0/emerging-all.rules
    --include-perl-triggers       - Include 'perl -e "print ..."' commands that
                                    build payload data that matches snort
                                    rules.  By combining these commands with
                                    netcat, it is easy to test whether the
                                    iptables policy built by fwsnort properly
                                    detects attacks.
    --include-type=<type>         - Only process snort rules of type <type>
                                    (e.g. "ddos" or "backdoor"). <type> can
                                    be a comma separated list.
    --exclude-type=<type>         - Exclude processing of Snort rules of
                                    type <type> (e.g. "ddos" or "backdoor").
                                    <type> can be a comma separated list.
    --include-regex=<regex>       - Include only those signatures that
                                    match the specified regex.
    --exclude-regex=<regex>       - Exclude all Snort signatures that
                                    match the specified regex.
    --include-re-caseless         - Make --include-regex searching case
                                    insensitive.
    --exclude-re-caseless         - Make --exclude-regex searching case
                                    insensitive.
    -c   --config=<config>        - Use <config> instead of the normal
```

```
                                      config file located at
                                      /etc/fwsnort/fwsnort.conf
    --logfile=<file>                - Log messages to <file> instead of the
                                      default location at:
                                      /var/log/fwsnort/fwsnort.log
    -N    --NFQUEUE                  - Build a policy designed to only send packets
                                      that match Snort signature "content" fields
                                      to userspace via the NFQUEUE target. This is
                                      designed to build a hybrid fwsnort policy
                                      that can be used by snort_inline.
    --queue-num=<num>               - Specify the queue number in --NFQUEUE  mode;
                                      the default is zero.
    --queue-rules-dir=<dir>         - Specify the path to the generated set of
                                      Snort rules that are to be queued to
                                      userspace in --NFQUEUE or --QUEUE mode.  The
                                      default is /var/lib/fwsnort/snort_
rules_queue/.
    -Q    --QUEUE                   - Same as the --NFQUEUE option, except use the
                                      older iptables QUEUE target.
    --string-match-alg=<alg>        - Specify the string match algorithm to use
                                      within the kernel; the default is 'bm',
                                      but 'kmp' may also be chosen.
    -U    --Ulog                    - Force ULOG target for all log generation.
    --ulog-nlgroup=<groupnum>       - Specify a ULOG netlink group (the default
                                      is 1).  This gets used in -U mode, or for
                                      "log" rules since then we need all of the
                                      packet to be logged (via the ULOG pcap
                                      writer).
    --Dump-ipt                      - Dump iptables rules on STDOUT as the
                                      rules are parsed (most useful when trying
                                      to debug how Fwsnort integrates with an
                                      existing iptables policy).
    --Dump-snort                    - Dump Snort rules on STDOUT.
    --Dump-conf                     - Dump configuration on STDOUT and exit.
    --add-deleted                   - Added Snort "deleted" rules.
    --Last-cmd                      - Rebuild fwsnort.sh with the same command
```

```
                                    line args as the previous execution.
        --lib-dir=<path>            - Specify path to lib directory.
        --debug                     - Run in debug mode.
        -v   --verbose              - Run in verbose mode.
        -V   --Version              - Print fwsnort version number and exit.
        -h   --help                 - Display usage on STDOUT and exit.
```

FWSnort의 구성 내역은 예제 17-8과 같다.

예제 17-8

```
root@xubuntu:~# cat /etc/fwsnort/fwsnort.conf -n

이하 생략

    10  ### Fwsnort treats all traffic directed to / originating from the
local
    11  ### machine as going to / coming from the HOME_NET in Snort rule
parlance.
    12  ### If there is only one interface on the local system, then
there will be
    13  ### no rules processed via the FWSNORT_FORWARD chain because no
traffic
    14  ### would make it into the iptables FORWARD chain.
    15  HOME_NET                    any;
    16  EXTERNAL_NET                any;
    17
    18  ### List of servers.  Fwsnort supports the same variable
resolution as
    19  ### Snort.
    20  HTTP_SERVERS                $HOME_NET;
    21  SMTP_SERVERS                $HOME_NET;
    22  DNS_SERVERS                 $HOME_NET;
    23  SQL_SERVERS                 $HOME_NET;
    24  TELNET_SERVERS              $HOME_NET;
    25
```

```
26  ### AOL AIM server nets
27  AIM_SERVERS           [64.12.24.0/24, 64.12.25.0/24,
64.12.26.14/24, 64.12.28.0/24, 64.12.29.0/24, 64.12.161.0/24,
64.12.163.0/24, 205.188.5.0/24, 205.188.9.0/24];

28
29  ### Configurable port numbers
30  SSH_PORTS             22;
31  HTTP_PORTS            80;
32  SHELLCODE_PORTS       !80;
33  ORACLE_PORTS          1521;

34
35  ### Default update URL for new rules.  This variable can be
given multiple
36  ### times on separate lines in order to specify multiple update
URL's:
37  #UPDATE_RULES_URL     <url1>
38  #UPDATE_RULES_URL     <url2>
39  UPDATE_RULES_URL      http://rules.emergingthreats.net/open/
snort-2.9.0/emerging-all.rules;

40
41  ### define average packet lengths and maximum frame length.
This is
42  ### used for iptables length match emulation of the Snort
dsize option.
43  AVG_IP_HEADER_LEN     20;   ### IP options are not usually
used.
44  AVG_TCP_HEADER_LEN    30;   ### Include 10 bytes for options
45  MAX_FRAME_LEN         1500;

46
47  ### define the max length of the content (null terminated
string) that
48  ### can be passed to either the --hex-string or --string
iptables matches.
49  ### Note that as of fwsnort-1.5, the max string length
supported by the
50  ### local iptables instance is automatically determined, so this
```

```
variable
   51  ### is not really needed, and just allows a max value to be set
   52  ### independently of what iptables supports.
   53  MAX_STRING_LEN          1024;
   54
   55  ### Use the WHITELIST variable to define a list of hosts/networks
   56  ### that should be completely ignored by fwsnort.  For example, if you
   57  ### want to whitelist the IP 192.168.10.1 and the network
10.1.1.0/24,
   58  ### you would use (note that you can also specify multiple WHITELIST
   59  ### variables, one per line):
   60  #WHITELIST              192.168.10.1, 10.1.1.0/24;
   61  WHITELIST               NONE;
   62
   63  ### Use the BLACKLIST variable to define a list of hosts/networks
   64  ### that for which fwsnort should DROP or REJECT all traffic. For
   65  ### example, to DROP all traffic from the 192.168.10.0/24
network, you
   66  ### can use:
   67  ###     BLACKLIST               192.168.10.0/24    DROP;
   68  ### To have fwsnort REJECT all traffic from 192.168.10.0/24,
you would
   69  ### use:
   70  ###     BLACKLIST               192.168.10.0/24    REJECT;
   71  BLACKLIST               NONE;
   72
   73  ### define the jump position in the built-in chains to jump to  the
   74  ### fwsnort chains
   75  FWSNORT_INPUT_JUMP      1;
   76  FWSNORT_OUTPUT_JUMP     1;
   77  FWSNORT_FORWARD_JUMP    1;
   78
   79  ### iptables chains (these do not normally need to be changed).
   80  FWSNORT_INPUT           FWSNORT_INPUT;
   81  FWSNORT_INPUT_ESTAB     FWSNORT_INPUT_ESTAB;
   82  FWSNORT_OUTPUT          FWSNORT_OUTPUT;
```

```
 83  FWSNORT_OUTPUT_ESTAB      FWSNORT_OUTPUT_ESTAB;
 84  FWSNORT_FORWARD           FWSNORT_FORWARD;
 85  FWSNORT_FORWARD_ESTAB     FWSNORT_FORWARD_ESTAB;
 86
 87  ### fwsnort filesystem paths
 88  INSTALL_ROOT             /;
 89  CONF_DIR                 $INSTALL_ROOT/etc/fwsnort;
 90  RULES_DIR                $CONF_DIR/snort_rules;
 91  LOG_DIR                  $INSTALL_ROOT/var/log/fwsnort;
 92  LIBS_DIR                 $INSTALL_ROOT/usr/lib/fwsnort;   ###
for perl modules
 93  STATE_DIR                $INSTALL_ROOT/var/lib/fwsnort;
 94  QUEUE_RULES_DIR          $STATE_DIR/snort_rules_queue;
 95  ARCHIVE_DIR              $STATE_DIR/archive;
 96
 97  CONF_FILE                $CONF_DIR/fwsnort.conf;
 98  LOG_FILE                 $LOG_DIR/fwsnort.log;
 99  FWSNORT_SCRIPT           $STATE_DIR/fwsnort_iptcmds.sh;   ###
slow version
100  FWSNORT_SAVE_EXEC_FILE   $STATE_DIR/fwsnort.sh;      ### main
fwsnort.sh script
101  FWSNORT_SAVE_FILE        $STATE_DIR/fwsnort.save;  ### main
fwsnort.save file
102  IPT_BACKUP_SAVE_FILE     $STATE_DIR/iptables.save; ### iptables
policy backup
103
104  ### system binaries
105  shCmd                    /bin/sh;
106  catCmd                   /bin/cat;
107  grepCmd                  /bin/grep;
108  echoCmd                  /bin/echo;
109  tarCmd                   /bin/tar;
110  wgetCmd                  /usr/bin/wget;
111  unameCmd                 /usr/bin/uname;
112  ifconfigCmd              /sbin/ifconfig;
113  iptablesCmd              /sbin/iptables;
```

```
114    iptables-saveCmd           /sbin/iptables-save;
115    iptables-restoreCmd        /sbin/iptables-restore;
116    ip6tablesCmd               /sbin/ip6tables;
117    ip6tables-saveCmd          /sbin/ip6tables-save;
118    ip6tables-restoreCmd       /sbin/ip6tables-restore;
```

예제 17-8에서 87번째 줄 경로 부분이 중요하다. FWSnort 도구가 동작할 때 접근하는 기본 경로이기 때문이다. 이에 따라 예제 17-9와 같이 기본 탐지 규칙을 복사한다.

예제 17-9

```
root@xubuntu:~# cp /etc/snort/rules/* /etc/fwsnort/snort_rules/
```

예제 17-9와 같이 복사한 이유는 90번째 줄의 내용을 만족하기 위해서다.

복사가 끝났으면 예제 17-10과 같이 FWSnort 도구를 실행한다. 다시 말해 탐지식을 차단식으로 전환해 보자.

예제 17-10

```
root@xubuntu:~# fwsnort

[+] Testing /sbin/iptables for supported capabilities...
=-=-=-=-=-=-=-=-=-=-=-=-=-=-=-=-=-=-=-=-=-=-=-=-=-=-=-=-=-=
       Snort Rules File          Success     Fail      Total

[+] attack-responses.rules       16          1         17
[+] backdoor.rules               65          11        76
[+] bad-traffic.rules            9           3         12

이하 생략

[+] web-misc.rules               299         32        331
[+] web-php.rules                115         11        126
```

```
[+] x11.rules                    2        0        2
                                 ============================
                                 1791     1886     3677

[+] Generated iptables rules for 1791 out of 3677 signatures: 48.71%

[+] Logfile: /var/log/fwsnort/fwsnort.log
[+] iptables script (individual commands): /var/lib/fwsnort/fwsnort_
iptcmds.sh

    Main fwsnort iptables-save file: /var/lib/fwsnort/fwsnort.save

    You can instantiate the fwsnort policy with the following command:

    /sbin/iptables-restore < /var/lib/fwsnort/fwsnort.save

    Or just execute: /var/lib/fwsnort/fwsnort.sh
```

예제 17-10과 같이 FWSnort 도구를 실행하면 예제 17-9에서 복사한 기본 탐지 규칙을 기반으로 차단식에 적합하도록 전환 작업을 수행해 준다. 하단에서 자세히 보면 총 3,677개의 탐지식을 1,791개의 차단식으로 전환한 결과를 보여준다(Generated iptables rules for 1791 out of 3677 signatures: 48.71%). 이 경우에는 48.71%라는 결과에서 보는 바와 같이 전체 기본 탐지 규칙 중 약 절반 정도만을 전환했다. 이처럼 FWSnort 도구를 사용할 경우에는 전환 성공률과 전환 실패율을 고려해야 한다.

탐지식으로부터 전환한 차단식은 /var/lib/fwsnort/ 위치의 fwsnort_iptcmds.sh에 저장했다는 사실도 알 수 있다. 예제 17-11처럼 확인한다.

예제 17-11

```
root@xubuntu:~# cat /var/lib/fwsnort/fwsnort_iptcmds.sh | more

#!/bin/sh
#
```

```
##################################################################
######
#
# File:   /var/lib/fwsnort/fwsnort_iptcmds.sh
#
# Purpose:  This script was auto-generated by fwsnort, and implements
#           an iptables ruleset based upon Snort rules.  For more
#           information see the fwsnort man page or the documentation
#           available at http://www.cipherdyne.org/fwsnort/
#
# Generated with:      fwsnort
# Generated on host:   xubuntu
# Time stamp:          Tue Aug 22 12:12:53 2017
#
# Author:  Michael Rash <mbr@cipherdyne.org>
#
# Version: 1.6.5
#
##################################################################
######
#

#==================== config ====================
ECHO=/bin/echo
IPTABLES=/sbin/iptables
#================== end config ==================

############### Create fwsnort iptables chains. ###############
$IPTABLES -N FWSNORT_INPUT 2> /dev/null
$IPTABLES -F FWSNORT_INPUT

$IPTABLES -N FWSNORT_INPUT_ESTAB 2> /dev/null
$IPTABLES -F FWSNORT_INPUT_ESTAB

$IPTABLES -N FWSNORT_FORWARD 2> /dev/null
$IPTABLES -F FWSNORT_FORWARD
```

```
$IPTABLES -N FWSNORT_FORWARD_ESTAB 2> /dev/null
$IPTABLES -F FWSNORT_FORWARD_ESTAB

$IPTABLES -N FWSNORT_OUTPUT 2> /dev/null
$IPTABLES -F FWSNORT_OUTPUT

$IPTABLES -N FWSNORT_OUTPUT_ESTAB 2> /dev/null
$IPTABLES -F FWSNORT_OUTPUT_ESTAB

############## Inspect ESTABLISHED tcp connections. ##############
$IPTABLES -A FWSNORT_OUTPUT -p tcp -m conntrack --ctstate ESTABLISHED
-j FWSNORT_OUTPUT_ESTAB
$IPTABLES -A FWSNORT_FORWARD -p tcp -m conntrack --ctstate ESTABLISHED
-j FWSNORT_FORWARD_ESTAB
$IPTABLES -A FWSNORT_INPUT -p tcp -m conntrack --ctstate ESTABLISHED
-j FWSNORT_INPUT_ESTAB

이하 생략
```

예제 17-11 출력 결과를 보면 전환한 차단식을 확인할 수 있다. 아마도 꽤 많은 분량을 출력하기 때문에 정신이 없을 듯하다.

전환한 차단식을 IPTables 방화벽에서 사용할 수 있도록 예제 17-12와 같이 수행한다. 또는 예제 17-13과 같이 수행해도 마찬가지다.

예제 17-12

```
root@xubuntu:~# /sbin/iptables-restore < /var/lib/fwsnort/fwsnort.save
```

예제 17-13

```
root@xubuntu:~# /var/lib/fwsnort/fwsnort.sh

[+] Splicing fwsnort 1791 rules into the iptables policy...
```

예제 17-12보다는 예제 17-13이 더 간단함을 알 수 있다.

그럼 이제 모든 설정이 끝났기 때문에 다시금 예제 17-4에서 본 sid:1341 내용을
fwsnort_iptcmds.sh에서 예제 17-14와 같이 확인해 보자.

예제 17-14

```
root@xubuntu:~# cat /var/lib/fwsnort/fwsnort_iptcmds.sh | egrep
"sid:1341"

### alert tcp $EXTERNAL_NET any -> $HTTP_SERVERS $HTTP_PORTS (msg:"WEB-
ATTACKS /usr/bin/gcc command attempt"; flow:to_server,established;
content:"/usr/bin/gcc"; nocase; classtype:web-application-attack;
sid:1341; rev:5;)

$IPTABLES -A FWSNORT_FORWARD_ESTAB -p tcp -m tcp --dport 80 -m string
--hex-string "|2f7573722f62696e2f676363|" --algo bm --icase -m comment
--comment "sid:1341; msg:WEB-ATTACKS /usr/bin/gcc command attempt;
classtype:web-application-attack; rev:5; FWS:1.6.5;" -j LOG --log-ip-
options --log-tcp-options --log-prefix "[847] SID1341 ESTAB "

$IPTABLES -A FWSNORT_INPUT_ESTAB -p tcp -m tcp --dport 80 -m string
--hex-string "|2f7573722f62696e2f676363|" --algo bm --icase -m comment
--comment "sid:1341; msg:WEB-ATTACKS /usr/bin/gcc command attempt;
classtype:web-application-attack; rev:5; FWS:1.6.5;" -j LOG --log-ip-
options --log-tcp-options --log-prefix "[724] SID1341 ESTAB "
```

예제 17-14를 통해 예제 17-4에서 본 sid:1341 내용을 확인할 수 있다. 그렇다면
예제 17-14에서 출력한 결과는 구체적으로 어떤 의미인가? 만약 MS-SQL 서버 운
영과 관련해 cve 2000-1086 취약점 공격에 대한 탐지식과 차단식을 확인하고 싶다
면 예제 17-15와 같이 검색할 수 있다.

예제 17-15

```
root@xubuntu:~# cat /var/lib/fwsnort/fwsnort_iptcmds.sh | egrep
```

```
"sid:690"

### alert tcp $EXTERNAL_NET any -> $SQL_SERVERS 139 (msg:"MS-
SQL/SMB xp_printstatements possible buffer overflow"; flow:to_
server,established; content:"x|00|p|00|_|00|p|00|r|00|i|00|n|
00|t|00|s|00|t|00|a|00|t|00|e|00|m|00|e|00|n|00|t|00|s|00|";
offset:32; nocase; reference:bugtraq,2041; reference:cve,2000-1086;
reference:url,www.microsoft.com/technet/security/bulletin/MS00-092.
mspx; classtype:attempted-user; sid:690; rev:9;)

$IPTABLES -A FWSNORT_FORWARD_ESTAB -p tcp -m tcp --dport 139 -m string
--hex-string "|780070005f007000720069006e00740073007400740065006d
0065006e0074007300|" --algo bm --from 96 --icase -m comment --comment
"sid:690; msg:MS-SQL/SMB xp_printstatements possible buffer overflow;
classtype:attempted-user; reference:bugtraq,2041; rev:9; FWS:1.6.5;"
-j LOG --log-ip-options --log-tcp-options --log-prefix "[780] SID690
ESTAB "

$IPTABLES -A FWSNORT_INPUT_ESTAB -p tcp -m tcp --dport 139 -m string
--hex-string "|780070005f007000720069006e00740073007400740065006d
0065006e0074007300|" --algo bm --from 96 --icase -m comment --comment
"sid:690; msg:MS-SQL/SMB xp_printstatements possible buffer overflow;
classtype:attempted-user; reference:bugtraq,2041; rev:9; FWS:1.6.5;"
-j LOG --log-ip-options --log-tcp-options --log-prefix "[658] SID690
ESTAB "
```

예제 17-15 출력 결과에서와 같이 탐지식과 차단식을 확인할 수 있다(물론 전환에 성공한 설정식만 검색 가능하다). 마치 사전에서 단어를 검색해 의미를 파악하는 기분이다. 물론 해당 차단식을 예제 17-16과 같이 IPTables 방화벽에 그대로 적용할 수도 있다.

예제 17-16

```
root@xubuntu:~# iptables --flush
```

```
root@xubuntu:~# iptables -A FWSNORT_INPUT_ESTAB -p tcp -m tcp --dport
139 -m string --hex-string "|780070005f007000720069006e007400730074
006100740065006d0065006e0074007300|" --algo bm --from 96 --icase -m
comment --comment "sid:690; msg:MS-SQL/SMB xp_printstatements possible
buffer overflow; classtype:attempted-user; reference:bugtraq,2041;
rev:9; FWS:1.6.5;" -j LOG --log-ip-options --log-tcp-options --log-
prefix "[658] SID690 ESTAB "

root@xubuntu:~# iptables -A FWSNORT_INPUT_ESTAB -p tcp -m tcp --dport
139 -m string --hex-string "|780070005f007000720069006e007400730074
006100740065006d0065006e0074007300|" --algo bm --from 96 --icase -m
comment --comment "sid:690; msg:MS-SQL/SMB xp_printstatements possible
buffer overflow; classtype:attempted-user; reference:bugtraq,2041;
rev:9; FWS:1.6.5;" -j REJECT

root@xubuntu:~# iptables --list
Chain INPUT (policy ACCEPT)
target     prot opt source              destination

Chain FORWARD (policy ACCEPT)
target     prot opt source              destination

Chain OUTPUT (policy ACCEPT)
target     prot opt source              destination

Chain FWSNORT_FORWARD (0 references)
target     prot opt source              destination

Chain FWSNORT_FORWARD_ESTAB (0 references)
target     prot opt source              destination

Chain FWSNORT_INPUT (0 references)
target     prot opt source              destination

Chain FWSNORT_INPUT_ESTAB (0 references)
target     prot opt source              destination
```

```
LOG        tcp  --  anywhere              anywhere                tcp
dpt:netbios-ssn STRING match  "|780070005f007000720069006e0074007300
74006100740065006d0065006e0074007300|" ALGO name bm FROM 96 TO 65535
ICASE /* sid:690; msg:MS-SQL/SMB xp_printstatements possible buffer
overflow; classtype:attempted-user; reference:bugtraq,2041; rev:9;
FWS:1.6.5; */ LOG level warning tcp-options ip-options prefix "[658]
SID690 ESTAB "
REJECT     tcp  --  anywhere              anywhere                tcp
dpt:netbios-ssn STRING match  "|780070005f007000720069006e0074007300
74006100740065006d0065006e0074007300|" ALGO name bm FROM 96 TO 65535
ICASE /* sid:690; msg:MS-SQL/SMB xp_printstatements possible buffer
overflow; classtype:attempted-user; reference:bugtraq,2041; rev:9;
FWS:1.6.5; */ reject-with icmp-port-unreachable

Chain FWSNORT_OUTPUT (0 references)
target     prot opt source               destination

Chain FWSNORT_OUTPUT_ESTAB (0 references)
target     prot opt source               destination
```

예제 17-16에서 보는 바와 같이 cve 2000-1086 취약점 공격에 대한 거부식을 쉽게 설정할 수 있다.

러시아 편 ❼

세계 주요 국가의 정보 기관

러시아에서 1917년 10월 혁명이 일어나면서 노동자 계급이 권력을 장악했다. 이후 인근 국가와 연방을 구성하면서 1922년 소비에트 사회주의 공화국 연방(소련)을 건국했다. 소련은 전 세계에서 가장 광활한 국가였으며 제2차 세계 대전 당시 독·소 전쟁에서 승리한 뒤에는 미국과 세계 질서 재편을 두고 약 45년간 치열하게 경쟁하기도 했다. 이른바 냉전 시기에 해당한다.

1991년 소련 붕괴 이후 러시아는 시장 경제 중심으로 체제를 개편하는 과정에서 정보 기관도 이전과 다른 형태로 개편했다. 소련의 최고 정보 기관은 **국가 보안 위원회**^{KGB}라는 기관이었다. 당시 KGB는 국내·외 정보 수집은 물론, 비밀 경찰 기능까지 수행했던 막강한 조직이었다. 러시아는 KGB의 이러한 권한을 분산시켜 **해외 정보국**^{SVR}과 **연방 보안국**^{FSB}으로 분리했다.

해외 정보국은 KGB의 1국을 확대 개편한 조직이며 미국의 **중앙 정보국**^{CIA}과 마찬가지로 첩보·공작 활동 등을 담당한다. 해외 정보국의 S국은 요원 관리 등을 담당하고, T국은 과학 기술 분야의 정보 수집 등을 담당하고, K국은 해외 거주 러시아인 동향 감시와 요원 침투 등을 담당한다고 알려졌다. 또한 해외 정보국에는 300명 규모의 자슬론^{Zaslon}이라는 부대가 있다고 한다. 해외 비밀 공작을 수행하는 특수 부대다.

연방 보안국은 KGB의 2국을 확대 개편한 조직이며 미국의 **연방 수사국**^{FBI}과 마찬가지로 방첩·수사 활동 등을 담당한다. 러시아의 현직 대통령 푸틴이 바로 연방 보안

국장 출신이다. 연방 보안국의 수사국에서는 무기나 마약 밀매 등과 같은 강력 사건 등을 담당하며, 군사 보안국에서는 군부 내 방첩 활동 등을 담당하며, 테러 대책국에서는 국내 테러 활동 감시·제압 등을 담당한다고 알려졌다. 특히 연방 보안국도 해외 정보국과 마찬가지로 독자적인 부대를 운영 중인데 바로 알파^{Alpha}라는 특수 부대다. 알파 부대의 주요한 임무는 테러 활동 제압이다. 참고로 영국에서는 특수 부대를 코만도^{Commando}라고 부른다면, 러시아에서는 스페츠나츠^{Spetsnaz}라고 부른다.

이밖에도 국방부 산하의 **정보총국**^{GRU}이 있다. 정보총국은 국내·외 군사 정보 수집은 물론, 공작과 방첩 등의 기능을 수행한다. 해외 정보국이나 연방 보안국처럼 정보총국에서도 독자적인 특수 부대를 운영하면서 각종 공작 활동을 수행한다고 알려졌다. 2004년 체첸 반군 지도자를 암살한 것도 정보총국 소속의 부대라고 한다. 해외 정보국과 연방 보안국이 소련 해체 이후 생긴 조직인 반면, 정보총국은 1918년 적군^{Red Army} 창설 시부터 존재하던 조직이기도 하다.

러시아는 소련 해체 이후 지금까지도 독재 성향이 강하다 보니 국가 정보 기관에 대한 국민적 시각은 부정적이다. 지난 10년 동안 정부 정책에 비판적이었던 250여 명의 기자들이 의문사했는데 배후에 정보 기관이 있다는 의혹이 줄기차게 일어나고 있다.

또한 러시아 정보 기관은 중국과 같이 미인계를 자주 구사하는 조직이기도 하다. 2014년 영국 국방부는 중국·러시아의 미인계를 경계하라는 지시까지 내렸을 정도다. 이에 앞서, 2010년 영국 의회에서 간첩 혐의로 체포한 예카테리나 자툴리베테르^{Zatuliveter}는 마이크 핸콕^{Hancock}이라는 국회 의원과 4년 동안 육체 관계를 가지면서 정보를 수집한 것으로 알려졌다. 그녀는 마이크 핸콕 이외에도 여러 고위 관리들과 육체 관계를 가지면서 다양한 군사 정보를 수집했다. **보안국**^{MI5}은 그녀를 러시아의 해외 정보국 요원이라고 발표했다.

한편 2008년 러시아·그루지야 전쟁 당시 러시아는 본격적인 군사력을 동원하기에 앞서 그루지야에 DDoS 공격을 수행해 주요 국가 기관을 마비시킨 뒤 지상군을 투

입해 그루지야를 5일만에 장악한 전례가 있다. 이처럼 러시아는 세계 최초의 사이버 전쟁을 수행한 국가이지만 그동안 사이버 부대의 존재를 부인했다. 사실 러시아에는 미국처럼 **국가 안보국**[NSA]과 같은 공식적인 사이버 부대가 없다. 대신 나시[Nashi]와 같은 극우 단체를 동원해 사이버 공격을 수행했다. 러시아의 이러한 사이버 부대 운영 방식은 운영 비용을 절감할 수 있을 뿐 아니라 사이버 공격 발각 시 정부 개입 증거를 은폐하려는 목적을 가지고 있다.

그러나 사이버 전쟁의 중요성이 지속적으로 증가하자 2014년 12월 연방 보안국에 **국가 사이버 범죄 조정 본부**를 설립했다. 해당 본부에는 사이버 공격 탐지·예방·차단을 위한 병력과 장비 등이 있다고 알려졌다. 또한 2017년 2월 러시아 국방부 장관은 전자전 부대의 존재를 공식 발표했다. 러시아 당국에 따르면 이러한 조직들은 오직 자국 내 사이버 방어 임무를 수행한다고 주장하지만, 실제로는 2017년 카스퍼스키 랩[Kaspersky Lab] 해킹 의혹 사건에서와 같이 전 세계를 대상으로 사이버 공격을 수행 중이다. 물론 그 배후에는 러시아 정보 기관이 있다.

2017년 현재 러시아 사이버 부대의 예산은 약 300만불이고 약 1,000명의 요원이 활동 중이라고 알려졌다. 남한(약 400만불/약 700명)에 이어 세계 5위 수준의 규모다.

사이버 보안 입문자를 위한 학습 조언

해킹 대상이 전산 시스템인 만큼 전산 시스템 전반을 학습할 필요가 있다. 전산 시스템에서 가장 하위 계층에 속하는 분야가 TCP/IP 이론이다. 필자가 TCP/IP 이론을 보안 학습의 출발점으로 간주하는 이유다. 필자의 저서 『**해킹 입문자를 위한 TCP/IP 이론과 보안**』(에이콘, 2016)은 이런 점을 염두에 두고 집필했다.

TCP/IP 네트워크 기반으로 서버와 클라이언트를 구축할 수 있다. 따라서 TCP/IP 네트워크 분야를 이해했다면 운영 체제, 그 중에서도 서버 운영 체제에 대한 학습이 필요하다. 서버 운영 체제로서 필자는 데비안 운영 체제를 강력하게 추천한다. 데비안은 우분투의 모태를 이루는 운영 체제이기도 하지만 칼리의 기반이기도 하다. 데비안 운영 체제를 통해 TCP/IP 응용 계층에 속하는 주요한 서비스를 설치하고 설정하는 과정에서 운영 체제의 다양한 명령어와 기능뿐 아니라 해당 서비스에서 요구하는 다양한 보안 설정 내용을 익힐 수 있다. 필자의 공저 『**데비안 리눅스 활용과 보안**』(에이콘, 2017)은 이런 점을 염두에 두고 집필했다.

응용 서비스 중에서도 특히 웹 서비스에 대해 심도 깊은 학습을 권장한다. 웹을 통해 HTML과 CSS는 물론 자바스크립트 언어와 PHP 언어 등을 학습하는 과정에서 사이버 보안을 더욱 깊게 이해할 수 있다.

다음으로 MY-SQL 등과 같은 DBMS에 대한 학습을 권하고자 한다. 왜냐하면 전산 시스템을 구축하는 절대적 이유이면서 동시에 공격자들이 궁극적으로 획득하고자 하는 정보를 DBMS에 저장하기 때문이다. 따라서 DBMS의 속성과 취약점 등을 자세히 분석할 필요가 있다.

사실 TCP/IP 이론과 서버 운영 체제 그리고 DBMS는 해커를 희망하는 사람에게는 교양 과목과도 같은 분야다. 그런 만큼 해킹에 입문하고자 하는 사람이라면 TCP/IP 이론부터 단계적으로 밟고 올라온다면 소기의 성과를 이룰 수 있다고 확신한다.

또한 컴퓨터 언어 한 가지 이상은 꼭 익혀두기 바란다. 개발자가 아닌 이상 사이버 보안을 수행하면서 컴퓨터 언어가 결정적인 것은 아니지만 필요한 도구임에는 분명한 사실이다. 개인적으로는 파이썬 언어를 강력히 추천한다. 파이썬 언어는 연습을 위한 목검의 속성과 실전을 위한 진검의 속성 모두를 가진 탁월한 언어다. 필자의 저서 『해커의 언어 파이썬 3 입문』(에이콘, 2018)과 『소켓 개발 입문자를 위한 백박스 기반의 파이썬 2.7』(에이콘, 2016) 등은 이런 점을 염두에 두고 집필했다. 파이썬 언어가 부담스럽다면 웹 분야를 통해 접한 자바스크립트나 PHP 등과 같은 언어만이라도 꾸준하게 익히기 바란다.

이러한 기본기를 어느 정도 체득했다면 이제 자신에게 가장 적합한 분야가 무엇인지 고민하기 바란다. 전산학에도 다양한 분야가 있는 것과 마찬가지로 정보 보호학에도 다양한 분야가 있다. 필자는 개인적으로 모의 침투와 사회 공학에 많은 관심을 기울이고 있다. 필자의 저서 『칼리 리눅스 입문자를 위한 메타스플로잇 중심의 모의 침투 2/e』(에이콘, 2017)와 『백박스 리눅스를 활용한 모의 침투』(에이콘, 2017) 등은 이런 점을 염두에 두고 집필했다.

끝으로 해킹 기법을 배우면서 올바른 국가 가치관도 확립해 주기 바란다. 최근 해킹은 단순히 사이버 공간의 문제로만 끝나는 것이 아니다. 미국은 이미 오래 전부터 사이버 공간을 주요 전장으로 설정했다. 사이버 기술이 국가 질서의 붕괴로 이어질 수 있다는 현실을 반영한 조치다.

단재 **신채호**申采浩 선생은 〈역사와 애국심〉(1908)이란 기사를 통해 **역사란 애국심의 원천**이라고 했다. 필자는 이제 **사이버 기술은 사회 안전의 원천**이라고 감히 말하고 싶다. 북한의 대남 사이버 공격이 빈번하게 일어나는 작금의 현실에서 사이버 역량은 단순히 지적 탐구 영역에 머무는 것이 아니라 국가 방위 수단으로까지 작용하기 때문이다.

아무쪼록 해킹이라는 멋진 기술을 자신의 소중한 지적 재산을 보호하면서 사회 공동체 발전을 위해 올바르게 사용할 수 있기를 진심으로 기원한다.

| 찾아보기 |

에이콘출판의 기틀을 마련하신 故 정완재 선생님 (1935-2004)

우분투 리눅스 기반의 IDS/IPS 설치와 운영

스노트와 IPTables로 배우는 IDS/IPS

발 행 | 2018년 5월 18일

지은이 | 오 동 진 · 추 다 영

펴낸이 | 권 성 준
편집장 | 황 영 주
편 집 | 이 지 은
디자인 | 박 주 란

에이콘출판주식회사
서울특별시 양천구 국회대로 287 (목동)
전화 02-2653-7600, 팩스 02-2653-0433
www.acornpub.co.kr / editor@acornpub.co.kr

ISBN 979-11-6175-163-4
ISBN 978-89-6077-104-8 (세트)
http://www.acornpub.co.kr/book/ubuntu-ids-ips

이 도서의 국립중앙도서관 출판시도서목록(CIP)은 서지정보유통지원시스템 홈페이지(http://seoji.nl.go.kr)와
국가자료공동목록시스템(http://www.nl.go.kr/kolisnet)에서 이용하실 수 있습니다.(CIP제어번호: CIP2018014493)

책값은 뒤표지에 있습니다.